음식의 가치

음식의 가치

제1판 제1쇄 발행 2018년 11월 22일
제1판 제2쇄 발행 2019년 5월 15일

기획 문정훈 · 서울대 푸드비즈니스 랩
지은이 서은경, 김성윤, 황교익, 문정훈, 송훈, 박종숙, 이도헌, 이여영, 최낙언, 정재훈, 조완일
펴낸이 임용훈

마케팅 오미경
편집 전민호
용지 (주)에스에이치페이퍼
인쇄 (주)완산정판
제본 동신제책사

펴낸곳 예문당
출판등록 1978년 1월 3일 제305-1978-000001호
주소 서울시 동대문구 답십리2동 16-4(한천로 11길 12)
전화 02-2243-4333~4
팩스 02-2243-4335
이메일 master@yemundang.com
블로그 www.yemundang.com
페이스북 www.facebook.com/yemundang
트위터 @yemundang

ISBN 978-89-7001-699-3 03000

＊ 이 도서의 국립중앙도서관 출판시도서목록(CIP)은 e-CIP홈페이지(http://www.nl.go.kr/ecip)와 국가자료
공동목록시스템(http://www.nl.go.kr/kolisnet)에서 이용하실 수 있습니다.(CIP제어번호:CIP2018031768)

＊ 이 도서는 한국출판문화산업진흥원의 출판콘텐츠 창작 자금 지원 사업의 일환으로 국민체육진흥기금을
지원받아 제작되었습니다.

＊ 이 도서는 (재)청원장학회의 지원을 받아 제작되었습니다.

The value of food

10인의 음식 탐구자가 말하는

음식의 가치

문정훈 · 서울대 푸드비즈니스랩 기획
서은경 외 10인 지음

Prologue

사람들은 맛의 차이를 구분하기 어려움에도 불구하고 외국산 쇠고기에 비해 다섯 배나 더 비싼 한우를 고집한다. 한우에 어떤 특별함이 있어서 그런 이해하기 어려운 선택을 하는 것일까? 단지 소득 수준의 차이, 까다로운 입맛, 혹은 애국심이라는 개념으로 그 행동을 다 설명하긴 어렵다. 또 회사 탕비실에서 타 먹으면 돈이 들지 않을 커피를 무려 200미터를 걸어 나가 커피 전문점에서 기꺼이 비싼 돈을 지불하며 사먹는 행동이 사회적으로 일반화되고 있다는 점은 쉽게 이해하기가 어렵다. 불과 10여 년 전만 하더라도 누구나 식후에는 탕비실에서 탄 믹스 커피를 마셨는데 무언가가 사람들의 행동을 변하게 만든 것이다. 왜 음식에 있어서 우리는, 경제학에서 일반적으로 이야기하는 '합리적인 행동'을 벗어난 행동을 하게 되었을까? 음식이 변했을까? 아니면 내가 변했을까?

이 질문에 답을 내리기 위해 경제학이나 경영학 관련 교과서와 논문을 들여다보는 것은 큰 의미가 없다. 경제학자들이 언제 단 한 번이라도 제대로 경기 예측을 한 적이 있었던가? 구멍가게를 한 달 내로 확실하게 망하게 하는 방법은 경영학자들에게 장사를 맡기는 것이라는 우스갯소리가 있을 정도다. 그러나 경제학과 경영학의 유구한 역사에서 주목할만한 개념 하나가 있다. 바로 '가치'라는 개념이다.

모든 음식은 가치를 가지고 있다. 이것 하나는 분명한 사실이다. 우리는 가치가 높으면 기꺼이 높은 비용을 지불한다. 음식을 사먹는 행위도 다르지 않다. 어쩌면 우리는 음식을 먹는 것이 아니라 음식이 가지고 있는 가치를 먹고 있는 것인지도 모른다. 그렇다면 사람들은 음식의 어떤 부분에 높은 가치를 매길까? 맛있는 음식? 그렇다면 무엇이 맛있는 음식을 만드는 것일까? 외갓집에 갔을 때 외할머니가 해주시던 그때 그 음식? 그것을 어떻게 구현하는가? 머리가 더 복잡할 수밖에 없다.

그리하여 우리 '서울대학교 푸드비즈니스 랩'은 이 문제를 조금 더 단순화해야겠다는 생각을 하게 되었다. 가장 큰 질문은 이것이었다. '우리에게 음식의 가치란 무엇인가?' 그리고 이에 따르는 세 가지 세부적인 질문을 던졌다. 1) 음식의 가치를 어떻게 발굴해서 어떻게 전달할 것인가? 2) 음식의 가치를 어떻게 창출하고 어떻게 담아낼 것인가? 3) 과학의 관점에서 본 음식의 가치의 본질은 무엇인가? 푸드비즈니스 랩에서는 이 세 가지 구체적인 질문의 답에 접근하기 위해 대한민국 음식 분야 최고의 선수들에게 강의를 요청하기로 했다. 1년 반에 걸쳐 대한민국을 대표하는 10인의 음식 전문가들이 서울대학교에서 특강을 진행했고, 이 책은 그 강의 내용을 정리한 뒤, 다시 한 번 전문가들을 인터뷰한 내용을 추가한 결과물이다.

첫 번째 질문인 '음식의 가치를 어떻게 발굴해서 어떻게 전달할 것인가?'에 대해 답하기 위해 조선일보 음식 담당 전문기자 김성윤 기자, '수요미식회'의 황교익 맛 칼럼니스트, '서울대 푸드비즈니스 랩' 문정훈 교수가 각자의 관점에서 바라본 음식의 가치의 본질과 음식 소비에 대해서 강의를 했다.

두 번째 질문, '음식의 가치를 어떻게 창출하고 어떻게 담아낼 것인가?'에 대한 질문에는 TV 요리프로그램 '마스터셰프 코리아'의 심사위원이자 레스토랑 '더훈(The Hoon)'의 주방을 책임지고 있는 송훈 셰프, 한식 요리연구가 박종숙 원장, 지속 가능한 농축산업을 구현하고 있는 '성우농장'의 이도헌 대표, 외식기업 '월향'의 이여영 대표가 각자 자신이 창출하고 있는 음식의 가치에 대하여 현장의 목소리로 답을 던졌다.

세 번째 질문, '과학의 관점에서 본 음식의 가치의 본질은 무엇인가?'라는 질문에는 세 명의 과학자가 참여했다. 식품공학자 최낙언 '편한식품정보' 대표, 『생각하는 식탁』의 저자 정재훈 약사, 식품 관능 전문가 조완일 '센소메트릭스' 대표가 과학계에서 바라보는 음식의 가치, 맛, 향, 건강에 대한 논의를 제시했다.

이 책은 음식에 관심 있는 사람이라면 누구든 읽어볼 필요가 있다. 음식을 먹는 것은 실은 음식의 가치를 소비하는 것이고, 음식을 파는 것은 음식이 가진 가치를 현금과 교환하는 것이며, 음식 마케팅을 하는 것은 음식의 가치를 발굴, 전달하는 것이고, 음식을 개발하고 요리하는 것은 음식의 가치를 창출하는 일이기 때문이다. 그 누구도 음식의 가치에 대해 고민해 보지 않은 사람이 없다. 다만 질문이 달랐을 수는 있다. '오늘 뭐 먹지?'라는 질문도 실은 음식의 가치에 대한 고민이다.

우리들 중 누구든 음식을 먹지 않고 살 수는 없으며, 매일, 매끼니 무엇을 입에 넣을 것인가에 대해 고민하고, 선택한다. 그리고 그 선택은 각자가 인지하는 음식의 가치에 따라 달라진다. 따라서 우리의 삶은 음식의 가치 안에서 영위되고 있으며, 음식에 대한 가치 판단에 따라 당신이 누군지도 결정된다. 당신이 먹는 것이 바로 당신이다. 자신이 어떤 사람인지 알고 싶다면 내가 소중하게 생각하는 '음식의 가치'가 무엇인지를 보면 된다. 그게 당신이고 당신의 삶의 가치이다. 당신은 감각적인 사람인가? 직관적인 사람인가? 당신의 삶은 정글 속인가, 잔잔한 호수 위의 돛단배인가? 이 책은 음식이 가지고 있는 가치에 대해 고민하는 책이며, 동시에 당신과 당신의 삶에 관한 책이다.

창밖으로 보이는 멋진 단풍과
창안으로 넘어오는 아름다운 치킨 향으로 가득한
서울대 푸드비즈니스 랩 연구실에서
문정훈

Contents

음식의 가치를
전달하는 사람들

음식의 가치를
창조하는 사람들

음식의 가치를
탐구하는 사람들

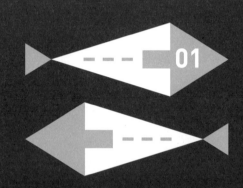

01

음식의
가치를

전　　달
　　하　는
사람들

01
미식과
탐식의 역사

조선일보 음식 담당 전문기자
김성윤 기자

오늘은 제가 '음식 전문기자'로서 10여 년간 취재하고 공부했던 것 중, '미식과 탐식의 역사'에 대해 이야기해보려 합니다. 음식에 대해 깊이 알기 위해서는 먼저 그 역사를 제대로 알아야 하기 때문이죠. 기자의 강점은 이런 이야깃거리가 있는 곳이면 언제 어디라도 갈 수 있는 것이 아닐까 싶습니다. 그렇게 제가 직접 가서 먹고 마시고 느낀 대로 취재한 내용이 많아지다 보니 이제는 다른 사람에게 들려주고 싶은 마음이 불쑥 찾아옵니다.

아주 오랜 옛날, 유인원은 요리를 하다가 인간이 됐습니다. 날것을 먹다가 우연히 화식을 발견하게 되었죠. 인간은 왜 음식을 익혀 먹을까요? 단지 맛을 좋게 하기 위해서였을까요? 아니면 다른 이유가 있었을까요? 또 인류의 굵직한 문명 시기에는 어땠을까요? 고대 중국에는 이런 말이 전해져 내려옵니다. '요리는 정치다.' 중국 음식의 역사에 흐르고 있는 철학에 대해 잘 알 수 있는 말입니다. 밀과 와인, 올리브유, 생선 액젓이 주요 재료였던 고대 그리스·로마의 음식은 어땠을까요? 또 이슬람 문화권의 음식은 어떤 특징이 있을까요? 이슬람 요리는 상류층을 위한 지적 활동이었다고 합니다. 중세 유럽의 고전 요리는 프랑스에서 확립되어 유럽을 석권했습니다. 더 적고, 단순하며, 가볍고, 아름다운 음식을 향한 혁신을 이뤄낸 누벨퀴진, 미식을 과학의 영역으로 끌어올린 분자요리도 있습니다. 미래의 요리는 어떤 방향으로 나아갈까요? 자연주의 요리법, 노르딕 퀴진은 무엇일까요? 지금부터 하나씩 천천히 이야기 나눠보겠습니다.

음식은 꼭 익혀 먹어야 하나?
익히지 않은 음식은 먹기 힘들다

•

사실 음식을 익히지 않아도 영양 섭취는 충분히 가능합니다. 일부에서는 "음식을 왜 익혀서 먹어야 하느냐. 날것으로 먹는 생식이 더 인간에게 맞다!"는 주장도 합니다. 그런데도 많은 사람이 음식을 익혀서 먹는 이유는 식재료에 열을 가해 익혀 먹을 때의 장점이 크기 때문입니다. 익혀 먹는 것이 좋은 이유는 침팬지와 인류의 턱뼈 비교에 타당한 근거가 있습니다. 인류는 침팬지보다 턱 힘이 훨씬 약합니다. 입속 공간도 침팬지보다 좁고, 치아도 뭉툭해서 날것을 씹는 데 더 많은 힘과 시간이 필요합니다. 이처럼 턱뼈와 입과 치아의 구조상 인간은 다른 동물에 비해 생식이 불리합니다.

저 역시 '이래서 꼭 익혀 먹어야겠구나!' 하고 깨달은 경험이 있습니다. 아프리카 케냐, 야생동물보호구역으로 유명한 '마사이 마라'에 갔을 때의 일입니다. 나무가 전혀 없는 넓디넓은 평야인 사바나 지역을 여행하던 중 열여섯 마리의 사자 떼가 얼룩말 한 마리를 잡아먹는 장면을 목격했습니다. 모든 사자가 다 달라붙어서 뜯어 먹는데, 먹는 소리가 1km 밖까지 들려왔습니다. 생살을 뜯고 거기에 붙은 뼈까지 우두둑우두둑 통째로 갈아먹는 소리가 났습니다. 처음 경험하는 놀라운 광경이었습니다.

　　사자는 얼룩말을 먹을 때 내장부터 먼저 먹는다고 합니다. 내장은 부드러워서 먹기 좋고 다른 부위에 비해 칼로리가 높습니다. 더 재미있는 것은 다음 날이 되어서 다시 그 근처를 지나가는데, 사자 떼가 그때까지도 식사를 하고 있었다는 것입니다. 사자 몇 마리는 얼룩말 뼈에 아직 남아있는 살을 발라먹고 있었고, 또 몇 마리는 먹은 음식을 소화하느라 아무것도 못 하고 축 늘어져 쉬고 있었습니다. 사자 열여섯 마리가 얼룩말 한 마리를 먹는데 꼬박 이틀이 걸렸습니다. 저는 이 광경을 목격하면서 '날고기는 정말 소화하기가 어렵구나!'라는 생각을 했습니다.

〈사바나의 사자 떼〉

학자마다 의견이 조금씩 다르지만, 인류가 두뇌를 쓰고 신체 활동과 생존에 필요한 기초 열량을 섭취하기 위해서는 온종일 음식을 섭취해야 하고, 먹은 음식을 소화하기 위해서는 약 6시간이 걸린다고 합니다. 만약 지금까지도 익힌 음식이 아니라 날것을 먹어야 한다면, 사람들은 다른 동물처럼 종일 음식을 구하러 다니고 소화하고 몸에 영양을 저장하는데 하루 시간의 대부분을 바쳐야 할 것입니다. 다행히 인류는 불을 발견하면서 고기를 익혀 먹게 되었고, 다른 동물은 알지 못하는 화식의 장점을 누리고 있습니다.

고기를 익히면 소화 흡수하기 쉬운 상태로 바뀝니다. 먼저, 고기의 표면이 굳으면서 수분이 제거되어 씹기가 훨씬 수월해집니다. 채소와 과일의 경우에도 익히면 섬유질이 연해지고 쓴맛이 줄어들어 먹기 좋은 상태가 됩니다. 익힌 음식은 영양학적인 측면에서도 높은 흡수력을 자랑합니다. 만약 날로 먹고 싶다면 우리나라의 육회나 이탈리아의 카르파초처럼 지방 없는 순수 살코기를 아주 작게 자르거나 종잇장처럼 얇게 저며 만들어 먹어야 합니다. 이렇게 만들지 않으면 소화 흡수가 어렵기 때문입니다.

음식을 익히면 왜 맛있어지는가?
캐러멜화, 마이야르 반응과 풍미

•

음식 재료를 익히면 마이야르 반응이 일어나 캐러멜화하여 음식이 훨씬 더 맛있어지고 풍미가 좋아집니다. 마이야르 반응은 탄수화물 분자와 아미노산이 열을 만나면 일어납니다. 쉽게 말해서 노릇노릇 구워진 갈변 상태를 말합니다. 캐러멜화는 설탕이 녹고 색깔이 변하는 현상을 말하는데, 캐러멜화되면서 독특한 맛을 자아내는 수백 가지의 휘발성 화학물질이 생겨납니다.

우리는 음식을 먹을 때 '맛을 추구한다'고 말합니다. 하지만 정확히 따져보면 우리가 말하는 맛은 순수한 '맛'만이 아닙니다. 엄밀하게 말해 맛이란 혀에 있는 작은 돌기인 '미뢰'를 통해 느끼는 감각입니다. 하지만 우리가 맛이라고 통칭하는 미각적 쾌감은 코로 감지하는 향도 포함됩니다. 혀로 느끼는 맛은 5가지밖에 없습니다. 짠맛, 신맛, 단맛, 쓴맛, 감칠맛입니다. 우리가 경험하는 수백 수천 가지의 '맛'은 코로 느끼는 향에서 옵니다. 맛과 향을 합쳐 풍미라고 합니다.

날고기는 옅은 육향 이외에 다른 향이 거의 없습니다. 그리고 날고기 자체는 그리 맛있지 않습니다. 즉 혀로 느낄 수 있는 다섯 가지 맛이 거의 없거나 아주 약합니다. 그런데 고기를 불에 구우면 마이야르 반응이 일어납니다. 겉이 노릇노릇 익으면서 수백 가지의 향기 성분이 터져 나옵니다. 이것이 우리가 고기를 먹을 때 맛있다고 느끼는 고기 맛의 실체입니다. 그런데 요리에서 나오는 수백 가지의 향 성분은 우리 몸에 약이 되기도 하고, 독이 되기도 합니다.

스테이크를 구울 때 우리가 가장 맛있다고 느끼는 노릇노릇 태운 표면을 세계보건기구는 '발암물질'로 지목합니다. 맛있다고 느끼는 성분과 발암물질이 되는 성분은 굉장히 미묘한 경계 선상에 있는 것들입니다. 그럼 그 맛있는 부분을 안 먹어야 할까요? 제 생각에는 암에 걸릴 정도로 먹으려면 고기를 한 트럭은 구워 먹어야 할 것 같습니다. 여러분은 어떻게 생각하십니까? 저는 '항상 좋은 것만 얻을 수는 없구나. 좋은 것과 나쁜 것은 붙어 다니는구나.' 하는 깨달음을 얻었습니다.

기아와 폭식 사이
녹색혁명과 인류의 새로운 고민

●

19세기 말에서 20세기 초까지만 해도 인류가 음식을 '일상적으로' 즐긴다는 것은 매우 드문 일이었습니다. 먹거리가 있으면 폭식을 하고, 먹거리가 없으면 기아에 허덕이면서 인류는 폭식과 기아를 오가는 생활을 했습니다. 그렇기 때문에 우리 몸은 기아를 대비하여 자신이 필요한 열량보다 더 많은 열량을 저장하도록 설계되었습니다. 그런데 20세기 초, 질소 비료가 생산되면서 녹색혁명이 일어났고, 이를 계기로 인류가 몇천 년 동안 고민한 기아에 대한 걱정은 벗어났지만, 농업 생산량이 늘어서 먹거리 공급이 원활해지자 이제는 너무 많이 먹는 폭식과 비만이 문제가 되기 시작했습니다. 안정적으로 먹거리가 공급되는 세상이 되었지만, 인류의 음식 관련 DNA는 필요 이상의 열량 비축을 명령합니다. 이제는 '음식 과다섭취'가 현 인류의 최대 고민입니다.

중국의 음식
요리는 정치다

●

중국은 지금도 그렇지만 아주 오래 전부터 음식과 요리를 중시해왔습니다. 우리나라에서 요리사는 미천한 직업이었지만, 중국에서는 지위가 높은 남자들도 직접 요리하기를 즐깁니다. 하나라 이윤이 대표적입니다. 도탄에 빠진 백성을 구하기 위해 은나라 탕왕을 도와 하나라를 정벌하고 세상을 바로 세운 유능한 재상인 그는 요리 솜씨도 뛰어났는데, 정치를 요리에 빗대어 탕왕에게 설명했다는 기록이 남아 있습니다.

도덕경에 '큰 나라를 다스리는 일은 작은 생선을 익히는 일과 같다'(治大國 若烹小鮮-도덕경 60편 小鮮)는 말이 있습니다. 노자의 말을 풀어보면, '작은 생선을 구울 때 너무 들쑤시거나 자주 뒤집으면 생선 살이 뭉개지거나 깨져서 먹을 수 없게 된다. 나라 다스리는 일도 마찬가지다. 사소한 일로 시끄럽게 굴거나 작은 사건에 매달리는 것은 생선을 제대로 굽지 못하는 것과 같다'는 말입니다. 이 문장만 보아도 노자가 생선을 어떻게 굽는지 잘 알고 있었음을 알 수 있습니다.

이처럼 중국에서 요리는 높은 지위에 있는 사람이 하는 경우가 많았고, 요리사도 천한 직업이 아니었습니다. 저는 중고등학교 시절에 홍콩에 살았습니다. 중국은 집에서 요리하는 사람도 남자이고, 남자가 요리하는 것을 부끄러워한다거나 이상하게 생각하지 않았습니다.

중국 음식의 특징 중 하나는 우리와 마찬가지로 음식이 건강과 연관돼 있다는 점입니다. 음식에 들어가는 식재료가 음양오행에 맞아야 하며, 음양오행에 따라 균형을 이뤄야 합니다. 사상체질과 음양오행 사상을 요리에 적용하여 5가지의 맛이 조화를 이룹니다. 중국 음식의 역사는 12세기 남송, 16세기 명나라, 17세기 청나라를 거치면서 크게 세 번의 변화와 발전을 거칩니다. 특히 청나라 태평성대 300년 동안 중국 음식 문화가 크게 발전했습니다.

남송 때는 북방 유목민에게 밀려 한족이 양쯔강 이남으로 이동하게 되는데, 강남의 풍부한 물자와 한족 요리문화가 만나면서 더욱 다양하고 풍성한 요리로 발전합니다. 명나라 때는 농업이 발전하고 전국적으로 시장이 생겨났습니다. 특히 강남의 도시들은 고도로 상업화하고 도시화합니다. 남송을 대표하는 상업 도시가 항저우입니다. 이시기에는 토마토, 옥수수, 고구마 등 신대륙의 작물들이 유럽을 통해 중국을 포함한 아시아 전역에 전해졌습니다.

청나라 때는 유능한 만주족 정부의 통치하에 평화와 안정이 이어지면서 자연 음식을 포함한 문화 전반이 융성했습니다. 청나라 최전성기를 이룩한 6대 황제 건륭제의 식사를 보면 화려하기 이를 데 없습니다. 아침 식사는 제비집 요리와 오리 훠궈, 순두부, 닭볶음 등 수십 가지가 나옵니다. 황제에게 바치는 음식은 황제 혼자 모두 먹기 위해 차리는 것이 아닙니다. 이것은 일종의 황실 대외홍보방법입니다. '왕의 통치력이 중국 구석구석 안 미치는 곳이 없다'는 것을 보여주기 위해 중국 전역에서 나오는 온갖 진귀한 재료들이 모두 올라가는 것이죠. 청나라의 위세를 보여주는 대표적인 연회가 '만한전석滿漢全席'입

〈만한전석〉

니다. 만주족과 한족의 음식을 한 상에 모두 차려내어 중국이 하나 되었음을 보여주는 상차림이죠. 만주족이 중국 전체를 통치하고 있음을 과시하는 홍보수단으로 음식을 이용한 예입니다.

현재의 중국 요리는 어떤 모습으로 정치에 활용될까요? 중국에 국빈이 방문하면 중국 국가 주석은 베이징의 '인민대회당'에서 요리를 대접합니다. 이때 나오는 음식은 각국 국빈을 위한 맞춤형 식단입니다. 가장 중국적인 요리와 함께 상대 국가에서 최고 식재료를 가져다 중국 요리와 접목해 창조적인 메뉴를 내놓습니다. 간은 세지 않으면서 거부감 없도록 요리하는 것이 가장 중요하다고 합니다. 지나치게 짜거나 매워서는 안 됩니다. 국빈 만찬에서 요리는 정치와 같습니다. 그렇기에 요리 하나가 미칠 정치적 파장까지 섬세하게 고려해 내놓습니다.

2015년에 중국 인민대회당 총주방장인 장빙량漲氏柄 씨를 인터뷰한 적이 있습니다. 그의 말에 따르면 인민대회당에서 일하는 요리사는 대부분 산둥성 출신이라고 합니다. 산둥성 출신이 최고 권력자의 요리를 맡는 것은 중국의 오랜 전통이기 때문이죠. 베이징을 둘러싸고 있는 산둥지역에서 요리사를 선발하기가 여러모로 편리했을 것입니다. 보통 15살 전후의 산둥성 출신의 아이를 모집하되 용모단정하고 출신 성분이 좋은지를 살펴 선발한 뒤 요리 기술을 가르쳐 키웁니다.

베이징에 가면 '리자차이厲家菜 · Family Li Imperial Cuisine'라는 음식점이 있습니다. 이 음식점 대표 리샤오린厲曉麟 씨의 증조할아버지는 청나라 지배층 만주족으로 서태후西太后와 황제, 황후의 식사를 책임지던 내무부 도총이란 고위 관직을 지낸 정2품 대신이었습니다. 은퇴 후 그는 황실 음식을 기록으로 남겼고, 이를 바탕으로 1985년 그의 후손들이 황실 요리 전문식당을 열었습니다.

황실 식사를 담당한 '어선방'은 내무부 직속이었습니다. 어선방은 환관들이 장악했지만, 이 환관들을 관리한 건 리 씨의 증조할아버지 같은 내무부 관료들이었습니다. 황제와 황태후의 상에는 120~130가지 음식이 올랐다고 합니다. "특별히 좋아하는 음식은 여러 가지가 올라갔어요. 환관들이 매번 황제가 무엇을 많이 먹고 무엇은 손대지 않았는지 살피며 취향을 파악했습니다. 건륭제는 오리를 좋아했기 때문에 끼니마다 오리 요리가 10여 가지씩 나왔죠. 새로운 요리도 끊임없이 개발해 올렸고요. 모든 요리는 기록한 뒤 사고전서四庫全書에 보관했습니다."

궁중요리는 식재료와 음식 맛의 순수성을 엄격하게 따졌다고 합니다. 성격이 다른 재료를 무분별하게 함께 쓰지 못하도록 금한 것입니다. 예를 들어 제비집으로 탕을 끓일 때는 닭의 껍질과 뼈는 제거하고 순 살코기만을 사용해야 합니다. 음식 주재료가 지닌 맛을 가리거나 다른 재료로 바꾸면 절대 안 됩니다.

'중국' 하면 떠오르는 고급 음식은 무엇이 있을까요? 먼저 '샥스핀shark's fin' 즉, 상어 지느러미 요리가 있습니다. 하지만 샥스핀이 중국의 대표적인 고급 음식이 된 것은 그리 오래된 일이 아닙니다. 청 황실에서는 샥스핀을 꺼렸습니다. 건륭제가 상어 지느러미를 싫어했기 때문입니다. 그러다 보니 후대 황제들은 '위대한 선조 황제께서 드시지 않은 음식을 어찌 감히 먹겠느냐'며 먹기를 삼갔답니다.

상어 지느러미를 즐겨 먹은 건 청나라 말, 서태후 때부터입니다. 서태후가 샥스핀을 좋아했다기보다는 자신의 권위를 드러내기 위해 먹은 것으로 보입니다. 청나라가 망하고 중화인민공화국이 되자, 황

〈샥스핀〉

실 음식은 중국 부자들 사이에 유행처럼 번져 민간으로 퍼졌고, 오늘날 큰 연회장에 꼭 빠지지 않는 고급 요리로 자리 잡았습니다. 최근 '중국인의 샥스핀 사랑 때문에 상어가 멸종 위기에 놓였다'는 비판이 국제적으로 일어나자 샥스핀 안 먹기 운동이 강하게 전파되고 있습니다. 홍콩대학에서 졸업 연회에 샥스핀 요리를 금지한 것이 대표적인 예입니다.

그리스 · 로마의 음식
빵, 생선 액젓, 향신료

•

몇 해 전, 그리스 산토리니로 와인 취재를 갔던 적이 있습니다. 산토리니는 에게해 남쪽에 위치한 화산섬입니다. 산토리니에서는 식사 때

마다 빵과 와인, 그리고 올리브유에 빠졌다고 할 정도로 흥건히 젖은 샐러드가 나왔습니다. 지중해 문화권은 빵, 와인, 올리브유의 '삼위일체'가 식생활의 기본입니다. 지금도 그렇지만 고대 때부터 그랬습니다.

빵은 그리스인의 기본 주식이었습니다. 아테네는 빵이 맛있기로 유명했습니다. 아테네 사람들이 만들어 먹은 빵 종류만도 70가지가 넘었다고 합니다. 반면, 로마인은 귀리로 끓인 '풀스'라는 죽이 주식이었습니다. 빵 반죽을 발효시키는 기술조차 없었습니다. 우리가 생각할 때 강력한 로마 군대는 고기를 먹었을 것 같은데, 실제로는 죽으로 끼니를 해결하며 전쟁을 치른 것이죠.

기원전 170년, 로마가 그리스를 정복하면서 그리스의 제빵 기술자들을 로마로 데려갑니다. 빵은 금세 로마의 주식이 되었습니다. 아우구스투스 황제 시대에는 로마에 빵집이 329개나 될 정도였습니다. 로마 황제들에게 빵의 생산과 분배는 아주 중요했습니다. 끼니를 해결할 빵, 그리고 오락으로써의 서커스를 로마 시민들에게 제공하는 일은 정권 안정과 유지를 위한 중요한 수단이었습니다.

우리는 밥과 국을 함께 먹습니다. 서양의 경우는 밥이 빵이고 와인은 국이라고 할 수 있습니다. 그리스 사람들은 와인을 그대로 먹지 않고 물을 타 희석해 마셨습니다. 꿀이나 허브를 가미하는 경우도 많았습니다. 로마도 마찬가지였습니다.

그리스인은 언제부터 와인을 생산했을까요? 포도 껍질과 줄기, 와인 압착기 등 출토된 유물을 근거로 추측하면 그리스인의 와인 양조는 기원전 2,500~2,100년 사이에 처음 이뤄진 것으로 보입니다. 그리스인들은 암포라(양쪽에 손잡이가 달린 그리스식 토기)에 포도를 담아 숙성시켜 와인을 생산했습니다. 암포라는 낮은 온도에서 굽는 데다

유약 처리를 하지 않아 미세한 숨구멍이 있습니다. 그래서 와인이 공기와 접촉해 변질하거나 새는 것을 막기 위해 암포라 안쪽에 송진을 발랐습니다. 그런 다음 와인을 담아 운반했습니다.

이렇게 보관한 와인에는 송진 향이 뱁니다. 레치나는 그리스어로 '송진'이란 뜻입니다. 이처럼 송진 바른 암포라에 저장해 송진 냄새나는 와인을 '레치나 와인'이라 부르게 됐습니다. 레치나 와인은 수천 년 지난 지금도 그리스에서는 여전히 인기입니다만, 한국인들은 그리 좋아할 것 같지 않습니다. '솔의 눈'이라는 음료를 와인과 섞은 듯한 맛이거든요.

와인은 로마 시대부터 참나무로 된 오크통에 저장하고 운반했다는 기록이 있습니다. 오크통을 만드는 과정을 보면, 먼저 길쭉한 나무판을 불에 그을려서 잘 구부려지도록 한 다음 나무판과 나무판을 밀착시켜 붙입니다. 불에 그을리는 과정에서 오크에서 수지와 타닌이 배어 나와 와인과 반응하여 새로운 풍미를 더합니다. 오크통을 어떻게 만드느냐에 따라 와인의 맛에 큰 영향을 주기 때문에 오크통 생산자는 와인 생산자의 요구에 따라 오크통에 적절한 토스팅을 가하여 공급합니다.

〈오크통〉

가룸은 로마인의 기본 양념입니다. 소금에 절인 생선을 천천히 숙성시켜 만든 액젓인데 '리쿠아멘'이라 부르기도 합니다. 우리나라의 멸치 액젓, 동남아의 피시 소스인 늑맘과 비슷한 발효 젓갈입니다. 로마 시대에는 이베리아반도에서 잡은 고등어로 만든 가룸을 가장 좋은 제품으로 쳤습니다. 서양인들은 가룸을 그대로 간하여 먹거나 올리브유, 식초나 와인, 꿀이나 과즙, 겨자, 고기 육수, 우유 등 여러 재료와 조합하여 깊고 미묘하며 복잡한 맛을 즐겼습니다.

가룸은 16세기 이후로 서양의 식탁에서 사라졌다가 요즘 들어서 다시 재조명받기 시작하는 중입니다. 사라진 요리기법이 부활한 것입니다. 이 이야기는 뒤쪽에서 다시 하겠습니다.

이슬람 제국의 음식
상류층의 문화적 지적 활동

•

서남아시아를 중심으로 세 대륙에 걸쳐 형성된 이슬람 제국의 문화는 정복지 문화를 파괴하지 않고 받아들여 종합적인 융합을 이루었다는 점이 특징입니다. 7세기 경, 이슬람 제국의 2대 칼리프조인 우마이야 왕조가 수도를 다마스쿠스로 옮기면서 화려한 음식 문화가 시작되었습니다. 그리고 762년, 사라센 아바스 왕조가 수도를 바그다드로 천도하면서 음식 문화의 호화로움과 정교함이 절정을 이룹니다.

이슬람인들은 향신료가 많이 든 음식을 좋아하고 양념, 소스를 풍부하게 사용했습니다. 식재료를 사프란으로 노랗게 물들이기를 즐겼으며, 새콤달콤한 맛 등 복합적인 맛을 선호했습니다. 미식에 대한 교양과 요리 기술이 상당히 발전했는데 요리책과 식사 에티켓 책이

출간되어 인기를 끌었고, 황제인 칼리프도 직접 요리를 했습니다. 귀족의 경우도 음식에 대한 지식이 바로 그 사람의 지적 수준이라 말할 정도로 요리와 음식에 대한 지식이 필수교양으로 여겨졌습니다. 가령, 어떤 집에 초대받아 갑니다. 초대한 집에서는 미리 오늘 나올 음식 메뉴를 손님에게 알려줍니다. 초대받은 손님은 그 음식의 분위기와 특징에 맞게 시 낭송을 하거나 이벤트를 준비해 갑니다. 이러한 이슬람의 음식 문화는 유럽에 큰 영향을 미쳤습니다.

하지만 이슬람 교리에 따라 '허용된 음식'과 '금지된 음식'은 엄격히 지켜야 했습니다. 이슬람에 허용된 음식은 사제 입회하에 도축된 짐승, 피를 완전히 제거한 고기입니다. 금지된 음식은 썩은 고기, 피, 돼지고기, 불법 도살된 짐승, 중독성 음료, 다른 신에게 바친 음식입니다.

중세 유럽의 음식
고기, 종교, 단식, 향신료

•

476년, 서로마가 게르만족에 의해 멸망하면서 로마의 식습관과 미각은 점점 잊혀 갔습니다. 게르만족과 켈트족이 중세 유럽을 지배를 하면서 그들의 식문화가 곧 유럽의 식문화로 자리 잡아간 것입니다. 게르만족과 켈트족은 기본적으로 싸움에 능한 전사들입니다. 그래서 육체적 힘을 중요하게 여겼고, 폭식과 폭음을 힘의 상징이라 생각하며 남성성의 척도로 보았습니다. 게르만족은 잡곡 빵과 죽, 육류, 치즈, 맥주를 주로 섭취했는데, 특히 고기는 육체적 에너지를 내는 최고의 음식으로 여겨지면서 권력과 지위의 상징이기도 했습니다. 그래서 고기를 획득하는 행위인 사냥은 지배층인 남자 귀족만 할 수 있는 특권이고 그들의 취미이자 교양이었습니다.

중세 유럽의 교회가 규정한 중세인의 식습관을 살펴보면 중요 키워드가 '단식'입니다. 중세 교회는 약 4세기 때부터 단식을 장려했습니다. 정확하게는 모든 식품 섭취를 금지하는 금식이 아니라 육류와 유제품을 먹지 못하는 '금육'입니다. 이러한 문화는 지금까지도 이어져서 금요일, 사순절, 성모 축제일에 육류 대신 생선을 먹는 풍습이 유럽에 남아있습니다. 또한 중세 교회는 식재료가 되는 동식물에도 물리적 높이 즉 어디서 나고 자라고 사느냐에 따라 가치를 정하고 등급을 매겼습니다. 하늘 즉, 신에게 가까울수록 고귀하고, 낮을수록 그러니까 지옥에 가까울수록 천하게 여겼습니다. 소화와 흡수라는 측면에서도 하늘에 가까울수록 좋다고 믿었습니다. 따라서 뿌리에 해당하는 구근류는 가장 낮은 가치의 식재료이고, 나무에 달린 과일은 높은 가치를 지닌 식재료가 됩니다.

게르만족이 전쟁을 치르며 유럽을 장악한 중세 초기에는 강한 힘을 상징하는 멧돼지, 사슴 등 사냥을 통해 얻는 고기가 귀족들에게 인기를 끌었습니다. 하지만 점점 사회가 안정되고 문화가 발전하면서 전쟁보다 정치나 외교가 중요시되었고, 귀족들의 고기에 대한 기호도 변하기 시작했습니다. 하늘을 나는 꿩이나 자고새가 귀족적인 최상위 식재료를 차지했고, 멧돼지 고기보다는 송아지같이 작고 연한 고기를 선호하기 시작했습니다.

중세의 음식에 많은 영향을 준 사상이 바로 그리스의 '4체액설'입니다. 체액설은 우주가 불, 물, 흙, 공기의 4원소로 구성되었다는

'4원소설'에 근원을 두고, 인간의 체액을 냉, 건, 습, 열의 성질을 가진 4가지 체액으로 나눕니다. 이 4가지 체액은 피, 점액, 황담즙, 흑담즙입니다. 피는 열나고 습하며, 점액은 차고 습하고, 황담즙은 열나고 건조하며, 흑담즙은 차고 건조한 성질입니다. 이들이 균형 잡힌 상태일 때 우리 몸이 건강하다는 학설이라고 정리할 수 있습니다.

중세의 요리사들은 이러한 체액설에 기초하여 요리했습니다. 그들에게는 몸을 중용의 상태로 만드는 것 즉, 따스하고 수분기 있는 상태로 만드는 것이 요리와 섭생의 최고 목표였습니다. 지금도 이런 영향이 남아있는 음식 궁합으로 이탈리아 프로슈토 햄과 멜론을 예로 들 수 있습니다. 차고 습한 성질의 멜론과 건조하고 뜨거운 성질의 프로슈토를 함께 먹어서 몸의 균형을 맞춥니다.

중세 유럽에서 향신료 사용은 부와 권력을 자랑하는 척도로 여겨졌습니다. 후추 1파운드가 돼지 한 마리 값이었다고 합니다. 향신료는 아시아에서 이슬람을 거쳐 들어왔기 때문에 값비싸고 귀한 식재료였습니다. 아래 표는 중세 최고의 부자 바바리아 공작이 폴란드의 공주와 결혼하면서 결혼식 연회에 사용한 향신료에 대한 기록입니다.

후추	386파운드(174.858kg)
생강	286파운드(129.558kg)
사프란	207파운드(93.771kg)
계피	205파운드(92.865kg)
클로브	105파운드(47.565kg)
너트메그	85파운드(38.505kg)

* 1파운드=453g

이 연회에 사용한 향신료의 양을 보면 연회가 얼마나 화려했는지 짐작할 수 있습니다.

음식 역사학자들의 말에 따르면, 중세 때 음식 레시피를 현대에 재현하면 오늘날의 인도 음식과 비슷한 맛이 된다고 합니다. 그런데 향신료 향 가득하던 중세 유럽 음식에서 점점 향신료가 사라지게 됩니다. 어떤 계기가 있었을까요? 1513년 포르투갈은 아랍을 거치지 않고 향신료 원산지인 아시아로 가는 항로를 발견합니다. 이른바 '스파이스 아일랜드 항로'입니다. 더 이상 이슬람 상인을 거치지 않고 직접 바다를 항해하며 아프리카 대륙을 돌아서 향신료가 나는 아시아 대륙으로 갈 수 있었습니다. 이때부터 향신료가 대량 수입되어 중산층이 소비할 정도로 가격이 떨어졌고, 향신료는 더 이상 부와 권력을 드러내는 척도가 아니게 되었습니다. 누구나 구입할 수 있는 값싼 식재료가 되자 부유층의 향신료에 대한 관심은 급격히 떨어졌고, 이로 인해 유럽 식문화도 바뀌었습니다. 이러한 역사적 사건을 보면 '맛이란 지극히 주관적인 것이고 언제든지 바뀔 수 있다'는 생각이 듭니다.

근현대 유럽의 음식
프랑스 요리, 유럽과 세계의 규범이 되다

●

17세기 루이 14세 때에 이르자 프랑스 요리에 혁명이 일어납니다. 향신료가 추방되어 자극적인 맛, 묽고 시큼한 맛이 사라지고, 진하지만 단순한 맛의 소스가 인기를 끕니다. 모든 요리는 자기 땅에서 나는 신선한 재료로 만드는 것을 선호했는데, 오늘날 프랑스 요리의 기초가 형성된 것도 바로 이 시기입니다. 또한 지방별 요리 안내서가 출판되었으며, 프랑스 궁정 요리는 유럽의 모든 궁정으로 확산되어 프랑스 요리가 유럽 요리의 규범이자 전형으로 자리 잡았습니다.

18세기 후반 프랑스에서 오늘날과 같은 형태의 레스토랑과 요즘 우리가 '고전 서양 요리'라고 부르는 음식이 탄생합니다. 레스토랑이라는 이름은 1765년 몽 불랑제가 경영하는 식당에서 '레스토라퇴르restaurateur' 즉, '원기를 회복시키는 강장제'라는 의미를 담은 이름의 수프를 팔기 시작하면서 생겨났습니다. 그는 식당 문 앞에 큰 글씨로 '신비의 스테미너 수프를 판매 중'이라는 간판을 내걸고 장사를 했습니다. 그 후 이 스테미너 수프의 이름이 보편화하면서 '스테미너 수프를 파는 가게'라는 뜻의 '레스토랑restaurant'이 '식사를 제공하는 식당'이란 뜻의 일반 명사로 정착했습니다.

귀족들은 요리사를 고용하고 집으로 손님을 초대해 연회를 베풀었습니다. 그러다가 프랑스 혁명이 일어나 왕실과 귀족이 몰락하자 요리사들은 순식간에 직장을 잃게 되었습니다. 그들은 왕궁과 귀족의 집을 나와서 식당을 차렸고, 프랑스 고전 요리는 그들이 차린 레스토랑을 통해 대중화되기 시작했습니다.

오귀스트 에스코피에Auguste Escoffier는 프랑스 요리의 체계를 확립한 요리사입니다. 그의 음식은 프랑스 고전 요리의 시초가 되었고 오늘날 우리가 볼 수 있는 주방 시설과 군대식 주방 체제도 그때 만들어졌습니다. 요리사들이 쓰는 챙 없이 높은 모자인 '토크toque'도 그가 만들었습니다. 오귀스트 에스코피에가 세운 요리의 체계는 약 300년 동안 서양 요리를 지배했습니다. 그 시기의 요리사들은 '더 이상 완벽한 요리가 나올 수 없다'고 생각하며 에스코피에가 만든 요리법을 그대

〈요리사들의 왕, 오귀스트 에스코피에〉

Au délicat Epicurien.
Le Colonel Newnham Davis
en toute Cordiale sympathie
A. Escoffier
Novembre 1913

로 따르는 것을 최고의 요리라고 생각했습니다.

프랑스 고전 요리에 반기를 든 새로운 발상

누벨퀴진(nouvelle cuisine)

•

1970년대에 와서 새로운 요리법이 등장합니다. 당시 프랑스 음식비평가였던 앙리 고Henri Gault와 크리스티앙 미요Christian Millau는 본인들의 이름을 따서 만든 '고 에 미요Gault et Millau'라는 레스토랑 평가 가이드북을 냅니다. 그리고 이 책은 '새로운 요리'이란 뜻의 '누벨퀴진'을 소개합니다. 누벨퀴진이란 '식재료 본연의 맛을 최대한 살려내는 단순하고 절제된 새로운 조리기법'입니다.

누벨퀴진- (신) 십계명 요리법

1. 육류, 생선, 채소의 조리시간을 짧게 한다.

2. 싱싱하고 질 좋은 제철 식재료만 사용한다.

3. 메뉴 수를 줄이고 더 이상 최적의 상태로 요리하기가 불가능한 고전메뉴는 삭제한다.

4. 요리법상 의미가 없거나 의심스러운 기법은 사용하지 않는다.

5. 최신 노하우가 요리법상 의미가 있다고 판단되면 과감히 활용한다.

6. 마리네이드를 사용하지 않고, 야생동물을 오래 숙성시키지 않는다.

7. 화이트 루, 브라운 루, 기타 무거운 소스를 사용하지 않는 대신, 맑은 즙을 사용한다.

8. 원칙적으로 가볍고 건강하게 조리한다.

9. 단순함의 미학을 추구한다.

10. 모든 레시피의 기본은 창의력이다.

그들은 새로운 요리법을 10가지로 정의하며 1976년 누벨퀴진 요리사를 100명 선정해서 발표합니다. 누벨퀴진 요리 한 가지를 소개하자면, 미쉘 게라르Michel Guerard라는 요리사가 만든 사과 파이가 있습니다. 기존의 사과 파이가 반죽인 크러스트가 두껍고 무거운 느낌이라면 '새로운' 사과 파이는 크러스트가 종이처럼 겹겹이 얇고 바삭하며 소스를 전혀 넣지 않고도 사과 과육 자체의 산뜻한 맛을 살린 가벼운 느낌입니다.

누벨퀴진은 현대인의 요구에 부응해서 탄생했습니다. 현대는 더 이상 배고픈 시대가 아닙니다. 인류역사상 처음으로 '얼마나 충분히 먹느냐'가 아니라 '어떻게 해야 살찌지 않을까'를 걱정하게 되었습니다. 인공 비료와 살충제 등을 사용하는 '녹색혁명'과 해산물을 양식하는 '청색혁명'으로 대량생산이 가능해지면서 인류는 기아에서 벗어났습니다. 이제는 영양 과잉을 고민하는 비만의 시대입니다. 사람들은 언제부턴가 화려하고 농후하며 무거운 고전 요리를 원하지 않게 되었습니다. 그래서 누벨퀴진이 등장하게 된 것입니다. 하지만 누벨퀴진은 10년 정도 인기를 얻다가 급격히 시들해져서 1980년대에는 사라지게 됩니다. 그 이유는 누벨퀴진이 인기를 얻자 그 본래의 정신과 의미는 제대로 이해하지 못한 채 겉모습만 따라 하는 '가짜 누벨퀴진'을 너도나도 시도했고, 이로 인해 '음식은 조금 주고 값은 비싸다'는 부정적 인식이 퍼졌기 때문입니다.

분자요리를 꽃 피우다
누벨퀴진의 계승

●

누벨퀴진은 사라졌지만 여전히 고전 요리는 시대와 동떨어져 있었고, 사람들은 무겁고 배부르고 살찌는 음식을 원하지 않았습니다. 그러면서 등장한 요리가 바로 '분자요리   '입니다. 분자요리란 '분자 단위까지 과학적으로 분석해 요리한다'는 뜻입니다. 식재료의 질감이나 조직을 과학적으로 분석하고 물리적, 화학적 변형을 통해 완전히 다른 맛을 창조하는 요리기법입니다.

분자요리는 그동안 서양 요리를 이끌어온 프랑스가 아닌 스페인에서 유행했습니다. 스페인 북동부 카탈루냐 지방에 있는 레스토랑 '엘 불리   '의 오너셰프 페란 아드리아   는 서양 고전 요리의 레시피와 재료를 철저히 해체해 과학적으로 분석하고 다시 조합해서

〈애플 캐비아〉

과거와 전혀 다른 새로운 요리를 만들어 냈습니다. 하지만 정작 아드리아 본인은 자신의 요리가 '분자요리'라 불리는 것을 싫어했습니다. 그는 자신의 요리를 '스페인식 누벨퀴진Nueve Nouvelle Cuisine'이라 부르며 누벨퀴진의 정신에 입각해서 요리하고 있다고 말합니다. 그는 사람들에게 놀라움을 주고 기존의 상식과 고정관념을 깨는 전혀 색다른 맛을 추구했습니다. 엘 불리는 2011년에 문 닫았지만 그가 이끌었던 요리 혁명 혹은 혁신은 많은 요리사에게 영감을 주었고, 지금도 꾸준히 이어지고 있습니다.

　분자요리는 1990년대 후반부터 10여 년간 세계 요리업계에 엄청난 반향을 불러일으켰습니다. 음식과 요리에 대한 물리 화학적 학문으로의 접근은 '분자요리의 아버지'라 불리는 체코 출신 영국 과학자 니콜라스 쿠르티Nicolas Kurti와 프랑스의 물리학자 에르베 티스Herve This가 시작했지만, 요리에 적용하여 분리요리를 꽃 피운 것은 스페인의 요리사들이었습니다. 그래서 스페인이 프랑스를 제치고 세계 미식의 중심에 서게 되었습니다. 하지만 2008년에 미국 월스트리트에서 시작된 세계 경기불황으로 분자요리에 대한 관심은 누그러지기 시작합니다. 사람들은 경기가 좋으면 낯선 것, 새로운 것을 찾아 미식에 도전하지만, 경기가 안 좋으면 편안하고 푸근한 맛을 찾는 경향이 있습니다. 그러면서 세계 미식가들의 눈길은 북유럽, 스칸디나비아반도로 옮겨갑니다.

분자요리를 넘어서
최근 세계 미식계의 화두 '노르딕퀴진'

•

'노르딕퀴진Nordic Cuisine'은 스칸디나비아 지역에서 주도하는 요리입니다. 식재료 본연의 자연스러운 맛을 중시하는 일종의 자연주의 요리죠. 요리의 변방이라 할 수 있는 북유럽은 그 지역 사람들조차도 자기들을 대표할만한 요리가 없다고 자조 섞인 이야기를 하곤 했습니다. 그런데 덴마크의 '노마Noma'라는 식당이 새로운 요리법을 들고 혜성같이 나타났습니다. 노마는 덴마크어로 북유럽을 뜻하는 'Nordisk'와 요리를 뜻하는 'Mad'를 조합해 만든 이름입니다. 덴마크 수도 코펜하겐 출신 셰프 르네 레드제피Rene Redzepi와 외식 경영자 클라우스 메이어Claus Meyer가 2004년 코펜하겐에서 버려진 창고를 개조하여 식당을 열어 요리의 불모지 북유럽을 새로운 미식의 중심으로 만들었습니다.

〈레스토랑 노마(NOMA)〉

노르딕퀴진은 그 지역에 나는 제철 식재료를 이용하여 재료 자체가 가진 순수한 맛이 느껴지도록 요리합니다. 노마에는 서양 요리에 필수인 올리브유가 없습니다. 북유럽에서 나지 않기 때문입니다. 대신 북유럽의 길고 추운 겨울을 이겨내고 싹을 틔운 강렬한 풍미의 다양한 야생 허브, 산과 들에 나는 각종 버섯, 다른 나라에서는 볼 수 없는 열매를 채집하고 순록 같은 야생동물을 수렵하거나 스칸디나비아 반도 인근에서 잡아 올린 해산물을 씁니다.

노마는 전 세계 여러 나라의 발효, 훈제, 절임 같은 전통적 요리법에 관심 가지며 실험하고 연구합니다. 분자요리가 인위적인 맛을 추구했다면 노르딕퀴진은 분자요리의 대척점에서 자연히 시간으로 익히는 요리를 추구합니다. 이들은 자연주의 요리법을 찾아서 과거의 역사책 속 요리를 뒤지기도 하고, 발효 숙성 요리가 발달한 우리나라와 일본 등을 주기적으로 찾아오기도 합니다. 식량 고갈에 대비하여 미래의 식량인 곤충을 재료로 하는 음식을 내놓기도 합니다.

노마는 전 세계 미식가들의 꾸준한 관심을 받다가 2015년에 드디어 '세계 50대 레스토랑World's 50 Best Restaurants'에서 1위를 차지합니다. 이곳에는 따로 발효 연구실을 갖추고 발효, 훈제 등 재래 조리 방식을 사용하여 다양한 맛을 내고자 노력합니다. 오너셰프인 레드제피는 미소(일본 된장)에서 영감을 얻어 직접 배양한 누룩 균과 덴마크 땅에 나는 완두콩을 가지고 완두콩 된장인 '피소Peaso'를 담았습니다. 또한 역사책에 등장하는 음식, 로마 시대의 액젓 '가룸'에서 영감을 받아 곤충을 이용해 '메뚜기 가룸'을 담갔습니다. 취재를 위해 노마를 방문했을 때 이 메뚜기로 만든 가룸을 맛보니 의외로 구수하고 깊은 감칠맛이 나는 게 좋았습니다.

〈노마의 발효연구실〉

〈메뚜기 가룸〉

〈피소〉

　이 식당의 요리를 보면 자연을 담아낸 형상입니다. 노마의 대표적인 애피타이저에는 순무 레디쉬가 화분에 통으로 박혀있습니다. 화분 속에는 크림이 들어있고, 빵가루가 마치 흙처럼 화분 속에 뿌려져 있습니다. 사람들의 이목을 끈 또다른 노마의 요리로는 개미 요리가 있습니다. 다진 고기에 식용 개미를 얹은 독특한 요리입니다. 단순히 독특함을 추구하기 때문이 아니라, 레몬이 나지 않는 덴마크에서 신맛을 내기 위한 소스로 개미를 사용한 것입니다.

〈노마의 애피타이저〉

　　세계 미식은 끊임없는 변화를 겪으며 진보해왔습니다. 벨기에 음
식 사학자 클로드 피슐러가 1930~1990년대 프랑스 3스타 레스토랑
메뉴를 분석한 자료를 보면, 1935년까지는 채소 요리가 아예 없었습
니다. 파스타와 샐러드는 1970년대 중반에야 처음으로 식당 메뉴에
등장합니다. 1970년대에는 민물고기가 사라지고, 1975년부터 바닷
고기만 재료로 사용합니다. 과일이 등장한 것은 1980년대부터입니
다. 피슐러는 "1970년대 이후 일어난 변화가 이전 100년 동안 일어
난 변화를 모두 합친 것보다 크다"고 말합니다. 저 역시 음식의 현장
에서 일어나는 변화의 속도가 엄청나게 빠름을 실감합니다. 노르딕퀴
진을 뛰어넘는 또 다른 미식 트렌드를 기대해 봅니다.

김성윤

세계인의 밥, 요리 현장을 안내하는
우리나라 음식 전문기자 1호

📢 떡을 훔쳤다. 엄마도 떡집 주인도 모르는 사이, 아기 손에는 떡이 들려져 있었다. 아기는 시장통 유모차에 앉아 그 누구의 방해도 받지 않고 말랑말랑한 떡의 세계에 빠져든다.

아이는 어른이 되었다. 여전히 떡을 좋아한다. 특히 콩고물 묻히지 않은 인절미를 좋아한다. 시장 구경을 좋아한다. 어머니를 따라 여전히 시장길을 나선다. 어느덧 아내가 생겼다. 아내가 생긴 뒤로는 매주 주말이면 아내 손을 잡고 손수 장을 본다.

서울 은평구 응암시장에서 시작한 아이의 미식 여정은 서울의 시장을 넘어 지구촌 곳곳 후미진 시장 골목으로 이어졌다. 한국말은 물론이고 영어도 통하지 않는 어느 허름한 밥집에 들어가서 옆 테이블 손님이 먹는 음식을 손가락으로 가리키며 '저걸 달라'고 손짓한다. 손님 북적대는 노점상 좌판이 보이면 향신료 내음 가득한 낯선 음식을 맛보기 위해 현지인 사이를 비집고 들어가 앉기도 한다. 세계의 시장을 돌아다니며 그네들이 먹는 음식을 편견 없이 집어 먹는다. 늘 누군가가 먹는 밥과 요리 현장에 눈길이 가 있다.

"둥그스름한 잔에 뽀얀 우유 거품이 덮여있고 우유의 향긋한 향이 느껴진다. 뽀얀 갈색의 커피 위에 햇살이 비쳐서 향이 더욱 풍부하다…."

열심히 노트북 자판을 두드리는 김성윤 기자. 오늘은 이탈리아의 어느 카페에 앉아 한국의 독자에 전달할 현지의 카푸치노 맛을 그려내는 중이다. 예사롭지 않은 표정으로 맛을 음미하고, 가게 메뉴판, 커피 기계, 주인의 동선과 손길 등을 살피며 가게 분위기를 파악한다. 그가 15여 년간 송출한 음식 관련 기사는 대략 1,000여 건. 그가 안내하는 맛의 세계는 매주 1~3개의 기사가 되어 핸드폰 화면과 신문 지면에 떠오른다. 김성윤 기자는 어떤 생각과 관점에서 음식 관련 기사를 만들어 낼까?

"요리는 원재료를 가공해서 사람들에게 대접하지요. 기사도 마찬가지로 원재료인 사건을 기사로 가공해서 독자에게 전달합니다. 둘 다 같은 원리입니다. 음식 기사를 쓸 때는 자세하게 묘사해야 합니다. 그래야 음식을 먹고 오감이 만족하듯, 독자들이 읽을 맛을 느낍니다. '담백하다, 맛있다, 갈 만하다.' 식의 진부한 표현은 제대로 된 전달이 아닙니다. 독자들이 글을 읽고 '맛있겠다!' 느껴야지, '맛있다'라고 바로 쓰는 건 바람직하지 않습니다."

"밥 한 그릇에는 그 나라의 문화가 오롯이 담겨 있습니다. 예를 들면 스페인 쌀 요리 '파에야paella'가 그렇습니다. 파에야의 주재료인 쌀, 그리고 쌀을 노랗게 물들이는 사프란이라는 향신료는 수백 년 동안 스페인을 지배한 이슬람 통치자들이 멀리 중동과 아프리카에서 전해주었습니다. 세계에서 가장 독실한 가톨릭국가임을 자부하는 스페인이지만, 파에야를 조금만 파보면 이슬람의 영향이 진하게 배어있다는 것을 발견할 수 있습니다. 한국뿐 아니라 세계 여러 나라에서 쌀국수는 베트남 대표 음식으로 인식됩니다. 하지만 베트남에서 쌀국수를 먹기 시작한 것은 겨우 100년이 조금 넘었을 뿐 아니라, 베트남을 점령한 프랑스군에게 쇠고기 육수 내는 법을 배웠고 여기서 오늘날 우리가 아는 쌀국수가 탄생합니다. 쌀국수 한 그릇을 통해서 잘 몰랐던 그 나라의 역사까지 만날 수 있지요."

우리가 새로운 나라로 여행 가서 처음 하는 일은 그 나라의 음식을 맛보는 일이다. 음식을 맛보다 보면 그 나라의 문화를 자연스레 이해하게 된다. 멀리 여행을 가지 않더라도 우리 주변에는 세계 각국의 음식을 맛볼 수 있는 식당이 많이 생겼다. 국내에서도 유럽식, 인도식, 아시아식 등 세계의 음식을 먹으며 간접적으로 다른 나라의 문화를 체험할 수 있다.

김성윤 기자는 국내외에서 만날 수 있는 세계인의 밥과 요리 현장을 취재하여 보여준다. 그가 취재한 기사는 방대하면서도 구체적이고 전문적이다. 식재료의 원산지 이야기, 셰프의 조리법, 음식을 통해 알 수 있는 각 나라의 역사, 음식에 얽힌 재미난 에피소드를 가득히 담아낸다. 때로는 직접 그린 음식 일러스트를 곁들이며 보다 풍성하고 맛깔스러운 미식의 세계로 우리를 안내한다. 한국인의 밥상을 넘어, 세계인의 밥과 요리 현장을 친절히 안내하는 김성윤 기자. 그는 현재 우리나라에서 유일한 '음식 전문기자'다.

요리사의 꿈, 미술사 전공, 음식 전문기자의 길

"고등학교 때 요리사로서의 미래를 심각하게 고민했어요. 요리학교에 가고 싶었지만 두 손 꼭 붙들고 '대학만 가라. 그다음에는 네 마음대로 해라'라는 어머니의 만류에 따라 대학에 진학했습니다. 그나마 음식 다음으로 좋아하던 미술의 역사를 배우는 미술사 전공이었죠. 대학 시절에도 음식 사랑은 여전했습니다. 축제 때 학과 주점 주방장을 맡아 튀긴 돈가스만 수백 장이 넘고, 소시지 야채볶음은 신물이 날 만큼 만들었습니다. '벅지회'라는 식도락 동호회를 조직하기도 했고요. 원래 이름은 '허벅지회'인데, 동호회 멤버들의 허벅지 굵기가 상당한 경지에 이르렀다는 의미입니다. (웃음) 그러나 너무 추하다는 의견이 많아 '허'자를 뗐습니다. 우리 벅지들은 용돈이 남아나질 않아서 밥, 찌갯거리, 밑반찬 등을 가져와 학교 뒷산 벤치에서 만들어 먹기도 했습니다."

"신문기자는 정말 우연히 하게 됐습니다. 미술사 대학원에 합격해 개강을 기다리던 1999년 겨울, 어머니가 조선일보 수습기자 모집 공고를 들이밀면서 '네 실력을 테스트해 보자'라며 제안하셨습니다. 신기하게도 서류 심사와 세 번의 시험을 거쳐 최종 면접까지 올라갔죠. 면접 날은 지금도 잊히지 않습니다. 자기소개서 경력란이 썰렁해 보일까 봐 'XX 주최 창작요리 경연대회 수상'이라고 적어 넣었는데,

면접관이 무슨 요리를 만들어서 상을 탔는지 물었습니다. 당혹스러웠지만 열심히 설명했죠. '네, 제가 만든 요리는 돼지고기 안심을 크랜베리라는 버찌류 과일잼과 크림을 섞어 만든 소스와 함께 먹는 요리였습니다. 한국에서는 이 잼을 구하기 어려워 어머니가 만든 유자청으로 대신했는데, 요리대회에서 3등 상을 받았습니다. 그리고 부상으로 10kg짜리 쇠고기 식육 세트를 탔습니다…' 저의 답변에 면접관들은 크게 웃더니 별다른 추가 질문 없이 '그만 나가라'고 했습니다. 당연히 떨어진 줄 알았죠. 그런데 며칠 후 놀랍게도 합격 통보 전화를 받았고, 저는 기자가 되었습니다. (웃음)"

김성윤 기자는 2000년 국제부로 입사, 산업부를 거쳐 2003년부터 엔터테인먼트부(현 문화2부) 음식 담당 기자로 일하다가 2014년 '음식 전문기자'로 발령받는다.

2010년 2월부터 이듬해 3월까지 약 1년간은 이탈리아 밀라노 인근 파르마Parma라는 작은 도시로 건너가 '미식학대학University of Gastronomic Sciences'에서는 음식 문화와 커뮤니케이션Food Culture and Communications 대학원 석사과정을 다녔다. 세계 슬로푸드 협회가 설립한 이 대학은 조리법을 가르치는 요리학교나 영양학을 가르치는 식품영양학과가 아니라, '음식을 인문학으로 접근하는 세계 최초의 대학'이다. 그는 「이탈리아 지역별 파스타 비교 분석」이라는 졸업 논문을 쓰고 석사학위를 따며 음식 취재의 전문성을 더해간다.

2015년에는 한국형 미식 랭킹 인터넷 커뮤니티인 '코릿KOREAT'을 기획하여 우리나라의 뛰어난 식당과 음식점을 발굴, 평가하고 소개하는 작업을 진행했다. 코릿은 매년 국내에서 활동 중인 외식업계 종사자, 미식가 등 음식 전문가 100인이 참여하여 전국 맛집 TOP 50, 제주 맛집 TOP 30 등을 선정한다. 그가 지은 책으로는 『커피 이야기(살림출판사, 2004)』, 『식도락계 슈퍼스타 32(열번째행성, 2008)』, 『세계인의 밥(클라이닉스, 2010)』, 『이탈리아 여행 스크랩북(깊은나무, 2016)』이 있다.

집안의 식문화와 함께, 음식이라는 넓은 바다에서 헤엄을 치다

김성윤 기자는 식문화의 다양성을 경험하며 자랐다. 황해도 봉산 출신인 아버지와 서울 토박이인 어머니 사이에 태어나서 '이북 음식'과 '서울 음식'을 먹고 컸으며, 경남 마산 출신인 아내를 만나서 '경상도 음식'을 접한다. 그리고 아버지의 직장 해외 근무 덕분에 미국과 홍콩에서 청소년기를 보낸다.

"미국에 살 때, 친구 집에 종종 놀러 갔습니다. 그 집에 가면 팝콘을 직접 튀겨주고는 했는데 그게 너무 신기했어요. 우리가 영화에서 보던 외국 집처럼, '진짜로' 집에서 엄마가 구운 쿠키를 단지에 넣어 놓고 아이들이 꺼내 먹었어요. 갓 구워 나온 쿠키와 집에서 튀긴 팝콘은 놀라운 경험이었죠. 우리나라에서는 친구 집에 놀러 가면 된장찌개 냄새 같은 것이 나는데, 외국 친구의 집에는 오븐에 쿠키를 굽고 빵을 굽는 냄새가 났습니다. 제가 경험한 집 냄새, 집밥 냄새가 아니었습니다. 너무나 이질적이어서 음식 냄새를 맡으며 문화 충격을 받았던 기억이 선명합니다."

"저는 '맛의 기준'을 홍콩에서 얻었습니다. 중학교 1학년 때부터

4년여간 홍콩에서 살았는데, 온 가족이 '음식에 환장했다'는 놀림을 받을 만큼 먹는 일에 열중했습니다. 중국어로 쓰인 메뉴를 이해할 수 없었던 우리는 좋아하는 음식점 하나를 정해두고 주말마다 그 식당에 갔습니다. 그리고 메뉴판에서 전채, 육류, 해산물, 가금류, 후식 등 파트별로 하나씩 주문해 먹었습니다. 첫 주에는 '1번', 둘째 주에는 '2번', 셋째 주에는 '3번.' 그러기를 2개월, 우리 가족은 메뉴판에 있는 모든 요리를 먹었습니다. 그러자 각각의 한자가 어떤 재료를 뜻하는지 그리고 어떤 조리법을 지칭하는 것인지 파악할 수 있었습니다. 저는 홍콩에서 중국, 프랑스, 태국, 베트남, 인도네시아 등 세계 각국의 음식을 제대로 맛보면서 음식에 대한 다양한 경험과 지식을 쌓을 수 있었습니다."

"어려서부터 요리하는 게 재미있고 자연스러웠습니다. 이북에서 내려온 우리 친가에서는 추석이나 설이면 으레 남자들이 만두를 빚었기 때문에 당연히 남자가 부엌일을 하고 요리하는 것으로 생각하고 자랐습니다. 우리 친가의 명절 잔치 음식 삼위일체는 만둣국·삼겹살·빈대떡입니다. 특히 만둣국에는 우리 집안만의 식문화가 담겨 있습니다.

만두는 미리 빚어 두지 않고 먹기 바로 직전에 만들어 먹습니다. 그래야 맛있기 때문이죠. 만두를 짧은 시간 대량 생산하려면 온 가족이 달라붙어야 했습니다. 만두 빚는 건 남자들의 일이었습니다. 여자들은 다른 명절 음식 준비하느라 바빴기 때문에 큰아버지·아버지·작은아버지·사촌 형·동생들과 거실에 널찍한 목판과 밀대, 밀가루통을 들고 자리 잡고 앉습니다. 그러면 집이 만두 공방으로 변합니다.

나와 사촌 등 '아랫것'들이 힘든 만두피 밀기를 맡습니다. 얇게 민 밀가루 반죽을 주전자 뚜껑으로 눌러 동그랗게 만두피를 오려내면 조금 덜 힘들지만 우리 집에서 이런 '편법'은 안 통합니다. 만두피가 입안에서 노는 감촉이 다르기 때문에 오로지 밀대로 밀어서 만두피를 펴서 만듭니다. 송편처럼 두꺼워서는 물론 안 되지만 그렇다고 너무 얇아서 씹는 맛이 죽어도 안 됩니다. 만두에 있어서만큼은 집안 모두 입맛이 귀신이라 속일 수가 없습니다. (웃음)

그런데 우리 집 만두는 크기라든가, 닭 육수를 쓰고 식초를 친다든가 하는 점에서 중국의 만두 문화와 비슷합니다. 할머니는 '너희 증조할아버지와 할아버지가 평안도 신의주에서 사업하면서 만주(滿洲)를 다니셨다'는 얘기를 자주 하셨는데, 그때 중국에서 드신 경험이 영향을 준 걸까요, 아니면 큰아버지가 부산 화교 중국집에서 아르바이트하면서 습득한 노하우가 녹아든 걸까요…. 어쨌든 만둣국은 우리 집안을 대표하는 음식입니다."

모든 자양분을 '음식 기자'라는 전문성으로 구슬 꿰듯 꿰어가다

함께 음식을 만들어 나눠 먹고, 세계의 음식 경험을 품고 자라난 김성윤 기자. 그가 자라온 집안 환경과 외국 생활 경험은 음식에 대한 깊은 이해와 열정을 키우는 밑거름이 되었다. 또한 그는 화가가 되고 싶었고, 요리사가 되고 싶었고, 그러다 미술의 역사를 훑는 미술사를 전공하지만 우연한 기회에 신문사 기자가 되었다. 처음부터 음식 전문기자라는 타이틀을 가지고 기자 생활을 시작한 것이 아니다. 그는 어떻게 '음식 전문기자'라는 직함을 확보했을까?

"기자 생활을 하면서도 요리와 음식 먹는 것을 여전히 좋아했어요. 하지만 요리할 시간을 내기란 쉽지 않았습니다. 그래서 대신 음식에 대해 글을 쓰기 시작했습니다. 조선일보 웹사이트에 '구름에 클럽 Gourmet Club'이라는 개인 사이트를 열었습니다. 식당 소개 기사뿐 아니라 '9·11 테러가 항공기 기내식에 가져온 변화'와 같이 음식이라는 또 다른 시각을 통해 뉴스를 해석하는 글을 쓰기 시작합니다. 점점 음식에 관한 저만의 기사가 쌓여 나가고…."

기자라면 누구나 독자가 궁금해할 내용을 취재하고 객관적인 사실에 기반한 신문기사를 쓴다. 음식 관련 아이템 역시 여느 기자에게나 열려있다. 김성윤 기자는 처음에는 다른 기자들과 마찬가지로 이 부서 저 부서를 돌며 그 부에 맞는 사건을 취재하며 기사를 썼다. 하지만 그는 달랐다. 어린 시절 타고난 미학적 지능과 자신이 경험한 음식과 식문화에 대한 모든 자양분을 '음식 기자'라는 전문성으로 구슬 꿰듯 꿰어가며 다져나간다.

'음식 전문기자'는 '음식 담당기자'와 다르다. 전문기자란 근무 연차가 차오르고 사내 직위가 더 이상 올라가지 않아도, 그 연차에 올라야 할 적정 직위와는 무관하게 전문기자로서 끝까지 기사를 쓸 자유를 보장받는 제도다. 김성윤 기자는 2000년 신문사 입사 면접 때부터 자기만의 전문성을 뚜렷하게 나타내며 '우리나라 유일의 음식 전문기자'라는 이름을 만들어낼 가능성을 보여주었다.

"뛰어난 미각을 타고 나야 미식가가 되는 것은 아닙니다. 음식 전문가 역시, 음식에 대한 애정과 관심 그리고 그러한 경험이 지속해서 쌓여나갈 때 전문성이 확보됩니다. 그런데 저 같은 경우에는 이를 뒷받침하는 또 다른 장점 하나가 더 있습니다. 제가 음식을 남보다 정말 많이 먹을 수 있다는 것? (웃음) 저는 미식가이면서 동시에 대식가라서 그 누구보다 음식을 더 많이 먹고 경험할 수 있는 최적의 조건을 갖추고 있습니다."

김성윤이 생각하는 '음식의 가치'

"저는 음식 전문기자로서 글을 쓰면서 '음식 커뮤니케이터' 역할을 합니다. 언제 기회가 된다면 레스토랑 지배인이 되어 음식 파는 일을 직접 해보고 싶습니다. 음식 식문화를 높이는 레스토랑 홀 서비스에 관심이 많기 때문입니다. 또한, 아동 대상의 미각 교육에도 관심이 많습니다. 어린 시절, 편견 없이 배우는 미각 경험과 식문화 체험이 음식을 즐겁게 즐기며 우리의 삶을 행복하게 영위하는 데 큰 역할을 하기 때문입니다. 제가 생각하는 '음식의 가치'는 바로 여기에 있습니다."

THE VALUE OF FOOD

02
한식의 세계화와 음식민족주의

'수요미식회', '알쓸신잡'
황교익 맛 칼럼니스트

2000년대 들어 '한식의 세계화'가 화두가 되었습니다. 정부에서도 적극적으로 나서 한식 세계화를 위한 여러 정책을 내놓았습니다. 이명박 정부 들어와서 한식 세계화를 시작할 때도 반대한 사람은 없었습니다. 보통 정부가 어떤 사안을 내세우면 옆에서 야당이 반대하며 들고 일어나고 언론은 들쑤시며 딴지 걸고 하는데, 흥미롭게도 '한식 세계화'에 대해서는 여당·야당, 전라도·경상도, 남녀노소, 직업 불문하고 모든 사람이 찬성했습니다.

혹시 여러분도 다 찬성하십니까? 저는 이 놀라운 현상을 목격하며 고민에 빠졌습니다. '당연히 찬반이 있어야 하는데 그렇지 않은 이런 현상이 왜 만들어졌을까?' 모두가 찬성한다는 것에는 우리 국민의 마음속에 공통된 무언가가 존재한다는 뜻입니다. 저는 그 근원이 궁금했습니다. '왜 이런 현상이 만들어졌는가?' 그래서 풀어 가보았죠. 그렇게 몇 년 동안 했던 고민을 이제 털어놓으려 합니다.

음식은 과연 문화인가?

•

보통 '음식은 문화'라고 이야기합니다. 일반적으로 문화에 대한 설명이 많지만 제가 문화의 개념을 정리해 놓은 것은 이렇습니다. 문화라 함은 '내 삶의 정체성을 확인할 수 있는 그 무엇'을 칭하는 것입니다. 프랑스의 음식 문화는 프랑스 사람의 정체성을 확인하는 그 무엇이 될 것이고, 한국의 음식 문화는 한국 사람이 과거 살아왔고 지금 살고 있는 생태 환경적, 경제적, 사회적 조건들까지 들여다볼 수 있는 것을 말합니다. 그게 없으면 그냥 기호품입니다.

음식과 관련된 책들의 첫머리를 자주 장식하는 구절이 있습니다. '당신이 좋아하는 음식을 말하면 당신이 어떤 사람인지를 말할 수 있다'라는 구절인데요. 그런데 이 말이 맞습니까? 여기 계신 남자분이 비빔국수를 좋아한다고 해봅시다. 이 남자분에 대해 어떤 분인지 저에게 설명해줄 분 계십니까? (웃음)

실제로 저 말을 설명하려니까 웃음이 나옵니다. 저 말이 제대로 된 진술일 수 있다는 것을 확인하려면 조금 더 복잡한 과정이 필요합니다. 한 사람에게 질문을 던져서 되는 것이 아니라 보통 3~4명 모여 앉아서 가볍게 차 한 잔이나 술 한 잔 마시면서 이야기 나눠야 그 답을 얻을 수가 있습니다. '네가 좋아하는 음식은 뭐야?', '내일 네가 죽게 되고 오늘 저녁 한 끼가 남았다면 넌 뭐 먹을래?' 이렇게 질문을 하면 답하기 위해 하나씩 떠올려 볼 것입니다. 그리고 그 사람이 어떤 음식을 말한다면 다음 질문이 들어가야겠죠. '그 음식을 언제 누구랑 먹을 거야?', '누가 해준 음식인데?', '누가 사줬어?' 이렇게 계속 질문 하면서 그때 어떤 환경에 있었는지를 계속 파 들어가면 대충 10분 이

내에 그 사람에 대한 것들이 속속들이 다 나옵니다. 조금 길게 가면 마음 약한 분은 울기 시작합니다. 엄마를 찾기 시작하고, 할머니를 떠올리고, 아빠를 기억합니다.

이렇듯 '한 개인의 기호라는 것은 처음의 경험들에 의해서 만들어진 것입니다. 어디 출신인지, 가족관계는 어떻게 되는지, 주로 무엇을 먹고 자랐는지…. 저는 음식 문화를 설명할 때, 한 개인의 가정환경, 성격, 학력, 경제력 등에서 비롯한 개인의 기호를 중심에 둡니다. 음식 문화에 대한 이해를 밖에서 들여다보는 방식이 아니라, 내 기호 내 입맛에서부터 파악하는 것이 필요합니다. 그래야 음식이 문화로써 의미가 있는 것입니다.

'너 또는 나'라는 자리에 '한국인'을 넣어보면 어떨까요? 이 방식으로 '한국인이 먹는 음식을 보면 한국인이 누구인지 알 수 있겠구나.' 하는 생각이 들었습니다. 1994년 즈음, 저는 어느 한국 전통음식 연구자가 궁중음식 관련 책을 펴내면서 인터뷰한 기사를 읽었습니다. 그는 그 책의 발간 이유를 이렇게 말했습니다. "아름다운 우리 음식은 점점 잊혀 가는 반면, 뼈다귀해장국이나 부대찌개, 쇠머리 국밥 등 국적 불명의 경박한 음식들이 우리 식탁을 대신하는 현실이 안타까웠다."

이 기사를 보자마자 무척 놀랐습니다. '경박한 음식이라니!' 저는 부대찌개를 좋아합니다. 한 달에 한 번은 먹습니다. 소주를 곁들이면서 말이죠. '내가 좋아하는 음식에는 내 삶의 의미 담겨 있다고 하는데 그러면 나는 국적 불명, 경박한 인간이라는 말인가?' 하는 생각이 머리를 스치고 지나갔습니다. 그런데 아무도 이 인터뷰 기사에 대해서 문제 제기를 안 하더군요. 그래서 제가 딴지를 걸었습니다.

그런데 그 책에서 이야기한 아름다운 한국 음식이 과연 무엇이었을까요? 바로 '신선로'입니다. 정부가 한식 세계화 사업의 일환으로 발간한 『아름다운 한국 음식 100선』의 표지에는 한국인이 거의 먹어본 적이 없으며, 집에서는 아예 먹지 않는 신선로가 올라와 있습니다. 한식 세계화와 관련한 한식 재단의 영상물, 포스터에도 신선로 이미지를 박아놓았습니다. 청와대 국빈만찬의 메인 음식도 신선로입니다. 국빈만찬에 관련된 일화를 하나 소개해 드릴까요?

어느 날 청와대에서 국빈만찬 의전을 담당했던 분과 함께 술자리를 하게 되었습니다. 돼지갈비를 구우며 소주 한잔을 했습니다. 노무현 대통령 의전을 담당했던 분이었는데 그분이 말하기를, 청와대에 있으면서 만찬 의전을 하나 바꾸고 싶은데 자기가 못 바꾸고 나온 게 있다며 아쉬움을 토로했습니다. 바로 '신선로' 였습니다. 청와대 만찬은 코스가 주욱 나오다가 메인 요리가 나올 때가 되면 만찬장의 불이 일제히 꺼집니다. 그리고 만찬장 주방 쪽으로 스포트라이트가 떨어집니다. 그러면 요리사들이 팔을 높이 하여 접시를 들고 나옵니다. 그 위에

〈신선로〉

바로 신선로가 있습니다. 청와대가 내놓는 한국의 대표 음식인 것이지요.

그런데 이 의전 담당자가 대통령을 모시고 동남아 지역 순방을 갔을 때 재미있는 일이 일어납니다. 그중 한 나라에서 한국 대통령을 위한 만찬을 열었는데, 신기하게도 그곳 역시 불이 꺼지고 메인 요리가 나왔다고 합니다. 그런데 더 놀란 것은 그 나라를 대표하는 메인 요리에도 신선로가 있었다는 사실입니다. 순간적으로 의전 담당자는 '어, 저거 우리 건데?' 하는 생각을 했고, 한국에 돌아와서 신선로에 대해 연구하기 시작했습니다.

신선로라는 음식은 어느 나라 것일까요? 신선로는 그릇 자체의 인상이 강렬한 것이지 사실 그릇 안에 담긴 음식은 별로 의미를 두지 않는 경향이 있습니다. 신선로 그릇은 중국에서 만들어졌고, 중국 영향권에 있는 나라들은 다 이 그릇을 씁니다. 인도네시아·베트남·일본 등 아시아 전체의 식기라고 할 수 있습니다. 조금 더 넓게 보면 유럽에도 신선로가 있습니다. 유럽에서는 물을 따뜻하게 보관하는 난로용 그릇으로 씁니다. 그릇 가운데에 뜨거운 숯을 넣고 가장자리의 물을 데워주면서 그릇 아래쪽에 달린 자그마한 수도꼭지에서 물을 빼 씁니다.

이처럼 신선로는 전 세계에 걸쳐 발견되는 그릇입니다. 그래서 청와대 의전 담당자는 '한국의 전통음식'에 대해 고민하게 되었고, 신선로 만찬 의전을 바꾸고자 했지만 그러지 못하고 그냥 나왔다고 아쉬움을 토로했습니다. 만약 청와대 만찬 의전을 바꾼다면 한국 음식으로 무엇을 소개하면 좋을까요? 여러분은 무엇을 했으면 좋겠습니까? 저도 점점 고민되기 시작했습니다. 제가 왜 청와대 만찬까지 고민해야 하는지 생각하면서 말이죠.

〈똠얌꿍〉

이 사진의 음식은 어떤가요? 맛있어 보이지요? 바로 태국의 똠얌꿍입니다. 똠얌꿍은 우리나라 신선로와 거의 비슷한 모양의 그릇에 담아냅니다. 이 사진은 태국에서 찍은 게 아닙니다. 수원에 위치한 다문화 가정 며느리들이 운영하는 태국 음식점에서 찍었습니다. 그분들에게 이 그릇 이름이 뭐냐고 물으니 '머똠냥'이라고 합니다. 양은 재질로 만들어졌습니다.

혹시, 여러분 중에 우리나라 음식 신선로를 먹어본 분 계십니까? 음식 가격을 아시는지요? 보통 코스의 메인 메뉴로 나오니까 가격은 잘 모릅니다. 혹시, 여러분 중에 신선로 요리를 하실 줄 아는 분 있습니까? 집에 신선로 그릇을 가지고 있는 분 계십니까? 우리는 소위 한국 대표 전통음식이라고 내세우는 신선로의 가격도 모르고, 요리해본 적도 거의 없고, 심지어 집에 그릇조차 안 가지고 있는 경우가 대부분입니다. 그런데 어떻게 신선로가 국가의 대표 음식이 될 수 있습니까? 다문화 며느리들의 말은 달랐습니다. 태국에서는 저 그릇을 흔히 쓴다고 합니다. 부엌에 두고 수시로 똠냥꿍을 해 먹는다고 합니다. 그러면 신선로 모양의 저 음식을 국가대표 음식으로 밀 수 있는 나라는 우리가 아니라 태국일 가능성이 더 크지 않을까요?

여기서 우리가 생각해야 하는 것은 '전통이란 무엇일까?'입니다.

복잡하게 생각할 것 없습니다. 전통이 무엇인지 국어사전을 찾아보면 됩니다. 우리는 우리말이 어떻게 쓰이는가에 대해 깊이 생각하지 않고 쓰는 경향이 있습니다. 영어사전보다 국어사전을 열심히 안 보는 경향이 있습니다. 잘 소통하고 개념을 명확히 알고 가려면 우리말을 잘해야 합니다. 전통이란 무엇인가? 국어사전에는 이렇게 나와 있습니다.

'어떤 집단이나 공동체에서 지난날로부터 이어 내려오는 사상, 관습 행동 따위의 양식 또는 그것의 핵심을 이루는 정신.' 어떤 집단이나 공동체에서라는 말은 한국, 한민족으로 바꾸면 됩니다. 어느 시점인 것은 분명하지 않지만, 지난날로부터 내려오는 사상·관습·행동의 양식 또는 핵심 정신이 바로 전통입니다. 쉽게 말해서 소프트웨어입니다. 신선로가 전통음식일 수 있는 것은 하드웨어인 신선로 그릇이 아니라 그릇 안에 담겨 있는 내용물이 전통이란 뜻입니다. '고기 채소 등을 국물에 넣고 끓인 것'을 우리는 국 또는 탕이라고 하지요. 한국 음식에서는 국 또는 탕이 전통일 수 있는 것입니다. 우리는 고기와 채소 등의 재료가 있으면 거기에 국물을 더해 탕을 만드는 관습이 있습니다. 그렇게 행동하고 즐기는 관습이 있기에 그것이 바로 전통음식이 되는 것입니다. 신선로 하나를 보더라도 이렇게 소프트웨어적으로 생각해야 전통이 보입니다.

그런데 보통 전통음식은 하드웨어적으로 이야기합니다. 신선로, 떡볶이, 막걸리 등 카테고리를 정해서 그 안에 들어가면 전통음식이라 말합니다. 그런데 이런 식으로 분류하게 되면 이 음식들은 10년, 100년, 1,000년, 우리나라가 망해도 전통이 됩니다. 이런 현상을 두고 우리는 '고착'이라고 부릅니다. 많은 사람이 전통에 대해 가지고 있는 생각은 고착에서 비롯합니다. 그래서 앞에 소개한 요리연구가처럼 아름다운 우리 음식이 잊혀 간다고 말하게 되는 것입니다.

부대찌개는 어떨까요? 국적 불명의 음식인가요? 과연 그럴까요? 안에 들어있는 햄 소시지 때문에 그렇게 생각할 수도 있습니다. 햄 소시지는 한국전쟁 이후 미군 부대를 통해 많이 들어왔습니다. 이것들은 서양의 음식입니다. 서양에서는 햄 소시지를 어떻게 먹나요? 굽거나 찌거나 빵 사이에 끼워서 먹습니다. 탕으로는 안 먹습니다. 우리는 햄 소시지라는 외래 음식을 들여와서 어떻게 먹었죠? 탕을 해 먹는 방식, 전통의 방식을 적용했습니다. 그러면 부대찌개가 신선로와 뭐가 다른가요? 같지 않은가요? 소프트웨어적으로 말입니다. 많은 사람이 '고착'을 두고 전통을 고집합니다. 그러면 전통이라는 우리 음식은 죽어버립니다. 우리가 조선 시대에 계속 살 수도 있다는 뜻입니다.

그래서 다시 청와대 국빈만찬을 생각해 봅니다. '청와대에 있을

〈의정부 오뎅식당 부대찌개〉

신선로 그릇을 그냥 버리기는 아까우니까 그대로 쓰자. 대신 그 안에 담기는 음식은 변화를 줄 필요가 있지 않을까? 그래, 미국 대통령이 오면 부대찌개를 담아주자!' 어떨까요? 의미 있지 않을까요? 우리는 한국전쟁 당시 지금의 아프리카 수준으로 아주 열악한 경제 상황이었습니다. 미국이 원조를 해주지 않았으면 지금처럼 이렇게 발전하기 힘들었을 것입니다. 그런 면에서 미국은 고마운 존재죠. 도움에 고마움을 표하는 뜻을 담아 신선로에 햄과 소시지를 넣고 부대찌개를 끓여주면 어떨까요? 우리는 햄 소시지를 그냥 먹지 않았습니다. 외국에서 들어온 재료를 우리 식으로 재해석하여 자존심을 지키면서 먹었습니다. 또 일본 총리가 오면 신선로에 오뎅탕을 끓여주면 되겠지요. 문화로써 우리 전통음식에 대한 생각들이 고착에 머물고 있지 않은지 깊이 고민해볼 문제입니다. 좀 더 구체적인 사례를 살펴보며 한국 음식에 대해 파고 들어가 보겠습니다.

한국 전통음식은 조선의 궁중음식이다?

●

지난날로부터 이어 내려오는 것이 전통이라면 어느 시점부터 전통이라 부를 수 있을까요? 단군 이래? 삼국 시대? 고려? 조선? 일제강점기까지? 흔히 전통이라고 하면 단군 시대부터 변함없이 내려오는 '그 무엇'을 상정하는 버릇이 있습니다. 하지만 전통은 '지금 우리가 상상 가능한 과거까지'를 말합니다. 그리고 현재 우리가 먹고 있는 한국 음식의 형태는 그리 오랜 역사를 지니고 있는 것이 아닙니다.

고려 시대를 한번 볼까요? 그때는 어떻게 밥을 먹었을까요? 고려

〈고려 시대 숟가락〉

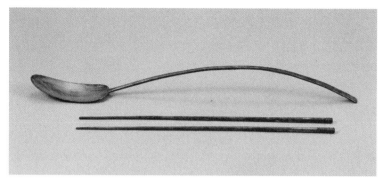

시대의 숟가락을 본 적이 있나요? 보통 그 숟가락들을 부장품이라고 이야기하는데 유물로 숟가락이 많이 나오는 걸 봐서는 부장품은 아닐 거라 생각합니다. 한번은 그 숟가락으로 밥을 먹어 봤는데 밥 먹기가 꽤 어려웠습니다. 곰곰이 추리해보니까 고려 시대의 밥은 지금 같은 쌀밥 형태를 생각하면 안 되고, 거친 잡곡들이라고 봐야 합니다. 우리나라는 고려 중기부터 가마솥이 존재했다고 합니다. 그 이전까지는 무쇠솥을 만들 정도로 쇠가 넉넉하게 공급되지 않았습니다.

삼국 시대에는 잡곡을 시루에 그냥 거칠게 쪄서 먹은 것으로 추측됩니다. 고려 시대도 별반 다르지 않겠지요. 거칠게 간 잡곡이니 찰기 없이 풀풀 날아다닐 것이고, 그러니 숟가락에 밥과 반찬을 올려놓고 먹을 수 없습니다. 거친 잡곡을 올려서 그냥 입에 밀어 넣듯이 먹었다고 볼 수 있습니다. 고려 시대 숟가락은 딱 그런 방식에 맞춤이라 할 수 있습니다. 지금의 음식 문화와 매우 다를 수 있습니다. 추측하건대 고려 시대는 지금처럼 밥, 반찬을 놓고 먹었다고 볼 수 없습니다. 접시 하나만 놓고 밥을 먹었다고 봐야합니다. 우리가 현재 먹고 있는 한국 음식의 형태는 그리 오랜 역사를 지니고 있지 않습니다.

전통은 언제부터 시작한 것이라고 할 수 있을까요? 보통 학계에서도 여기에 대한 명쾌한 규정이 없습니다. 보통은 우리가 그때의 모습 그대로 상상할 수 있는 지점부터의 것을 전통이라고 말합니다. 여러분들은 고려 시대의 밥상을 상상할 수 있습니까? 당연히 힘듭니다. 그래서 내가 상상할 수 있는, 보통 내 할아버지가 살았던 시절 정도를 두고 전통이라 말합니다. 농업사회이고 유교 관념을 가지고 살았던 시절이라 할 수 있겠습니다. 그런데 지금 대한민국에서의 전통은 그보다 더 거슬러 올라가서 조선 시대를 떠올리는 경향이 있습니다.

조선 음식 하면 우리가 떠올리는 것은 조선의 궁중음식입니다. 조선 시대 왕가가 먹던 음식을 궁중음식이라고 합니다. 조선은 유교 국가였고 따라서 조선의 왕은 유교적 제사장으로서 기능했으며 수시로 여러 제사를 올려야 했습니다. 그 제사의 음식이 조선의 궁중음식을 대표하는 것입니다. 제사 외에도 궁중음식은 왕가와 조정이 주최하는 각종 행사를 위해 특별하게 준비되었습니다. 그런데 조선의 궁중음식은 누가 만들었을까요?

'선묘조제재경수연도'는 조선 선조 38년(1605년)에 그려진 그림입니다. 서울 삼청동 관아에서 13명의 재신이 그들의 노모를 위해 개최한 경수연을 그린 것인데요. 조선에서는 조정이나 왕가가 재신과 그들의 가족을 위해 잔치를 베푸는 관례가 있었습니다. 그림을 잘 보면 음식을 만드는 조찬소의 모습이 잘 나와 있습니다. 가마솥에 불을 때고, 칼을 휘둘러 음식을 만들고, 음식을 행사장으로 나르는 모습이 부산하게 표현되어 있습니다. 그림에서 모자를 쓰고 있는 사람은 궁중 전속 요리사입니다.

〈선묘조제재경수연도(1605년)〉

　　조선 시대에는 일상적인 음식은 집안의 여자들이 조리하지만, 잔치나 제사 같이 많은 음식을 만드는 중요한 요리는 남자가 했습니다. 이와 같은 직업을 가진 사람을 '숙수'라고 하는데, 그중에서도 궁중에

서 요리하는 전속 숙주를 '대령숙수'라고 불렀습니다. 그림을 보면 여자도 한두 명 일을 돕고 있지만 설거지, 심부름 등 허드렛일을 하는 역할이지 요리를 담당하지는 않습니다. 이 그림을 보면 요리는 남자가 해야 할 일인 것처럼 보입니다. 유럽의 경우도 왕의 요리사는 남자입니다. 왜 중요 요리를 담당하는 요리사는 남자일까요?

그림을 보면서 상상해 봅니다. 저 커다란 독 안에는 뭐가 들었을까요? 음식을 하려면 물이 필요합니다. 이 당시는 수도도 없습니다. 물을 길어 와야 음식을 만듭니다. 힘이 무척 들겠지요? 솥도 크고 무쇠입니다. 남자도 혼자서 못 듭니다. 장정 2명이 들어야 겨우 솥을 움직일 수 있습니다. 칼질은 어떨까요? 지금은 마트 가면 용도에 맞게 고기가 다 썰어져서 포장돼 있지만 저 때는 커다란 덩어리째로 던져줍니다. 가죽, 뼈, 지방이 다 붙어있는 상태입니다. 냉장이 안 되고 고기도 아주 질깁니다. 당시 조선에는 우금령이라는 게 있는데 이는 한창 일을 해야 하는 젊은 소를 못 잡게 하는 정책입니다. 따라서 잡아먹을 수 있는 소는 늙거나 병들거나 다리 부러진 것들, 10년 정도 산 소들입니다. 이런 소들은 일을 많이 해서 근육이 아주 질겨져 있으며 무쇠 칼 하나로 발골하여 정육해야 합니다.

여러분은 큰 덩어리 고기를 발골 정육하는데 여자가 하는 것을 본 적 있습니까? 돼지 반쪽짜리도 여자가 발골하기는 힘듭니다. 요리는 힘이 많이 필요한 일입니다. 남자들의 일입니다. 그래서 조선의 궁중음식은 남자가 할 수밖에 없습니다. 많은 분들이 TV 드라마 '대장금'을 보고 조선 궁중음식은 주방상궁인 여자가 모든 요리를 담당한다고 오해하는 문제가 발생했습니다. 주방상궁은 왕가가 먹는 일상의 음식을 요리했습니다. 궁중음식 전체를 놓고 보면 일부에 지나지 않습니다.

드라마 '대장금'의 영향 외에도 조선 궁중음식을 여자가 하는 것으로 인식하게 된 것은 조선의 마지막 상궁이라는 한희순 씨의 영향이 큽니다. 일제는 조선의 왕가를 자신의 왕가로 편입했습니다. 따라서 일제 강점기 조선의 왕족은 제사를 지내지 않았고, 제사음식의 맥도 끊어졌습니다. 단지 조선 왕족의 일상음식을 수발하는 일을 한희순 씨가 했습니다. 1971년 한희순 씨는 조선왕조 궁중음식 기능보유자로 인간문화재가 되었고, 이듬해 한희순 씨가 세상을 떠난 뒤 궁중요리연구가 황혜성 씨가 『이조 궁정요리 통고』를 통해 한희순 씨의 요리법을 정리했습니다. 그리고 황혜성 씨는 2대 조선 궁중음식 기능보유자가 되었습니다. 현재 대한민국 무형문화재로 지정된 조선 궁중음식은 정확히 표현하면 '일제하 조선 왕가의 음식'이라 해야 맞습니다.

한희순 씨에 대해 좀 더 살펴볼까요? 1970년대 당시 문화재 지정을 위해 정리한 한희순 씨 관련 자료를 보면 '1889년 서울에서 태어나 13세 때 덕수궁 주방 나인이 되었다. 그 후 경복궁, 창덕궁을 거치며 주방 상궁으로서…'라고 소개하고 있습니다.

조선은 대한제국 시기를 거쳐 1910년에 망했는데 조선이 사라질 당시 그녀의 나이는 21살이었습니다. 그런데 21살의 한희순 씨가 조선의 상궁이 될 가능성이 있을까요? '상궁'이라는 직책은 정5품입니다. 정5품은 조선에서 여자가 오를 수 있는 최고의 관직입니다. 10대에 궁에 들어가서 적어도 30년은 넘게 궁에서 근무해야 겨우 받을 수 있는 관직입니다. 그런데 21살에 상궁이라는 직책이 가능할까요? 더더구나 조선이란 나라는 사라지고 없는데 말입니다. 그녀가 정말 조선의 상궁이 맞을까요? 일종의 조작입니다. 그럼 왜 이런 조작이 필요했을까요?

〈조선왕조 궁중음식 기능보유자 한희순 씨〉

조선의 궁중음식을 1970년대에 와서 무형 문화재로 지정한 것은 일종의 정치적 흐름 속에서 이해해야 합니다. 대한민국은 1945년에 독립한 신생 독립국입니다. 독립하고 정부를 수립했으나 동족상잔의 전쟁을 치르면서 대한민국은 혼란의 시기를 겪었고, 그래서 통치자들은 근대 국가로서 대한민국을 공고히 하기 위해 국민들에게 통합된 무언가를 머릿속에 집어 넣어야 했습니다. 그래서 전통의 조작이 생겨난 것입니다.

1960~70년대에 우리 전통문화의 발굴 지정은 중요한 국가정책이었습니다. 조선 궁중음식 문화재 지정도 그중 하나입니다. 우리가 유구한 전통 문화를 가지고 있고, 잘 먹고 잘살았다는 것을 보여주기 위한 장치였습니다. 국민 통합 차원에서 어쩔 수 없었지만 제대로 된 역사관점에서 생각하면 이것은 심각한 왜곡이고 조작입니다. 한희순 씨를 문화재로 지정할 당시에도 역사학자들의 반대가 있었습니다. 한희순 씨가 일제강점기 때 조선 왕족의 뒷수발을 든 사실은 맞지만, 이것을 인정하면 우리가 일본의 식민지배를 인정하는 꼴이 될 수도 있기 때문입니다.

우리는 일본의 식민지배라고 말하지만, 국제법적 관계에서 보면 일본의 식민지배는 한일병합이라 부르는 '국권침탈조약'에 의한 통합입니다. 보통 한 나라가 망하면 그 나라를 이끌던 지배집단의 목을 다 베어버립니다. 그런데 일본은 조선에 대해 그렇게 하지 않고 그냥 흡수통합을 했습니다. 국권침탈조약의 내용을 보면 '한국 황제 폐하는 한국 전체에 관한 일체 통치권을 완전히 또 영구히 일본 황제 폐하에게 양여함', '일본국 황제는 앞 조항에 기재된 양여를 수락하고 완전히 한국을 일본 제국에 병합하는 것을 승락함'이라고 되어 있습니다.

그런데 대한민국 황제의 권한은 무엇인가요? 그 내용은 '대한국 국제大韓國 國制'에 나와 있습니다. 지금의 헌법과 비슷한 것이라고 할 수 있겠습니다. 내용을 보면 '대한국의 모든 권한은 황제에게 있다'는 것입니다. 실제로 조선왕조 국가일 때도 조선 왕은 그 권한을 행사했습니다. 조선의 모든 땅은 왕의 것이고, 모든 백성은 왕의 것이며, 왕이 백성의 목을 벨 수도 있었습니다. 백성은 주권이 없습니다. 결국 국권침탈조약은 조선반도의 모든 소유 권리권을 일본 왕에 이전한다는 것입니다. 조선 왕가와 일본 왕가가 거래한 '권리 양도 증서'인 셈이지요. 그때 조선에 살고 있던 백성에게는 아무런 권한이 없었습니다. 일본은 조선 왕족에 대해 이렇게 대우합니다. '일본국 황제 폐하는 한국 황제 폐하, 태황제 폐하, 황태자 전하와 그들의 황후, 황비 및 후손을 일본의 황족으로 받아들인다.' 일본 천왕 밑에 조선의 왕족이 '이 씨李氏 왕가'라고 해서 들어간다는 말입니다.

일제강점기에 이 씨 왕가의 음식 뒷바라지를 했던 한희순 씨를 무형문화재로 인정하면, 우리가 일제강점기에 일본국 황족으로 살았던 조선 왕족의 삶을 인정하는 꼴이 됩니다. 이것은 역사를 왜곡하는 어마어마한 일을 저지르는 것입니다. 음식과 전통 그리고 왜곡된 역

사. 우리는 아무런 문제 제기 없이 어떤 편견, 시각에 고착화되지 않았는지 한 번쯤 깊게 생각해 볼 필요가 있습니다.

한정식

한국 음식 하면 또 무엇이 떠오르나요? 한정식? 네, 맞습니다. 한정식은 한 상에 밥과 어울릴 수 있는 반찬을 총집합한 상차림이라 할 수 있습니다. 아래 사진은 전북 군산에 위치한 조양관이라는 한정식집의 상차림입니다.

　　그런데 한정식 밥상을 차리는 데는 지켜야 할 원칙이 있습니다. 그게 뭘까요? 바로 '다 먹지 못하게 차린다'는 것입니다. 이 원칙은 한정식의 유래와 관련이 있습니다. 원래 '정식定食'이라는 말은 일본의

〈군산 조양관 한정식 상차림〉

〈일본의 화정식〉

료칸(여관) 음식에서 나온 말입니다. 일본은 여관에 가면 밥을 줍니다. 내가 주인에게 뭘 먹겠다고 주문하지 않아도 그냥 줍니다. 여관 주인이 가격과 그날 메뉴를 정해 놓고 계절에 따라 알아서 내놓습니다. 그래서 정식입니다. 일본의 정식은 '화정식'이라고 합니다. 화정식은 한 명에 한 상씩 차리는 독상입니다.

　일본과 우리의 상차림은 어떻게 다를까요? 우리의 한정식은 함께 먹는 두레상이고 일본 화정식은 1인 독상입니다. 이런 두레상 차림은 그리 오래되지 않았습니다. 앞에서 언급한 선묘조제재경수연도의 연회장면을 보면 한 상씩 외상으로 차려져 있습니다. 조선에서는 왜 상을 혼자 받았을까요? 조선은 종교 국가입니다. 유교 문화 질서인 남녀유별과 장유유서만 대입해 봐도 밥상이 왜 외상으로 차려지는지 이해할 수 있습니다. 혹시 개화기 때의 교회 예배당 풍경을 보신 적이 있습니까? 예배를 보는데 가림막을 쳐서 남녀의 자리를 구분하여 앉았습니다. 1970년대까지만 해도 동네 술집에서 처녀, 총각이 마주 앉아 술을 마시는 일은 거의 드물었습니다.

조선 시대, 집안에서 밥상 차리는 법을 볼까요? 식사시간이 되면 밥상이 차려집니다. 제일 먼저 큰할아버지, 둘째 할아버지, 아버지, 작은아버지 등의 순으로 서열에 따라 밥상이 들어옵니다. 그런데 이렇게 차리는 상차림이 너무 힘들어서 일제강점기 때 외상을 폐지하자는 운동이 일어납니다.

1936년, 동아일보에 실린 기사를 보면 '독상 제도를 버리고 전 가족이 한 밥상머리에 모여 앉아서 화기애애한 중에 같이 먹으면 식욕도 증진되고 반찬이 적어도 후정거리지 않고 또 남는 반찬이 별로 없고 그것의 처치에 곤란한 점이 없을 것이다'라고 되어있습니다. 본래 조선에는 온 가족이 둘러앉아 먹는 두레상은 없었습니다. 여러분이 알고 있는 교자상은 일종의 제사, 연회 등을 치를 때 앞에 놓는 전시용 상이지 둘러앉아 먹는 두레상이 아닙니다.

TV 드라마 '전원일기'를 보신 적이 있습니까? 식사 장면이 나오면 김 회장이 어머니, 손주와 상을 받고 그 아래쪽에서 다른 가족들이 따로 상을 받습니다. 1인 단독상은 아닙니다. 서열별로 함께 받는 형태인데, 외상에서 가족상으로 넘어가는 중간 형태입니다. 이런 외상 문화가 조선의 일반적인 상차림이었는데 어째서 '한정식'이라는 상차림이 만들어졌을까요?

일제강점기 때 조선에는 중국과 일본 사람이 많이 들어왔습니다. 그들을 따라 들어와 더불어 번창한 유흥문화가 기생을 끼고 술 먹고 노래하는 기생집인 '요릿집'이었습니다. 제물포 일대에는 중국 요릿집이 많았습니다. 인천 차이나타운에 가면 '공화춘'이라고 중국음식점이 있습니다. 자장면을 처음 만들어 팔아서 유명해진 곳입니다. 그런데 그곳도 원래는 기생이 나오는 요릿집이었습니다. 1932년 12월 17일자 동아일보를 보면, 그 당시 요릿집 숫자를 잘 알 수 있습니다.

'조흔 의미로 사교장도 되지마는 유야랑(주색잡기에 빠진 사람을 일컫는 말)의 술 먹고 노래하고 춤추는 향락의 전당인 료리집의 수효는 조선 료리집이 890호, 일본집이 761호, 중국 료리집이 142호, 도합 1793호이다.'

1932년대 경성의 인구가 60~70만 정도입니다. 경성 외에 사람이 모이고 경제, 문화가 발달한 지역은 제물포, 군산, 목포, 여수, 통영, 거제, 마산, 진해, 동래, 포항, 울산, 함흥, 운남, 신의주 정도입니다. 도시가 그리 많지 않았습니다. 그리고 한 도시의 인구는 10만 안팎이었습니다. 그때의 경제 규모로 봐서 요릿집이 1793호라는 것은 어마어마하게 번창했다는 것을 알 수 있습니다.

조선이 망하고 일본이 한반도를 지배하면서 조선의 왕가 음식은 갑작스럽게 외식 상품이 되었습니다. 조선 궁궐에서 전선사장으로 일했던 안순환 씨가 '명월관'이라는 요릿집을 차리고 조선 왕가의 음식이라며 여러 음식을 팔았습니다. 이때 명월관에서는 조선 음식에 더하여 일본 음식, 서양 음식도 함께 상에 올렸습니다. 안순환 씨가 중국과 일본의 요릿집을 벤치마킹하여 조선식으로 차린 것입니다. 명월관 음식은 전국 기생요릿집 상차림의 모범처럼 여겨졌고, 현재까지 두레상으로 차려지는 한정식의 한 맥이 되었습니다. 명월관이 한국 최초의 근대적 한식 레스토랑인 셈입니다.

중국 요릿집은 중일전쟁이 터진 후 다 물러가고 일본 요릿집도 일본이 전쟁에 패망하면서 다 물러갔습니다. 그 후로는 한국 요릿집,

요정이 번창합니다. '한정식'이라는 말은 1950년대 중반 즈음에 등장하여 1960년대에 퍼집니다. 독립국으로서 대한민국 정부는 세금과 납세에 대한 정책을 정비합니다. 세금을 거두어야 하니, 어느 곳에 세금을 부과할지 기준을 만들어야 합니다. 그래서 음식점에 대한 과세는 대중음식점과 유흥음식점을 구분하여 적용했습니다. 오로지 밥을 먹는 음식점은 10%의 세율을, 유흥이 곁들여지면서 술과 밥을 먹는 음식점은 20%의 세율을 적용했습니다. 그래서 기생집, 이른바 '요정'들이 세금을 피하기 위해 간판을 '○○ 한정식'으로 이름을 바꿉니다.

그런데 왜 '한정식' 상차림은 우리가 다 먹지 못하게 차리는 걸까요? 한정식이 차려져 나오는 이른바 기생집 – 요정은 남자들이 가는 곳입니다. 밥을 먹는 목적보다 일과 관련한 한국 남자들의 접대 관습이 고스란히 드러나는 곳입니다. 어떤 관습일까요? 접대받는 상대에게 내가 너를 위해 이렇게 '허비하고 있다'는 것을 제대로 보여주는 겁니다. 상대에게 소위, 대인처럼 보여야 합니다. 접대하겠다고 상대를 손님으로 데리고 가면서 '내가 한턱 살게!' 큰소리칩니다. 음식점 종업원에게도 넉넉히 팁을 쥐여주고, 푸짐하게 차려진 음식은 그냥 대충 먹습니다. 돈을 허비하고 음식을 허비하는 것을 보여주는 겁니다. 상대가 돈을 내려고 하면 손사래 치며 못 내게 합니다. 손님을 위해 택시까지 불러주고 목적지까지 택시비가 3만 원인데 택시기사에게는 급하게 5만 원을 찔러줍니다. 그런데 이렇게 돈을 내는 것을 접대받는 상대가 꼭 눈으로 목격할 수 있도록 해야 합니다. 이렇게 하면 접대받은 상대가 접대한 사람을 두고 흐뭇한 표정으로 칭찬을 합니다. "허허, 그 친구 사람대접 제대로 할 줄 하는 대인배야…." 참으로 이상한 문화입니다. 그런데 이런 모습은 사라지지 않고 있습니다.

이렇게 '허비하는' 접대 문화의 흔적이 한정식의 상차림에 남아 있습니다. 다 먹지 못하게 차리는 음식. 일제강점기 기생집에서 비롯한 '허비를 위한' 상차림입니다.

김치

●

한국 음식 하면 또 무엇이 떠오릅니까? 바로 김치가 있습니다. 김치에 대한 한국인의 태도는 사랑을 넘어 집착의 수준입니다. 한국인의 민족적 정체성이 오롯이 김치에 있는 듯 여깁니다. 하지만 세계에는 김치와 비슷한 발효음식이 많습니다. 특히 겨울을 지내야 하는 나라에는 다 있습니다. 일본 쓰게모노(장아찌), 인도 아차르(피클), 독일 사우어크라우트(양배추김치), 태국 팍딩, 필리핀 아치라 그리고 우리의 김치 등이 대표적입니다. 우리 김치의 유산균 발효가 좀 더 잘 된다는 점이 있지만 모두 발효음식에 속합니다. 그렇다면 우리의 김치에 대한 자부심은 언제 만들어졌을까요? 1928년에 「별건곤」이라는 잡지가 있었는데 이는 당시의 지식인들이 글을 기고하는 잡지였습니다. 이 잡지에 실린 '조선 김치 예찬'이라는 글이 있습니다.

"일본인들이 우리나라 김치 맛을 본 후에는 귀국할 생각조차 업서진다니 더 말할 것도 업고, 서양 사람들도 대개는 맛만 보면 미치는 것이 나는 서양음식을 먹고 그러케 미처 보지 못한 것에 비하면 아마도 세계 어느 나라 음식 가운데에든지 우리나라 김치는 조곰도 손색이 업슬 뿐 안이오, 나의게 물을 것 가트면 세계 제일이라고 하겟습니다."

그러나 실제 생활에서까지 김치가 자부심의 대상이 되었던 것은 아닙니다. 김치는 평범한 가정에서 가장 싼 값에 마련할 수 있는 반찬이었기 때문입니다. 김치 하나 달랑 곁들인 도시락을 두고 부끄러워하는 것이 일반적이었습니다.

1988년에 열린 서울올림픽을 계기로 한국문화가 세계문화의 한 축이 될 수 있다는 자부심을 강하게 가지게 되었습니다. 이 무렵 김치 광고가 TV에 방송되었는데, 외국인들이 김치를 맛있게 먹는 장면이 연출되었습니다. 1994년에는 '김치 종주국 선언'이라는 것이 있었습니다. 일본에서 김치 붐이 일자 김치가 한국 음식임을 대외적으로 알리자는 취지였습니다. 그 선언문은 '김치는 우리 문화요, 얼이다'라고 적고 있습니다. 2001년 세계식품규격에 김치가 올려졌습니다. 이 일은 '김치가 일본의 기무치를 이겼다'라며 홍보되었습니다. 김치는 민족적 자부심을 부추기기 위해 권력자들이 분위기를 조성한 일면이 있습니다. 1928년, 일제강점기 때 세계 제일의 김치가 선언된 것과 지난 몇십 년간 김치를 세계화하려는 사람들의 사고는 거의 같다고 봅니다. 왜 우리는 그때부터 변함없이 김치를 자랑스럽게 여기는 걸까요?

불고기
•

불고기라는 말이 언제 등장했는지를 추적해보면 정말 재미있습니다. 1930년대에 들어서면 쇠고기 구이가 많이 등장합니다. 일본이 정책적으로 조선에 소를 많이 키우게 했기 때문입니다. 당시는 일본군을 위한 구두, 혁대, 군복을 만들어야 했기에 소가죽이 많이 필요했습니다. 자료에 의하면 그때 당시 대략 800만 마리 정도를 조선에서 키웠다고 합니다. 현재 대한민국에서 키우는 소가 약 1,000만 마리 정도라고 하니 정말 많이 키웠다고 볼 수 있습니다. 그러니 필요한 가죽을 취하고 남은 고기를 구워 먹는 일도 늘어났을 겁니다. 모란봉 일대에서 불고기를 너무 많이 구워 먹는 것이 사회적으로 문제가 되어서 야외조리를 금지했다는 이야기도 전해집니다.

일본에 우리의 불고기와 조리법이 유사한 음식이 있습니다. '야키니쿠焼肉'입니다. 불고기라는 말은 1930년대에 처음으로 등장하는데, 불고기가 바로 야키니쿠의 한글 번역입니다. 일제 강점기에 조선어 운동을 했던 원로 국어학자 김윤경 선생이 불고기라는 말을 만들었습니다. 다음은 1965년 12월 20일, 김윤경 선생이 경향신문과 인터뷰한 내용입니다.

"처음에는 생소하고 듣기 어색하겠지만 벤토 대신에 도시락이, 돈부리 대신에 덮밥이, 야키니쿠 대신에 불고기라는 말이 성공한 것은 얼마나 좋은 예입니까."

이런 맥락에서 불고기라는 명칭이 탄생했습니다. 한국어에서 음식명 짓기의 원칙은 '재료+조리법'입니다. 떡+볶이, 제육+볶음, 감자+튀김, 아구+찜. 이는 '목적어+동사'로 문장을 만드는 알타이어계의 언어구조에 따른 것입니다. 그런데 불고기는 이런 한국 언어 구조에서 벗어납니다. 불(조리방법)+고기(재료)입니다. 야키니쿠라는 말을 싫어한 국어학자는 한국어 언어구조에서 벗어난 '불고기'라는 말을 만들어 냈습니다.

흔히 쇠고기에 간장양념을 하여 불에 굽는 음식을 불고기라고 합니다. 그래서 불고기의 기원을 먼 고구려의 맥적에서 찾아 유구한 전통의 음식으로 여기며 자랑스러워합니다. 최남선 선생은 『고사통』에

맥적에 대해 이렇게 적어놓았습니다.

"중국 진나라 때의 책 『수신기』를 보면 '지금 태시 이래로 이민족의 음식인 강자와 맥적을 매우 귀하게 안다. 그래서 중요한 연회에는 반드시 맥적을 내놓는다…. (중략) 맥은 동북에 있는 부여인과 고구려인을 칭한다. 즉 강자는 몽골의 고기 요리고, 맥적은 우리나라 북쪽에서 수렵 생활을 하면서 개발한 고기구이다.'"

최남선 선생은 『수신기』에서 전하는 '맥'이 우리 민족을 칭하니까 맥적은 우리나라 고구려 시대부터 내려오는 음식이라고 말했습니다. 저는 자세한 내용이 궁금해서 최남선 선생이 근거로 제시한 『수신기』 원문을 찾아보았습니다. 그런데 원문을 보니 놀랍게도 '맥적은 맥족이 아니라 적족의 음식'이라 적혀 있었습니다. 다시 적족이 어떤 족속인지 찾아보았더니 서북쪽에 살았던 그 당시 이미 사라진 족속이었습니다. 우리 한민족과는 관련이 없었습니다. 『수신기』는 중국 동진(4세기경)의 역사가인 간보가 편찬한 설화집입니다. 온통 귀신 이야기가 들어있는 책입니다. 문학적 가치는 있지만 역사 사료적 가치는 없습니다. 의문이 들었습니다. '왜 이 책의 내용을 최남선 선생이 자료로 끌고 왔을까? 최남선 선생이 이 내용을 해석할 능력이 없지 않은 석학인데 도대체 왜 엉터리 근거를 들었을까?' 저는 깊은 고민에 빠졌습니다.

우리는 생각해 봐야 합니다. 1920년대 일제강점기의 지식인들이 왜 우리 음식에 대한 이야기를 글에 드러내기 시작했을까요? 당시 백성들은 한반도에서 살았지만, 주권을 가지고 주인으로 산 적이 없습니다. 왕족 밑에서 산 백성이거나 일본 왕의 신민이었습니다. 스스로 왕을 뽑지도 않았습니다. 병합조약이 보여주었듯이 조선 왕이 권리 이양증서에 도장을 찍어서 일본 왕에게 넘겨주는 그런 존재가 우리 백성의 처지였습니다. 그런데 1차 세계대전 이후 세계 각국 지도자들은 세계지배 질서에 대한 새로운 길을 모색합니다. 1차 세계대전은 힘 있는 국가가 식민지를 어떻게 만들 것인가 하며 세력을 팽창해가다가 강자끼리 서로 충돌한 전쟁입니다. 전쟁은 마무리되었지만, 앞으로도 이대로 가면 또다시 세계전쟁이 일어날 수 있다는 위험을 자각하면서 미국을 주도로 새로운 이야기를 던집니다. 바로 '민족 자결주의'입니다.

'세계의 여러 나라를 보니까 같은 음식을 먹고 같은 말을 쓰는 민족 있더라. 이 민족들이 각자 스스로 어떻게 잘 살 것인가를 결정하게 만들자.' 민족 자결이란 말에는 식민지 나라의 민족들이 스스로 나아갈 바를 결정하게 하자. 식민지가 된 민족들이 식민지 지배를 하는 제국을 결정하게 하자는 정치적 맥락이 들어 있습니다.

제국과 식민지 관계의 가장 고전적 형태는 영국과 인도의 관계입니다. 이 두 나라는 계약관계입니다. 서로 통합을 한 관계가 아닙니다. 반면에 조선과 일본은 계약관계가 아니라 '병합' 관계입니다. 엄격히 말해 한일관계는 식민지라고 할 수 없습니다. 1국 주의입니다. 이 당시 조선반도의 지식인들은 이미 세계적 흐름인 민족 자결주의를 알고 있었고, 이 흐름에 힘을 얻으며 우리 스스로가 우리의 나아갈 바를 결정하자는 의식을 가졌습니다. 그래서 '기미독립선언문'을 낭독하고 민족 자결주의의 의지를 더 높였습니다.

그 일환으로 지식인들은 '민족'이라는 화두를 가지고 조선반도에 사는 민중들에게 민족적 정체성을 불어넣는 작업을 시작했습니다. '우리는 단군의 자손이고 광활한 대영토를 가진 고구려의 영광이 있었으며 우리는 언젠가는 독립할 것이다.' 1920년대에 우리 음식에 대한 자부심을 드러내는 글들이 왜 많은가를 추적했더니 같은 맥락에서 그 이유를 발견할 수 있었습니다. 저는 처음에는 최남선 선생의 글을 읽으면서 그 안에 담긴 의도를 이해하지 못했습니다. 왜 아시아의 석학이 엉터리 정보를 글로 남겼는지 의문이 들었습니다. 하지만 이제는 알고 있습니다. 왜곡을 해서라도 우리가 자랑스러운 조선 민족이라는 것을 알려야 했던 것입니다. 여러분은 어떠했을까요? 식민지 상황에서는 저라도 그랬을 겁니다. 저는 최남선 선생의 마음을 2년이 지나고 나서야 이해했습니다. 그 당시 지식인들이 민족과 자기 정체성을 고뇌한 흔적이지요.

설하멱

●

조선 시대 문헌에는 쇠고기 구이로 등장하는 설하멱, 설하멱적이라는 음식이 있습니다. 조리법이 지금의 불고기와 유사하다 하여 보통은 불고기의 원형으로 여겨집니다. 전통음식 연구자 중에는 '겨울 눈 오는 밤에 구워 먹는 고기'라고 이야기하는 사람도 있습니다. 『산림경제』에 설하멱적, 『증보산림경제』, 『규합총서』, 『임원십육지』 등에는 설하멱 등으로 기록되어 있습니다. 다음은 윤숙자 교수가 『규합총서』에 나온 내용 등에 따라 정리한 설하멱 조리법입니다.

"쇠고기를 썰어서 편으로 만들고 이것을 두들겨 연하게 한 것을 대나무 꼬챙이에 꿰어서 기름장으로 조미해서 기름이 충분히 스며들면 숯불에 굽는데, 구운 것을 급히 물에 담갔다가 꺼내어 굽고 또 물에 담그는 일을 세 번 되풀이하고 기름을 바른 후에 또 굽는다."

이런 조리법으로 구운 고기가 과연 맛있을까요? 어느 한식 홍보 행사장에서 외국 대사를 초청하고 음식 관련 인사들을 모아서 한국의 전통 요리사들이 이 음식을 재현하여 선보였습니다. 저도 초청받아 가서 시식을 했습니다. 맛이 과연 어떠했을까요? 옆자리에 앉아 함께 시식한 모 대학의 교수에게 물어보았습니다. "맛있나요?", "종이 씹는 것 같아요. 그런데 그렇다고 말을 못 하겠습니다." 전통을 재현하고 한식을 홍보하겠다고 어이없는 음식이 탄생한 현장이었습니다.

　　이런 조리법은 왜 탄생했을까요? 옛날 요리는 역사적 상상을 더하여 그 맛과 조리법을 추측해야 합니다. 저 음식이 만들어질 당시 식재료로 쓰였던 소는 어떠했을까요? 당연히 질겼을 것입니다. 그 당시는 지금처럼 고기를 얇게 썰 수도 없었습니다. 냉동기가 없으니 상온 상태의 쇠고기는 무를 것이고, 무쇠 칼이 그렇게 잘 들지도 않았을 겁니다. 따라서 고기가 뭉텅뭉텅 썰렸을 것이고 고기를 두들겨서 연하게 해야 했을 겁니다. 그 당시는 철사가 없으니 석쇠도 없습니다. 고기를 대나무 꼬챙이에 끼워서 숯불이나 장작불에 굽는 겁니다. 그렇게 하면 겉은 타면서 두툼하니 속은 안 익을 것이고, 속을 익혀야 하니까 할 수 없이 굽다가 멈추고 물에 담금질했을 것입니다. 이처럼 고문헌의 요리는 그 시대의 상황과 조리기구, 불 한계 등 여러 가지 차원에서 그 맛과 방식을 이해해야 합니다.

　　설하멱식 고기구이 방식은 중국과 중앙아시아에 널리 퍼져 있습니다. 커다란 꼬챙이에 고기를 꿰어 숯불에 굽는 요리입니다. 이름이 '샤슬릭'입니다. 샤슬릭을 구울 때 그들은 분무기로 계속 물을 뿌립니다. 겉을 태우지 않고 속까지 익히기 위해서 그러는 것입니다. 설하멱, 겨울 눈 오는 밤에 구워 먹는 고기라는 해석이 오히려 이 음식의 세계적인 계통 파악을 방해합니다. 샤슬릭과 설하멱은 발음상으로도 유사하게 들리지 않습니까? 음차하여 한자로 쓴 것일 수도 있습니다. 우리의 제사음식으로 쓰이는 꼬챙이를 끼운 음식인 '사설적', '산적' 역시 발음이 유사합니다. 꼬챙이에 꺼서 구우면 다 샤슬릭shashlik입니다.

샤슬릭은 만주부터 유럽까지 모든 지역에 걸쳐 있습니다. 언어적으로 살펴볼 때 아랍어, 히브리어, 러시아어에도 샤슬릭이 있습니다. 하나의 음식을 놓고, '우리 민족이 뛰어나고 고유의 무엇이 있을 것'이라는 사고에 갇히게 되면 우리 음식과 세계 음식 사이의 관련성을 놓치게 된다는 점을 한 번쯤 생각해 보아야 합니다.

한식 세계화

●

이상, 우리가 아름다운 한국 전통음식에 대해 떠올리는 이미지를 여러 맥락에서 뒤집어 보기도 하고, '왜 언제부터 어째서 그랬을까'라는 질문을 던지며 우리가 가지고 있는 전통에 대한 어떤 이미지를 깨뜨려 보았습니다. '한식 세계화'도 마찬가지입니다. 우리 머릿속에 그리는 한식의 이미지가 있습니다.

문화재청이 운영하는 홈페이지에 들어가면 한국의 집 상차림이 나와 있습니다. 한국 음식의 디자인적 특징이 뭘까요? 둥글둥글 돌리기를 하는 것입니다. 신선로도 비빔밥도 반찬들도 돌려서 차려냅니다. 저는 한국 음식을 그릇에 담아내는 돌리기 방식이 안타깝고 촌스럽다고 생각합니다. 세계 음식 중에 그릇에 재료를 돌려서 담는 나라가 있나 자료를 찾아보니 중국에 일부 존재하고 다른 곳에서는 찾아볼 수가

〈문화재청, 한국의 집 상차림〉

없었습니다.

　재료를 돌려서 차려내면 음식의 맛에도 나쁜 영향을 미칩니다. 음식을 요리할 때는 재료들이 음식의 맛에 어떤 영향을 미칠까 생각해야 합니다. 그 영향 관계에 맞게 주재료와 부재료의 배열을 생각해야 하는데, 우리나라는 일단 모양을 위해 모든 재료를 돌릴 것부터 생각하며 요리합니다. 한 번쯤 이런 돌려 차리기에 대해서 의문을 품어야 하지 않을까요? 이런 방식은 어디서 왔을까요? 아마도 태극 문양에서 온 것이 아닌가 하는 생각이 듭니다.

　'한식 세계화'를 내세울 때 정부가 여러 가지 고민을 한 것으로 압니다. '도대체 한식이란 뭔가'라는 개념부터 잡혀야 합니다. '한국 음식은 이것이다'라고 여러분은 자신 있게 이야기할 수 있나요? 힘든 일입니다. 문화적으로는 어떤 개념을 집어넣으면 말은 할 수 있습니다. '현대 한국인이 흔히 먹는 음식'이라고 말하면 됩니다. '한국인이 그 음식을 먹으면서 한국인이라고 생각하는 음식'을 한국 음식이라고 할 수 있습니다. 그런데 실제로는 굉장히 애매합니다.

한식 세계화라는 정부정책과 정책 집행에 따른 법적, 행정적 지원 때문에 먼저 한국 음식에 대한 개념 정립이 필요했습니다. 정부가 정리한 자료를 보면 '한국에서 전통적으로 사용돼 온 식재료 및 그와 유사한 식재료를 사용해 한국 고유의 조리방법 또는 그와 유사한 방법으로 만들어진 음식으로 한국 민족의 역사적 문화적 특성을 갖고 생활 여건에 알맞게 창안되어서 발전 계승해 온 음식'이 바로 한국 음식이라고 말합니다. 뭔가 그럴 듯합니다.

그런데 조금만 달리 생각해보면 의문이 생깁니다. 한국에서 전통적으로 사용된 재료 및 그와 유사한 식재료라고 말하면 '파프리카'는 어떻습니까? 파프리카도 한국 음식 식재료로 쓸 수 있습니다. 또 뭘 넣을 수 있을까요? 스페인 생햄인 하몽을 넣어도 됩니다. 왜냐하면 조선 시대에도 생햄을 제조하여 먹었다는 기록이 있기 때문입니다. 조선 중기의 저작물인 『증보산림경제』에 보면 '납육'이라는 음식 나옵니다. 우리가 서양의 것이라고 알고 있는 돼지고기 숙성 햄입니다. 납육이라는 생햄이 존재했으니 스페인 하몽도 '유사한 식재료'라고 할 수 있습니다. 이 말은 '전 세계의 모든 식재료를 사용하여'라는 말이 됩니다. 또 조리방법은 어떤가요? 사실 전 세계의 조리방법은 모두 똑같습니다. 굽고 찌고 데치고 삶고 볶고…. 전 세계의 요리 방법과 우리의 조리법은 동일합니다. 그런 면에서 전 세계의 요리는 한식과 같고, 또 한식은 전 세계의 요리와 비슷합니다. 정부의 한국 음식이라는 개념은 억지로 끼워 맞춘 게 아닌가 생각합니다.

앞에서 음식이 문화인 까닭을 뭐라고 했었죠? '내 삶의 정체성을 확인할 수 있는 것'이라고 말했습니다. 내 삶의 정체성을 국가에서 정하겠다고 합니다. 국가에서 그것을 정하는 것이 가능한가요? 쉽게 말해서 국가가 정하겠다는 것은 독일 나치가 게르만 민족의 표본을 만들겠다는 것과 유사한 발상이 아닐까 생각합니다. K팝이나 한국 문학을 정부가 나서서 개념을 정리하고, 그 개념과 틀에 맞게 작품을 만들고 문화 활동을 할 때만 K팝, 한국 문학이라고 인정하겠다면 아마 문화계에서 난리가 날 것입니다.

음식을 두고 '한식 세계화'를 내세우며 정부가 한국 음식에 대한 개념 정립에 나섰습니다. 그런데 우리 국민 모두는 다 같이 그것에 찬성했습니다. 그 누구도 특별히 의문을 던지지 않았습니다. 제 생각에 이것은 한국 사회의 비극입니다. 음식은 문화입니다. 국가가 규정해서는 안 되는 것입니다. 내 삶의 정체성을 감히 어떻게 국가 권력이 정의를 하나요? 대한민국은 민주공화국입니다. 민주공화국은 국민 개인이 주권을 가진 나라인데 시민의 정신상태를 통제하겠다는 정책을 왜 의심 없이 받아들이는 걸까요?

제 결론은 이렇습니다. '우리는 민주 공화정인 대한민국에 살고 있는 것에 아직도 적응하지 못하는 것이 아닐까? 역사의 시간은 흘렀지만 정신적 고착 상태는 아직도 일본의 신민, 조선 왕국의 백성인 상태로 이 시대를 사는 것은 아닐까?' 제가 이렇게 이야기를 하면 많은 분들이 불편해하고 기분 나빠합니다. 하지만 그럼에도 우리는 의문을 던지며 우리의 전통, 음식, 한식 세계화와 관련한 음식 민족주의에 대해 처절한 고민이 있어야 합니다.

황교익

우리 밥상의 문제를 콕 짚어내어
불편함을 일으키는 싸움꾼

📢 어떤 싸움은 말리고 싶고 다소 걱정되다가도 결국은 골똘히 지켜보게 된다. 특히 음식과 맛에 얽힌 논쟁은 흥미로운 관전이다. 살맛과 죽을 맛을 오가며 치받는 논쟁에는 늘 구경꾼이 몰려든다. 음식 논쟁은 서로 뜨거운 맛, 매운맛을 경험하는 한 치 양보 없는 설전이다. 오직 강철 멘탈을 가진 자만이 음식 논쟁의 링에 오르는데…. 싸움이 거셀수록 음식의 가치는 올라간다.

하지만 논쟁에 참여한 선수들이 링에서 내려오면 한 끼 밥을 나눈다. 후각을 자극하는 음식 향을 맡으며 음식 맛을 오감으로 느끼다 보면, 곤두섰던 이성과 논리는 어느새 무장해제당하고 모두 함께 둘러앉아 술잔을 부딪친다. 음식의 가치는 무엇인가? 서로 다른 관점의 논리를 세우며 죽을힘을 다해 싸우다가도, 한 끼 밥상 앞에 마주 앉으면 '언제 싸웠느냐'는 듯 뜨거웠던 논쟁 열기를 풀어내는 속풀이의 맛! 인간 소통의 중심에는 늘 음식이 있다.

밥 한 그릇에도 생각과 관점의 차이가 존재한다. '먹는 것 가지고 논쟁은 말자'는 음식 전문가가 있는가 하면, '먹는 것 속에 감춰진 무엇'을 찾아내는 음식 전문가도 있다. 맛 칼럼니스트 황교익, 그는 우리 밥상 속에 존재하는 논쟁의 씨앗을 콕 짚어낸다. 대중이 맹신하는 고정관념에 어떤 불편함을 일으키는 싸움꾼(?)이다. 지난 5년여간 천일염의 실체, 청매와 황매의 진실, 치킨 크기-한 마리의 불편함 등을 파헤치며 세상의 고정관념에 딴지를 걸어왔다. 그리고 최근에는 '떡볶이의 실체(?)'를 집중 공약하는 중인데….

"떡볶이는 맛없는 음식입니다. 떡볶이는 몸에 좋지 않고 맛이 없습니다. 떡볶이는 사회적인 음식입니다. 한국인이라면 누구나 떡볶이를 맛있다고 생각해야 하는 분위기가 형성돼 있습니다. 떡볶이가 맛있는 음식이라고 누가 우리를 세뇌한 것인지 잘 살펴봐야 합니다…."

그에게 한 그릇의 밥, 한 접시의 떡볶이는 그저 평범한 음식이 아니다. 우리가 먹는 음식에는 누군가의 '정치적 의도가 숨어있다'고 말하기를 서슴지 않는다. 혹자는 그가 문제를 들춰내어 풀어가는 방식이 상황 논리에 따르는 궤변이라고도 말하고, 혹자는 그의 말이 덮여 있던 문제를 제대로 파악해 주기에 속 시원하고 타당한 주장이라고 말한다. '호불호가 분명히 갈리는' 알 수 없는(?) 맛, 황교익. 그는 도대체 누구란 말인가?

음식의 의미를 파헤치는 우리나라 1호 맛 칼럼니스트

"원래 농민신문에서 기자를 했어요. 지역 농산물에 대해 취재하는 일이었죠. 사람들이 별로 관심을 두지 않은 일이었어요. 제가 취재한 것

은 '맛'이라기보다는 '음식'이 땅에서 나와 우리 입까지 오는 과정이
었어요. 유통 가격이 어떻고, 계절 변화가 가격에 미치는 영향은 어떻
고 하는 이야기인데, 한마디로 재미없죠. 기자란 직업이 전공 없이 대
충 아는 체하는 겁니다. 늙어선 별 재미 없을 거라는 생각이 들었죠.
'쓰는 나도 재미없는데 읽는 사람은 오죽하겠냐.' 하는 마음도 있었어
요. 그래도 음식에 대해 새로운 이야기를 하고 싶다는 생각은 계속 가
지고 있었죠. 그래서 전문 글쟁이가 되자는 결심을 했어요. 그런 뒤
뭘 쓸까 고민하다가 들여다본 게 음식입니다. 식당에 대해 품평을 하
는 이는 몇 명 있지만 '음식의 의미'를 파악해 보는 이는 없었습니다."

"농산물을 대하는 시각을 생산자에서 소비자로 바꾸자고 생각했
죠. '소비자의 눈으로 이야기를 끌어내 보자. 그럼 진짜 다른 이야기,
내가 진짜 좋아하는 이야기가 되겠구나'라고 생각하게 되었습니다.
그러다 그 개념을 생각하게 된 거예요. 다른 사람들은 어떻게 생각할
지 모르지만 저 스스로는 정말 대단한 깨달음이었어요. 지금도 기억
하는데 벌써 20여 년 전이네요."

황교익은 '음식의 의미'라는 화두를 던지면서 인생의 터닝포인트
를 맞이한다. 평범한 기자를 넘어 음식을 통해 세상을 여는 음식 전문
글쟁이가 되었다.

"맛 칼럼니스트요? 이 이름은 제가 붙인 게 아닙니다. '음식과 관
련된 것은 아무것이나 다 쓴다.' 하여 자연스럽게 붙은 것입니다. 그
런데 맛 칼럼니스트라는 이름 자체가 좀 이상한 조합입니다. 한글인

'맛'과 영어인 '칼럼니스트'가 결합한 다소 어색한 명칭이죠. 제가 농민신문 기자로 일하며 「뉴스메이커(현 주간경향)」에 음식 관련 이야기를 연재할 당시 경향신문 윤석원 기자가 붙여준 것입니다. 농민신문에 몸담고 있으면서 타 신문에 연재하면서 '농민신문사 기자'라는 직함을 쓰는 것은 불편하죠. 그래서 만들어진 이름입니다. 그 당시 '음식 문화평론가'라는 이름도 있었지만 저에게 이 이름이 붙여졌고 그냥 썼는데, 지금은 하나의 이름으로 자리 잡았습니다. (웃음)"

황교익은 우리나라 맛 칼럼니스트 1호다. 대학에서 신문방송학을 전공하고 졸업 후 농민신문에 입사한 그는 「전원생활」 기자로 일하며 1990년대 중반부터 맛 관련 칼럼을 써 왔다. 2002년부터는 (사)향토지적재산본부에서 향토음식과 지역 특산물의 취재 및 발굴, 지역 특산물의 지리적 표시 등록브랜드 개발 연구를 했다. 그리고 『맛따라 갈까보다』, 『소문난 옛날 맛집』, 『미각의 제국』, 『한국음식문화 박물지』, 『황교익의 맛있는 여행』, 『허기진 도시의 밝은 식탐-서울을 먹다』 등 20년 넘게 전국 방방곡곡을 다니며 취재한 내용을 담은 맛집 기행서와 미각 평론서 등 10여 권의 책을 냈다.

인터넷 포털 '네이버캐스트'에서도 그가 전국을 돌며 취재한 우리나라 식재료와 향토음식 관련 글인 '팔도식후경'을 만나볼 수 있다. 2009년부터 2012년까지 3년간 매주 하나의 아이템을 쌓아간 이 작업은 네이버 백과사전과 연동되어 음식 관련 지식의 확장성을 넓혔다는 평가를 받는다. 그는 블로그와 페이스북을 통해 온라인상에서 네티즌과 꾸준히 음식 이야기를 나누고 있으며, 2015년부터는 TV 프로그램인 '수요미식회'와 '알쓸신잡', '우리가 남이가' 등에 출연하여 그만의 독특한 억양과 입담을 자랑하며 음식과 연결된 세상 이야기를 파헤치는 중이다. 한 그릇에 담긴 음식의 의미를 유난히 따지기를 좋아하는 그는 어떤 가정환경과 성장기를 거치며 오늘 이 자리에 서게되었을까?

결핍을 느꼈던 셋째 아들, '왜'라는 의문을 품고 살았던 문학소년

"1962년 경남 마산에서 3남 1녀 중 셋째로 태어났어요. 집에서 제 위치가 안 좋아요. 셋째입니다. 위로는 형 둘이 있고, 아래로는 여동생이 있죠. 여동생은 공부를 잘했어요. 놀면서 공부해도 전교 1등 하는 아이였는데 마산 제일여고 학생회장이었어요. 현재 큰형은 공연연출 미술감독이고, 둘째 형은 항공사 정비 기술자로 일합니다. 여동생은 제 권유로 대학에서 인류학을 전공했는데, 적성에 안 맞다며 사회 나와서 직장 다니다가 다시 회계사 시험을 보고 회계사가 되었어요. 저와는 성향이 반대입니다. 동생은 단순하게 사고하기를 좋아하고, 저는 복잡하게 따지는 것을 선호하지요."

"아버지는 사업을 하셨고 기술자였습니다. 남자 형제 다섯인 집안에서 자랐어요. 일본에서 기술학교를 나오셨죠. 기술을 공부했지만 문학에 관심이 많으신 분입니다. 성격은 과묵하세요. 공장과 사무실, 집을 오가며 책을 많이 읽으셨죠. 기름때 묻은 손으로 책 보시던 기억이 납니다. 아버지는 전쟁을 겪고 가족을 부양하느라 문학적 재능이 있었지만 어디에 내놓을 기회가 없으셨습니다. 불행한 세대입니다. 한국전쟁 때 군인이 되어 낙동강에서 압록강까지 올라갔다가 실종되

셨는데 겨우 살아 돌아오셨습니다. 그 6개월간의 경험을 어마어마한 트라우마로 가지고 계신지 전쟁 이야기는 안 하셨습니다. 10여 년 전에 돌아가셨는데, 일본강점기와 한국전쟁을 겪어낸 아버지 세대의 스트레스를 저는 나이 들면서 이해하게 되었어요. 이 사회, 노친네들의 고약한(?) 행동이 이해가 됩니다. 아버지는 무신론자였는데 나중에는 가톨릭에 빠지셨어요."

"어머니는 천생 여자입니다. 어릴 때 일본 교토에 사셨습니다. 외할머니가 식자재 가게를 하셨어요. 어머니는 모든 걸 수용하는 타입입니다. 자녀 교육도 크게 잔소리를 안 하고 그냥 내버려 두는 편입니다. '남에게 폐 끼치지 마라'는 교육을 받고 자란 분이었어요. 어머니는 호기심이 많은 편이고 요리를 좋아하세요. TV 프로그램에 요리가 나오면 그걸 응용하여 만들어 보십니다. 어머니는 해산물 요리를 잘하셨고 매일 3끼를 솜씨 있게 내놓으셨어요. 그리고 나중에 제가 자각한 사실이지만, 우리 집 음식은 일본 음식의 영향을 많이 받았어요. 생선간장조림, 우엉조림 등 일본 교토식 음식을 먹고 소풍 때도 유부초밥을 싸 갔던 기억이 납니다. 일본 음식과 한국 음식이 섞여 있었는데 어린 시절에는 이것이 일본 음식인지 한국 음식인지 잘 모르고 먹었습니다.

요리 솜씨 좋은 어머니 탓인지 아버지는 웬만한 음식에는 만족을 못 하셨어요. 아침에 먹었던 것이 점심에 나오면 안 되었어요. 어머니가 잘해 먹여서 까탈스러운 것이지요. 나가서 먹는 음식은 늘 마음에 안 들어 하셨어요. 옛날에 가족이 함께 외식을 하러 갔던 적이 있습니다. 아버지가 말씀하시길, '이 집 김치가 저 집 김치랑 똑같다. 공장에서 받아서 쓰는 거야.' 이때는 김치산업의 개념이 없을 때입니다. 식당에서 공장 김치를 갖다 쓰는 것이 없을 때인데 아버지가 그것을 발견한 거죠. 그러면서 '김치도 못 담는 것들이 식당 한다'고 호통을 치는 바람에 온 가족들이 외식 나왔다가 음식 맛이 떨어졌던 기억이 있습니다. (웃음)

그런데 어머니는 아버지 돌아가시고 나서는 음식을 안 하세요. 김치도 안 담그세요. 당신의 음식을 먹는 사람이 아버지였던 거죠. 자식들이 결혼할 때도 '손주는 안 키워준다'고 딱 잘라 말씀하시는 분이세요. 어머니는 한국 전통 사회가 가지고 있는 어머니의 모습, 할머니의 모습과는 다르세요. 손주 돌보면서 자식에 간섭하고 사는 것을 안 하십니다."

"우리 집 식문화를 보면 셋째인 저는 별로 대접받지 못했다는 게 솔직한 생각입니다. 어머니는 '절대 차별 안 했다'고 말씀하시지만 저는 음식 먹을 때 차별 대우받았다고 생각합니다. 결핍을 느꼈죠. 3살 터울의 여동생은 어머니의 사랑을 독차지했어요. 그 시절에, 어머니는 여동생에게 피아노를 가르치고 합창단에 보내고 걸스카우트도 시켜줬습니다. 어머니는 여동생에게서 아들들에게는 얻을 수 없는 무엇(?)을 발견하신 건지 여동생에게 투자를 아끼지 않았어요. 예전부터 여자 자매가 없는 것에 불만이 많으셨고, 그래서 여동생에 집중하신 거죠. 아버지도 5형제, 어머니는 남동생 3명의 장녀였고, 온 집안이 남자 형제들입니다. 어머니 혼자 홍일점이고 또 우리 집에서 여동생 혼자 홍일점인 사실, 그게 차별의 원인이지 않을까 생각합니다. 여자라서 차별받은 게 아니라 남자라서 차별받은 것이지요. (웃음)"

"저는 초등학교 때까지는 자의식이 없었던 것 같아요. 친구와 논다고 바빴고, 공부에 대한 생각도 없었고, 말 그대로 대충 학교에 다녔습니다. 중학교 때 자의식이 생겼어요. 글과 책이라는 것이 들어왔습니다. 국어 선생님이 계셨는데 친절하고 예쁜 여선생이었어요. 저를 무척 귀여워해주셨죠. 한창 사춘기였던지라 엄마한테 나지 않는 여자의 향기(?)를 맡은 걸까요? 그 선생님 때문에 마산 동 중학교 도서관 책 관리하는 일을 자처했습니다. 고전읽기반에도 들어갔습니다. 논어, 맹자, 일리아드와 오디세이, 사랑과 전쟁 등 고전읽기를 했습니다. 하지만 가장 강렬한 책은 친구들과 몰래 보았던 『차타레 부인의 사랑』입니다. (웃음) 사실 그 나이 때 고전읽기를 한 것이 신기한 일이죠. 나와 관계없는 것들, 우리가 제정러시아의 정서를 어떻게 알겠으며 논어, 맹자 시대의 사회적 환경을 모르는데 고전을 얼마나 이해하겠습니까? 자기 관심 가는 것을 봐야 합니다. 자신에게 즐거움을 주는 것을 봐야 합니다. 지식을 머리에 집어넣게 하는 것은 안 좋습니다."

"저는 학교 공부에 관심이 별로 없었어요. 공부는 상위권에서 떨어지지 않을 정도로만 했습니다. 선생에 대한 신뢰감도 없었어요. '선생이 제대로 알까? 알고 가르칠까?' 하는 의심이 갔어요. 고등학생이 되면서 본격적으로 문학책을 보기 시작했는데 문학작품 역시 '왜?' 하는 의심을 하면서 봤어요. 제가 마산 중앙고등학교 3기인데, 학교를 들어가 보니 양아치 같이 놀던 놈들이 많았어요. 험하죠. 군대 같은 분위기였어요. 그래서 교과서 펴놓고 소설책을 봤어요. 현대소설들이었죠. 박완서, 이외수 등등 1970년대 젊은 작가들의 책을 거의 다 섭렵했습니다. 마산이라는 동네가 문학인이 많이 나온 곳이에요. 그 영향인지 글을 얼추 잘 쓰니까 '나도 문학 해봐?' 하는 생각이 들었어요. 하지만 금방 포기했습니다. 당시 「학원」이라는 잡지가 있었는데, 고등학생 대상 문예 잡지였습니다. 여기서 별책부록을 발행했는데 유명 문인들이 중고등학교 때 쓴 문학작품이 거기에 있었습니다. 어마어마한 글들이 실려 있었죠. 그걸 읽고는 '타고 나야 한다. 나는 절대 이 능력이 안 된다. 닫자. 문학은 내 길이 아닌가 보다.' 하고 생각했어요. 그래서 기자, 언론인이 되기 위해 신방과에 갔죠."

"대학생이 되었을 때, 내가 감성이 모자라고 발표도 부족하고 남 앞에 나서면 얼굴 발개지고 여자 앞에서 말도 못 하니까 의도적으로 고쳐야겠다는 생각이 들어서 우리 과에 있는 연극부를 찾아갔어요. 그런데 연극부 선배가 '너는 안 돼. 목소리도 작고 경상도 사투리를 쓰고…'라고 하더라고요. 그래서 배우 역할은 못하고 무대 청소하고 연출하고…. (웃음) 그때 연극이라는 예술 장르가 어떤 것인지를 공부하게 되었습니다. 대화 나누는 사람의 감정을 밖으로 끌어내는 것을 고민하게 되었는데, 무대 뒤에서 관객을 보면서 내가 웃기려고 하는 부분에 관객이 웃는지 유심히 보았어요. 연극 연출의 경험이 큰 도움이 됐죠. 나중에는 2시간 넘어가는 연극도 연출했습니다.

사람 간의 대화는 '지식 전달이 아니라 감정의 전달'입니다. 언어에 대한 의미 파악과 전달에 대한 고민을 깊게 했고, 그래서 국어사전을 7~8번 통독했습니다. 개념이라는 것은 사전적 개념에 대해 집중하게 됩니다. 제가 글을 쓸 때는 이러한 적합도를 계산하여 문장을 만들지요.

음식으로 사회 문제를 풀어내는 통로를 열어주는 글쟁이

황교익은 아버지의 문학적 소양을 보고 자라났으며 어머니의 삼시 세끼 솜씨 좋은 밥상을 받았지만, 단지 '아들'이라는 이유(?)로 여동생에 차별받고 어떤 결핍을 느끼며 음식을 먹은 경험을 갖고 있다. 또한 그는 어린 시절부터 늘 의심을 놓지 않았다. 그래서 스스로 자신이 좋아하는 것과 잘할 수 있는 것을 객관적으로 성찰하고 부족한 부분은 치열하게 채워가며 자기 닮은 문체로 음식의 의미를 풀어가는 글쟁이다. 문학을 포기했지만, 그의 음식 글에는 희로애락, 인간의 감정과 지난한 삶이 묻어난다. 그는 자신을 '악식가'라고 말한다. 맛있는 음식을 취미 삼아 먹으러 다니는 직업이 아니기 때문이다. 거친 음식도 마다하지 않고 먹어내야만 세상이 보이기 때문이다.

"제가 하려는 일은 음식을 통해 인간을 이해하고 사회 현상에 의미를 부여하는 것입니다. 음식 자체를 이야기하는 일은 아닙니다. 인간과 사회로 들어가는 통로 구실을 음식이 하는 셈이지요. 그 관찰대상 너머에 사람이 있고 그렇게 소비할 수밖에 없는 구조를 발견하는 것입니다. 음식은 정치적입니다. 음식이나 정치나 그 작동의 이치가 크게 다르지 않습니다. 우리는 왜 맛있다고 여기는지 의문을 품어야 합니다. 이게 '음식 문화 연구'입니다. 음식 문화를 바로 잡으려면 헤게모니가 필요합니다. 저는 권력보다 영향력이나 헤게모니를 지향합니다. 헤게모니 장악은 글쟁이의 기본적인 욕망이죠. 글도 쓰지만 방송도 적극적으로 활용하며 우리가 어떤 음식을 먹어야 행복할 수 있는지 계속 이야기하고 싶습니다."

황교익이 생각하는 음식의 가치

저에게 음식의 가치란 '소통'입니다. 사람과의 소통과 연대를 떠올리게 해주는 음식이 최고의 음식이지요. 인간은 혼자 살지 못하는 동물입니다. 얼굴 맞대고 감정을 교류하며 진화해 왔습니다. 음식은 그 자체로 의미가 있는 것이 아니라 함께 소통하고 행복할 때 의미가 있는 것이죠. 남에게 먹이고 싶다는 욕구를 발생시키게 하는 음식, '그 친구가 먹으면 맛있을 텐데…' 하는 생각이 들게끔 하는 음식이 우리가 먹어야 할 가치로운 음식이 아닐까요?"

03

더불어 행복한 음식과 사회적 소비

서울대학교 '푸드비즈니스 랩'
문정훈 교수

어린 시절, '21세기 우리 생활에는 어떤 일이 생길까?'라는 주제로 수업을 한 기억이 있습니다. 그때 선생님께서는 이런 말씀을 하셨습니다. "21세기가 되면 휴대용 전화가 생겨서 들고 다니고, 달나라로 수학여행을 갈 거야. 로봇이 집 청소를 해주고, 하늘을 나는 자동차를 타고 다닐 수도 있어. 컴퓨터로 공부하게 될 거고, 밥 대신 알약만 먹어도 배부른 시대가 올 거야."

이런 공상과학 같은 이야기를 나누며 저는 머릿속에서 21세기의 그림을 그렸습니다. 스마트폰이 돌연 나타나 우리 삶을 지배하는 데까지 10년이 채 걸리지 않았던 것처럼, 이미 이 이야기 중 상당수는 21세기 실생활의 일부가 되었습니다. 하지만 이 가운데 하나는 실현되지 않을 일이 있습니다. 장담하건대 '밥 대신 알약을 먹는 시대'는 500년 아니 1,000년이 지나도 오지 않을 것이라고 확신합니다. 그이유를 이제부터 풀어보겠습니다.

우리는 왜 음식을 먹을까요? 영양을 공급하여 생명을 유지하겠다는 목적만을 위해 먹을까요? 음식을 먹는 행동은 배를 채우는 것 이상의 사회적이며 문화적인 행위입니다. 함께 장에 가서 식재료를 구입해 음식을 장만하고, 빈 술잔에 술을 채워 주고 함께 비우며, 불판 주위에 둘러앉아 지글거리는 고기를 잘라 주면서 우리는 교감하고 사랑합니다.

하버드대학 출신의 행동경제학자 테리 번햄과 생물학자 제이 펠런은 그들의 저서 『비열한 유전자』에서 이러한 습성이 원시 인류에서 비롯된 것이라 설명합니다. 우리 선조들은 혼자 사냥을 나가기보다 함께 모여 사냥할 때 더 크고 영양이 풍부한 짐승을 잡을 수 있었고, 협동하면 더 좋은 음식을 먹을 수 있다는 것을 학습했습니다. 그리고 함께 사냥하는 무리가 '나 홀로 사냥꾼'보다 경쟁우위에 서게 되므로 자연히 혹독한 환경에서 더 많이 살아남아 유전자를 물려주었죠. 함께 모이면 좋은 음식을 먹을 수 있다는 깨달음은 우리 몸 어딘가에 각인돼 지금은 좋은 일이 생기면 함께 모여 음식을 먹는 행동으로 발현되고 있습니다.

좋은 음식이 뭘까?
배고픔 해결, 맛, 건강. 음식의 가치 변화

●

오래 전 음식의 가장 큰 가치는 배고픔을 해결해 주는 것이었습니다. 맛은 두 번째였죠. 유사 이래 끊임없이 기아에 허덕이던 인류는 1841년에 비로소 질소와 인산을 근간으로 한 화학비료를 발명해냈고, 이는 20세기 초반 농업 생산의 혁명을 끌어내어 마침내 인류를 기아에서 구원해냈습니다. 농업 생산성의 향상은 사료 산업을 탄생시켰고, 가축들을 대량 생산해내는 경지에 다다르게 되었습니다. 이런 대량생산은 음식의 가격을 극적으로 낮출 수 있게 되었습니다. 따라서 다수에게 배고픔은 이제 더 이상 문제가 되지 않았고, 그래서 인류는 맛에 더 많은 집착을 하게 됩니다. 조리 기술이 더욱 발달하고 우리의 오감을 자극하는 다양한 음식이 등장하여 미식의 발달과 보편화의 시대에 들어섭니다. 미식가들은 한 끼에 몇십만 원이 넘는 돈을 기꺼이 지불하고 세 시간이 넘는 시간을 투자하며 식사를 합니다. 물론, 와인은 별도입니다. 그들이 생각하는 음식의 최고 가치는 맛입니다.

그런데 문제가 생겼습니다. 인류는 전에 경험해 본 적이 없는 질병을 앓게 되었습니다. 바로 '비만'입니다. 굶으면 죽고 영양소가 결핍되면 몸에 이상이 온다는 것을 인류는 잘 알고 있습니다. 인류의 유전자에 각인된 이러한 기아와 결핍에 대한 공포는 농업혁명과 미식이 보편화된 풍요의 시대가 되었음에도 계속 더 많은 음식을 섭취하도록 했습니다. 사람들은 점점 비만해졌고, 비만은 사람들의 건강을 해치기 시작했습니다.

그리하여 선사시대에 인류가 '음식과 생존'을 연결 지을 수밖에 없었던 전통이 풍요의 시대에는 '음식과 맛'을 넘어 '음식과 건강'을 연결시키는 풍조를 만들어 내었습니다. 배고픔이 해결되고 미식이라는 새로운 문화까지 창조해 낸 인류는 더 나아가서 잘 살고 싶은 욕망 즉, 웰빙의 욕망을 가지기 시작했습니다. 그리고 이 웰빙의 핵심은 먹는 데 있습니다. 이제 사람들은 맛있게 먹는 것보다는 '건강한 라이프스타일의 중심에 음식을 놓고' 삶을 영위해 나가고자 합니다. 바야흐로 인류에게 '음식의 안전성과 건강함'이 더 중요한 가치로 등장합니다.

그런데 건강이 중요한 가치로 등장하자, 오히려 많은 이들이 음식과 관련한 공포를 느끼기 시작합니다. 그리고 그 공포를 이용한 나쁜 마케팅이 등장합니다. 커피믹스에 들어간 카제인, 조미료의 주성분인 글루타민산, 음식의 산화 방지용으로 쓰이는 아스코르브산이 건강에 나쁘다는 근거 없는 이야기로 소비자들을 혼란과 공포에 빠뜨리며 자신의 제품이 더 낫다고 광고합니다. 카제인 대신 우유를 넣었다고 하지만 사실 카제인 또한 우유 단백질이고, 마치 위험한 화학물질처럼 오해받았던 글루타민산은 토마토, 간장, 된장 등 자연식품에도 '포함된' 인체에 필요한 신경전달물질이며, 아스코르브산은 일부 사람들이 찾아서까지 챙겨 먹는 비타민 C의 또 다른 이름입니다.

전 세계에서 가장 까다롭고 꼼꼼한 규정을 가진 대한민국의 식약처가 열심히 일하고 있음에도 불구하고, 여전히 많은 사람들은 어떤 음식이 더 건강에 좋은지, 어떤 음식이 더 건강에 나쁜지에 대해 고민합니다. 또 무엇을 먹으면 더 살찌는지, 무엇을 먹으면 더 날씬해지는지에 대해 고민하고 있습니다. 여기까지가 2018년 현재, 대한민국 사람들이 생각하는 '좋은 음식'의 현주소입니다.

배부르고, 맛있고, 건강한 음식 너머의
'행복한 음식'은 뭘까?

●

지난겨울, 스페인 북부 미식의 도시 빌바오에 위치한 미슐랭 3스타 레스토랑인 '아수르멘디Azurmendi'에 방문할 기회가 있었습니다. 역시 음식은 대단히 훌륭했습니다. 하지만 눈길을 더욱 끈 것은 그 레스토랑의 식재료였습니다. 가장 비싸고 좋은 식재료를 쓰는 것보다는 스페인 북부 지역 생태계에서 사라져가고 있는 다양한 로컬 식재료를 복원하여 소개하고, 그 가치를 고객들에게 전달하고자 하는 노력이 돋보였습니다.

인류의 배고픔 문제를 해결한 대량 생산 농산물을 이 시대에 피해갈 수는 없겠지만, 지나치게 의존하면 우리의 식생활은 단조로워지고 다양성은 사라지며 획일화된 방향으로 나아가게 됩니다. 그러다 보면 인류가 쌓아 놓았던 다양하고 찬란한 식문화, 다양한 품종의 즐거움은 사라지게 됩니다. 아수르멘디의 셰프 아네토 아트사는 다양한 로컬 식재료를 활용한 음식을 제공함으로써 종의 다양성에 기여하고자 했습니다. 지속 가능한 미래를 위한 셰프가 할 수 있는 가치창출 활동입니다.

로컬푸드, 슬로우푸드를 왜 먹는지, 왜 유기농 식재료를 선호하는지에 대한 질문을 하면 많은 이들이 '건강을 위해'라는 이기적인 답변

〈아수르멘디의 요리〉

을 합니다. 이는 잘못된 대답입니다. 로컬푸드, 슬로우푸드, 유기농 식재료는 사실 먹는 사람의 건강과 별 관련이 없습니다. 이 개념들과 실천은 인류의 문화를 보존하고, 다양성을 인정하며, 다음 세대를 위한 지속 가능한 농업 생산을 위한 투자입니다. 나만 배부르고, 나만 맛있고, 나만 건강한 음식이 아닌 '더불어 행복함'이라는 가치를 일깨워주는 음식들입니다. 음식의 이러한 가치들을 우리가 이해하고, 그 이해를 더 넓히고자 할 때 우리의 삶은 더불어 더욱 풍성해집니다.

　무엇이 좋은 음식일까요? 우리는 무엇을 먹어야 할까요? 2018년 대한민국의 음식은 이미 충분히 안전하고 건강합니다. 나 혼자 배부르고, 맛있고, 건강한 음식에서 한 걸음 더 나아가 더불어 행복한 음식을 함께 찾고, 여러분과 함께 먹어 보고자 합니다.

행복한 음식을 찾아 떠나는 여행 1
스트라스부루의 방목 돼지들

●

얼마 전 프랑스의 동북부에 위치한 알자스 지역의 스트라스부루에 방문했습니다. 스트라스부루는 예능 프로그램인 '꽃보다 할배'에 나와서 더 유명해진 곳입니다. 여느 관광객이라면 시내 관광을 다녔겠지만, 저는 먼저 산으로 들어갔습니다. 돼지 농장을 방문하기 위해서였습니다. 산 아랫마을에서 돼지 농장주의 아들을 만나 함께 산속으로 꽤 걸어 들어갔습니다. 그때 그가 휘파람을 휘익~ 하고 불자 놀랍게도 숲속 사방에서 돼지가 뛰어나왔습니다! 마치 매복해 있던 레지스탕스 단원들이 대장의 신호로 나타나는 것만 같았죠.

이 농장에서는 60여 마리의 돼지를 산속에 방목하여 기르고 있었습니다. 1ha(헥타르)에 몇 마리 정도 사는지 물어 봤더니, 잘생긴 알자스의 청년이 1~1.5ha에 15마리 정도 키운다고 말합니다. 1ha는 10,000m²이니 대략 100m 곱하기 100m의 엄청나게 큰 공간에 돼지 10마리가 사는 꼴입니다. "맘껏 뛰어놀 수 있어서 좋겠다. 하지만 알자스의 겨울은 만만찮게 추운데 겨울에는 어떡하나"고 물었더니 추워지면 집(축사)에 데려가서 재운다고 합니다. 무작정 바깥에 내놓는 것이 아니라 추우면 데리고 들어가서 재운다고 하니 아마 돼지도 그걸 더 좋아할 것 같았습니다.

방목하는 돼지들은 땅에서 자라는 버섯, 나무 열매 등을 주워 먹습니다. 하지만 그걸로는 충분히 성장하기 어렵기 때문에 농장 측에서 먹이를 공급하는데, 아침 식사로는 곡물과 우유, 점심은 밤 등의 견과류를 주고, 저녁에는 제철 식단(?)을 짜서 먹이를 준다고 합니다. 팔자 좋은 돼지죠? 바깥에서 신나게 뛰어놀다가 때 되면 밥 가져다줘, 밖에서 뛰어 놀다가 안 추우면 노숙, 추우면 집에 들어가서 잡니다.

방목은 어떤 의미가 있을까?

다시 잘생긴 프랑스 청년에게 물었습니다. "왜 이렇게 돼지를 키우죠? 무엇 때문에? 뭘 위해?" 청년은 기다렸다는 듯 두 가지 이야기를 해주었습니다. 돼지도 행복하게 살아야 할 권리가 있으며, 이렇게 키운 돼지는 많이 뛰어다녀서 육질이 단단해 맛이 뛰어나다는 것이었습니다. 그래서 이렇게 키우면 돼지 값을 얼마나 더 많이 받느냐고 물었더니, 프랑스에서 일반 돼지가 kg당 3.6유로인데 반해, 자기네 돼지는 kg당 9.5유로를 받는다고 합니다. 즉, 2.5배의 가격을 받습니다.

이번엔 주 고객이 누구냐고 물었더니 유명 레스토랑의 셰프들과 동물 복지를 중요하게 생각하는 사람들이 주로 사 간다고 대답합니다. 그리고 도축은 주로 10월에 일괄적으로 하는데 이미 선주문이 들어와서 대부분이 도축 시점 이전에 다 팔린다고 말합니다. 가장 인기 있는 부위는 우리와는 달리 안심, 등심, 후지(뒷다리살)이고, 프랑스에서 비인기 부위인 삼겹살은 나중에 소시지 작업할 때 속 재료로 들어갑니다.

이 농장에서 키운 돼지를 10월에 도축장에 보내면, 도축된 돼지는 다시 이 농장으로 돌아옵니다. 그러면 농장에서는 이것을 분할하여 그들의 고객에게 보내고, 비인기 부위는 소시지, 햄 등으로 가공한 후 판매합니다. 물론 이것도 비싸게 팔립니다. 맛이 궁금해서 좀 살 수 있겠냐고 물었더니, 이미 다 팔리고 없다고 합니다. 아쉬웠습니다.

그런데 만약 이 농장의 돼지고기를 구매하는 사람들이 "돼지야 뱃속에 들어가면 다 똑같지 방목이 뭐가 달라? 복지? 그게 중요해?"라고 해버리면, 그래서 이 농장의 돼지가 다르다는 것을 알아주지 못하면 이 농장의 방목방식은 이것으로 끝이 나 버립니다. 그 순간 모든 돼지는 다 일상재commodity가 되어버립니다. 일상재가 된 이후로는 가격이 시장에서 가장 중요한 요소가 되어버리니 비용을 아껴야 하고, 그러려면 이 농장은 방목을 포기하고 다시 공장형 사육으로 돌아갈 수밖에 없습니다. 즉, 이 농장이 이런 차별화된 돼지를 생산할 수 있는 것은 무엇보다도 프랑스 소비자들의 까다로운 소비 감성, 그리고 다양화된 소비 세분화 시장이 존재하기 때문입니다.

그 숨겨진 가치를 알아주자

저는 이 농장을 보며 국내 상황을 돌아보았습니다. 우리는 돼지고기나 닭고기를 구매할 때 무엇을 보고 구매할까요? 우리는 돼지고기와 닭고기를 일상재로 보고 적당히 싼 가격의 돼지고기와 닭고기를 구매하는 것이 가장 현명한 소비라고 생각하고 있지는 않은가요? 기존의 공장형 사육을 나쁘다고 말할 수 없지만, 그렇다고 좋다고 말하기도 어렵습니다. 돼지와 닭들은 어둡고 좁은 공간에서 평생을 갇혀서 삽니다. 한 마리라도 아프기 시작하면 이런 밀집 사육에서는 금방 다른 개체에 전염됩니다. 더 많은 에너지를 써야 하고, 더 많은 환경오염 물질을 배출합니다.

물론 이런 공장식 사육도 중요한 장점이 있습니다. 대량생산을 통해 소비자에게 저렴한 가격과 균일한 품질로 다가간다는 점에선 그 나름의 가치가 있습니다. 우리에게 이런 공장식 사육 방식이 없다면 저소득 계층은 고기 맛보는 것이 만만치 않게 힘들 수도 있습니다. 이런 일반적인 공장식 사육 돼지고기, 닭고기를 먹지 말자는 이야기가 아닙니다. 다만, 동물의 권리를 지켜주고, 에너지를 덜 쓰고, 환경오염 물질을 덜 배출하는 농장이 생산하는 돼지고기에 한 번 더 관심을 가져주고, 100g당 1,000원 정도 더 지불해 보는 건 어떨까요?

우리나라에서 이런 차별화된 돼지를 사육하려면, 가장 중요한 것이 농장주가 '우리 농장에서 군이 이렇게 어려운 방식으로 돼지를 길러야 할까?'라는 질문에 긍정적인 의사결정을 내릴 수 있는 근거를 제시하는 것입니다. 그 근거는 바로 소비자들이 그 가치를 알아주고, 1,000원을 더 내겠다는 의사표현입니다. 소비자들이 이런 까다로운 소비 감성 없이 돼지고기를 일상재로 생각한다면 그 어떤 돼지 농장

<동물복지인증마크>

도 이런 의미 있지만, 힘들고 귀찮은 일은 하지 않을 겁니다.

　　안타깝게도 국내 마트에서 이런 지속 가능한 방법, 윤리적인 방법으로 생산한 돼지고기와 닭고기를 맛보기는 쉽지 않습니다. 그런 고기를 찾는 것 자체가 어렵습니다. 그나마 달걀은 '방사란'이라는 이름으로 출시된 제품들을 어렵지 않게 찾을 수 있습니다. 달걀에서 시작해서 돼지로 넘어가 보면 어떨까요? 드물긴 하지만 '성우농장'을 비롯한 몇몇 돼지 농장들이 이런 방식으로 행복한 돼지를 키우고 있습니다. '동물복지'라는 인증 마크를 보면, 몇천 원 비싸더라도 기꺼이 지불해 보는 게 어떨까요? 그러면 여러분과 여러분의 가족들은 '행복하게 자란 돼지'를 '행복한 음식'으로 먹게 됩니다.

행복한 음식을 찾아 떠나는 여행 2
유럽에서 만난 '동그란 마크'의 비밀

●

올리브유에 대한 이야기를 한번 해보겠습니다. 국내에서도 올리브유 소비가 꾸준히 증가하고 있고, 그래서 유럽 지중해 인근 국가에 여행을 가게 되면 선물용으로 많이 사 오는 것이 올리브유입니다. 지금 지중해 인근 국가에 여행을 가서 선물로 올리브유를 산다고 가정해보겠습니다. 어떤 올리브유를 사는 게 좋을까요? 물론 유럽에서는 어떤 마트나 기념품점에 가더라도 올리브유를 쉽게 발견할 수 있습니다. 그런데 종류가 여러 가지입니다. 병에 붙어 있는 라벨을 읽어도 무슨 말인지 모르겠고, 이왕이면 좋은 올리브유를 사고 싶은데 너무 종류가 많고 가격도 천차만별이니 아주 난감해집니다. 이럴 때 후회 없이 흡족하게 구입할 수 있는 방법이 있습니다. '딱 하나의 마크'만 확인하시면 됩니다.

〈유럽의 지리적표시제 마크〉

바로 이 '동그란 마크'가 답입니다. 이 마크가 붙어 있는 올리브유를 고르면 됩니다. 동그란 마크가 붙어 있는 제품은 단지 품질이 좋은 것만 아니라 지역의 역사와 스토리까지 담겨 있습니다. 이 세 가지 마크 중 특히 왼쪽의 빨간색 마크가 달려 있는 올리브유야말로 전통적인 방식으로 경작, 수확, 제조해서 만든 올리브유입니다. 이 동그란 인증 마크들은 '지리적표시제' 마크이고, EU가 보증하는 인증 마크입니다.

지리적표시제

지리적표시제의 시작은 프랑스 와인입니다. 프랑스 와인이 전 세계적인 인기를 얻게 되자 이를 모방하는 짝퉁들이 생겨났고 이를 방지하고자 만든 제도가 '원산지 관리제AOC: Appellation d'origine controlee'입니다. 이후에 이 제도를 EU가 유럽의 '지리적표시제'의 원형으로 삼습니다. 프랑스의 AOC에 등록된 대표적인 와인들은 보르도 와인, 부르고뉴 와인, 샴페인 등이 있습니다. 즉, 보르도 와인이라는 이름을 쓰려면 보르도 지역에서 그에 합당한, 규정에 맞는 품질 관리를 해야지만 보르도 와인이라는 이름을 쓸 수 있습니다. 보르도 지역에서 보르도 방식으로 만들지 않은 와인은 절대 제품에 '보르도'라는 지리적 명칭을 표시할 수 없다는 이야기입니다. 부르고뉴 와인도 그러하고 발포성 와인인 샴페인도 마찬가지의 규정을 가지고 있습니다.

그렇게 마련된 EU의 지리적표시제는 크게 세 가지의 인증으로 나누어지는데 각각 PDO(원산지 보호제), PGI(지리적 표시 보호제), TSG(전통 특산품 보증제)가 그것이고, 그림의 왼쪽에서 오른쪽 순으로 보시면 됩니다. 지리적표시제는 신선 농산물, 가공식품, 술, 치즈 등 다양한 식품에 적용됩니다.

그중 PDO는 가장 까다로운 인증제도입니다. 어떤 식품의 품질이나 특징이 그 지역의 기후, 역사, 토양에 본질적으로 긴밀하게 연결되어 있어야 하며, 원재료의 생산 및 가공 등의 전 과정이 전적으로 그 지역 내에서 전통적인 방법으로 이루어져야만 이 PDO 인증을 받을 수 있습니다.

PGI는 PDO에 비해서는 좀 완화된 규정입니다. 예컨대 생산 자체는 반드시 해당 지역에서 하되, 원자재는 다른 지역에서 들여와도 인정받을 수 있다는 점이 다릅니다. 'Kerisac'이라는 브랜드의 사과 와인은 자신이 브레타뉴의 사과 와인이라는 것을 강조하는 전통 제품으로 PGI 마크를 붙이고 있습니다. 그런데 실은 Kerisac은 브랜드명이 아니라 이 사과 와인을 오래 전부터 생산해온 프랑스 서부 브레타뉴의 어떤 작은 마을 명칭입니다. 이 사과 와인이 PGI 인증을 받았다는 것은 Kerisac 마을에서 전통적 방식으로 제조를 하는데, 원료로 쓰는 사과는 Kerisac 마을의 사과가 아닐 수 있다는 것을 의미합니다. 만약 이 사과 와인이 PDO 인증을 받은 사과 와인이라면 원료로 쓰는 사과도 Kerisac 마을의 것이고, 제조도 Kerisac에서 했다는 것을 의미합니다. 당연히 PDO 인증 제품이 더 귀하고 비쌀 수밖에 없습니다.

마지막으로 TSG는 지역의 전통적 레시피로 만든 식품에 부여하는 인증 마크입니다. 예를 들어 나폴리 피자가 TSG 인증을 받았고, 피자를 만들 때 나폴리 피자라고 이름을 붙이려면 반드시 이 지리적 표시제가 정한 레시피로 해야지만 나폴리 피자라고 이름 붙일 수 있습니다.

지리적표시제 인증을 받은 올리브유를 사 볼까?

오른쪽의 사진에 나온 세 개의 올리브유는 서로 다른 업체들이 생산한 올리브유입니다. 잘 보면 동일하게 'Montes de Toledo'라는 지리적 명칭을 브랜드로 쓰고 있습니다. 톨레도는 스페인의 수도 서남쪽에 있는 오래된 도시이고 'Montes de Toledo'는 톨레도를 감싸고 있는 산간지역을 의미하는 지리적 명칭입니다. 이 올리브유는 해당 지역에서 생산한 올리브를 이 지역만의 방법으로 수확하고 제조했습니다. 그리고 지리적표시제 인증을 받았고, 그중 가장 높은 등급인 PDO 마크를 달고 있습니다. 이런 빨간색 PDO 마크가 달린 올리브유라면 뭐든 최상의 선택이라고 하겠습니다.

　이처럼 PDO에 등록된 올리브유는 이탈리아에 40여 개, 스페인에 30여 개, 그리스에 20여 개, 프랑스에 7개가 있습니다. 그리 어렵지 않게 유럽의 어떤 동네에서든 구할 수가 있습니다.

〈Monte de Toledo 지역의 PDO 인증 올리브유〉

　이 올리브유의 품질과 스토리가 궁금하다면 EU가 운영하고 있는 지리적표시제 데이터베이스에 접속하여 검색하면 됩니다(http://ec.europa.eu/agriculture/quality/door/list.html). Montes de Toledo 지역의 PDO 인증 오일을 저 데이터베이스에서 검색해 보면 다음과 같은 이야기가 나옵니다.

* **제품 설명**: Cornicabra 품종 올리브에서 추출한 엑스트라 버진 올리브유. Montes de Toledo 올리브유는 풍부한 올레인산과 폴리페놀을 함유하고 있어 안정성이 높은 고품질의 올리브유로 시장에 알려져 있다. (중략) 올리브유의 색은 수확 시기와 농장 내 수확 위치에 따라 달라지는데, 이는 황금빛에서 녹색까지 다양하게 나타난다. 이 올리브유는 입안에 농후한 느낌을 주는 동시에 풍부한 과일 내음과 향을 가지고 있다. 잘 익은 올리브는 균형 잡힌 향과 함께 중간 정도의 쓴맛과 매운맛을 지닌다.

* **지리적 영역**: Montes de Toledo 언덕을 따라 Castille-La Mancha 지역에 속하는 Toledo 지방의 남서부 지역과 Cidudad Real 지방의 북서부 지역에서 자란 올리브로 기름을 짠다. (참고: La Mancha는 돈키호테에 등장하는 바로 그 라 만차이다.)

* **원산지 증명**: 이 올리브 산지에서는 반드시 Cornicabra 품종만 재배하도록 허가되어 있다. 그리고 해당 올리브유는 인가된 시설에서만 추출되며, 완벽한 보존을 위해 인가된 용기에 보관한다. (후략)

* **올리브의 수확과 운송**: (전략) 올리브를 수확할 때는 반드시 직접 손으로 따거나, 나무를 흔들거나 치는 등의 전통적 방식으로만 수확해야 한다. 오직 나무에서 수확된 올리브만이 올리브유의 재료로 사용되며, 나무에서 떨어진 올리브는 반드시 제외한다. (중략) 수확된 올리브는 24시간 이내에 착유 시설로 운송되어야 하고, 운반용 차량은 올리브가 망가지지 않게 적정한 속도를 유지해야 한다. (중략)

* **지역 연계성**: (전략) Montes de Toledo 올리브유가 다른 올리브유에 비해 상대적으로 높은 평가를 받는 이유는 Cornicabra라는 품종의 올리브를 사용하기 때문이다. 이 지역은 해당 품종의 올리브를 생산하는데 최적의 환경을 갖추고 있으며, 오로지 이 품종만 생산하고 있다. 이 지역의 나무와 환경의 상호작용은 독특한 개성을 지닌 고품질의 올리브유를 생산할 수 있도록 한다.

이 지역에 올리브 농사가 처음 시작된 것은 페니키아와 그리스 식민지 시절이며, 이후 로마 시대에 크게 발전했다. 이는 아랍이 이 지역을 점령한 시절에서부터 18세기에 이르기까지 수많은 자료들을 통해 입증되었다. 18세기 이후에도 이곳의 올리브 농사는 지속해서 확장되었으며, 지역 경제를 떠받치는 주요 부문으로 성장했다. (후략)

우리가 흔히 마트에서 구매해 쓰는 올리브유는 품종도 이것저것 섞여 있고, 대규모 재배, 대규모 수확, 대규모 제조하는 제품입니다. 문화도 없고, 스토리도 없고, 농부들의 땀의 흔적을 찾기도 힘듭니다. 물론 나쁜 것은 아니지만, 충분히 좋다고 말하기도 어렵습니다. 그냥 올리브유일 뿐입니다.

스페인의 농부들은 올리브 나무를 돌보고 기르는 것을 '올리브 나무와 이야기한다'라고 표현합니다. 지리적표시제에 등록된 올리브유를 골랐다면 방금 스페인의 농부들이 자신의 올리브 밭에서 올리브 나무와 이야기하는 것을 도운 셈입니다. 로컬푸드를 구매한 것이고, 인류의 다양한 문화유산이 보존되도록 기부를 한 것이며, 종의 다양성, 다양한 식문화에 크게 기여한 것입니다. 더불어 '행복한 음식'을 구매했고 '사회적인 소비'를 한 것입니다. 훌륭한 일을 한 것입니다.

'사회적 소비' 방법
더불어 행복한 좋은 음식을 고르자

•

우리는 시장에서 경제적 가치를 창출합니다. 그런데 경제적 가치를 창출하는 과정에서 의도하진 않으나 다양한 사회적 문제들을 만들어 냅니다. 따라서 시장에서 창출된 경제적 가치의 일부는 사회적 문제를 해결하는 데 재사용되어야 합니다. 경제적 가치뿐만 아니라 그 과정에서 발생한 사회적 문제를 해결하는 사회적 가치도 함께 창출해야 합니다. 음식을 '사회적으로 소비한다'는 것은 더불어 행복한 음식을 먹는 것입니다. 더불어 행복한 음식을 먹으면 앞서 이야기했던 다양한 사회적 문제를 해결할 수 있습니다. 더불어 행복한 음식을 만들어 내는 사람들에게 돈을 지불함으로써 그들을 지지하는 것도 중요합니다. 자, 그들을 어떻게 지지할 수 있을까요?

좋은 음식 1 – 유기농, 친환경 농산물

마트에서 유기농, 친환경 농산물을 사는 것은 훌륭한 사회적 가치를 창출하는 사회적 소비입니다. 앞서 말했듯이 많은 사람들은 여전히 유기농이 건강에 좋다고 생각하지만, 이는 사실이 아닙니다. 유기농과 건강은 아무런 관련이 없습니다. 하지만 유기농은 농약과 제초제 그리고 화학비료 등으로 인해 파괴된 토양의 생태계를 재생시키는 농법입니다. 우리 다음 세대를 위한 약속이고, 인류의 생존을 위한 거룩한 노력입니다. 유기농 제품을 구매하는 것은 우리 지구를 구하는 것이고, 우리 다음 세대가 농사지을 땅을 마련하는 데 도움을 주는 행동입니다. 유기농은 더불어 행복한 음식입니다.

좋은 음식 2 – 종의 다양성을 지지하는 음식: 다양한 종류의 호박

다양성을 지지하는 소비는 사회적 소비입니다. 먼저 종의 다양성을 보겠습니다. 종의 다양성이 훼손되면 생태계가 흔들리며 뜻하지 않은 곳에서 위기가 찾아옵니다. 감자 마름병 때문에 대기근을 겪으며 200만의 인구를 잃은 아일랜드의 경우도 종의 다양성 훼손이 문제 중 하나였습니다. 산업혁명기 당시 아일랜드에서 기르던 감자는 대부분 같은 품종이었고, 이 품종이 유독 감자 마름병에 약한 유전적 특성을 가지고 있어서, 병이 돌자 아일랜드의 감자 수확량이 크게 급감하게 되었고, 감자를 주식으로 삼던 아일랜드 사람들은 이때 엄청난 인구 감소가 일어납니다. 그리고 아직도 당시의 인구를 회복하지 못하고 있습니다.

이번엔 우리나라에서 가장 많이 먹는 과일인 사과에 대해 이야기해보겠습니다. 산업혁명기 이전만 하더라도 전 세계에 존재하던 사과 품종이 7,000종이 넘었다고 합니다. 이 중 현재 인간이 주로 재배하는 사과의 품종은 백여 가지도 안 됩니다. 경제적 논리에 의해, 인간에 의해 선택적으로 살아남고, 선택적으로 도태된 것이죠. 우리나라에서 현재 먹을 수 있는 사과는 2종이 거의 전부입니다. 홍로와 부사이죠. 그런데 1980년대만 하더라도 인도, 국광, 홍옥, 아오리, 감홍 등훨씬 많은 품종이 있었습니다. 하지만 경제 논리로 거의 다 사라졌죠. 만약 다가오는 지구 기후 변화에 홍로와 부사가 취약하다면 과연 무슨 일이 생길까요? 우리가 50년 후에도 이렇게 편리하게 사과를 먹을 수 있을까요?

종의 다양성은 음식의 다양성, 맛의 다양성과 직접적인 연관이 있습니다. 다양성을 지지하는 사회적 소비는 품종을 구분하여 먹는 행동에서 출발합니다. 차별화된 농산물 생산이 더 중요하게 되면 생산자들도 가격 경쟁력에 매달리지 않아도 됩니다. 소비자들도 취향에 따라 구매를 하게 되니, 내 취향에 맞는 음식에는 기꺼이 500원을 더 내게 됩니다. 생산자들에게도 더 많은 것이 돌아갑니다. 소위 말하는

'착한 가격'에만 집착하지 않고, 다양한 품종이 계속 유지될 수 있도록 내 취향과 용도에 맞는 품종을 골라서 소비하는 행동은 더불어 행복한 음식을 지지하는 행동입니다.

좋은 음식 3 – 지역의 문화와 역사적 다양성을 지지하는 음식: 지역의 문화를 지지하는 로컬푸드를 소비하자

이런 다양성을 지지하는 또 다른 사회적 소비 방법은 각 지역의 문화와 역사가 녹아 있는 지역의 로컬푸드와 향토음식을 소비하는 것입니다. 햄버거 체인, 피자 체인, 프라이드치킨 체인 등의 음식은 표준화되어 있습니다. 문화와 역사를 녹이려는 노력보다는 어떻게 하면 표준화된 레시피, 표준화된 식재료, 표준화된 맛을 합당한 가격으로 만들어 낼 수 있는지에 초점을 맞출 수밖에 없습니다.

물론 이런 음식들이 건강에 나쁘다고 말할 순 없습니다. 위생이라거나 그 어떤 측면을 보아도 이런 표준화된 음식이 건강에 특별히 나쁘다는 증거는 없지요. 이런 음식들은 맛의 즐거움이 있고, 또 편리함의 즐거움도 존재합니다. 그러나 지역의 문화와 역사는 담지 못합니다. 음식에 지역의 문화와 역사가 없으면 다양성이 부족해지고, 우리의 밥상이 단조로워지게 됨을 의미하며, 단조로운 밥상은 다양한 식재료를 담을 수 없습니다.

이런 글로벌 체인이 지역의 식재료를 자신의 음식에 담아내는 것은 더더욱 어렵겠죠. 햄버거 체인에서 순창의 두릅이나 울릉도의 명이, 상주의 감을 식재료로 쓸 리는 없겠죠? 우리가 글로벌화되고 표준화된 음식만 먹는다면, 우리 식탁은 다양성이 훼손되며 갈수록 단순해지고, 따분해질 것입니다. 나아가서는 이런 우리의 다양한 식재료들이 사라지게 될지도 모릅니다. 따라서 우리가 순창의 두릅 무침을 먹는 것은 단지 무침 요리를 먹는 것, 그 이상의 의미를 가집니다. 마찬가지로 우리가 진주의 역사, 문화, 식재료 등이 녹아 있는 진주냉면을 먹는 것은 단지 냉면을 먹는 그 이상의 의미를 가집니다. 이런 각 지역 특유의 문화와 역사가 녹아 있는 다양성을 만들어 내는 음식이 로컬푸드와 향토음식입니다. 바로 더불어 행복한 음식입니다.

좋은 음식 4 - 윤리와 상생을 지지하는 음식: 공정무역 원료

윤리적인 음식을 소비하는 것도 매우 중요한 행동입니다. 일반 커피보다 공정무역 커피를, 일반 초콜릿보다는 공정무역 카카오를 원료로 만든 초콜릿을 소비하는 것이 낫습니다. 건강에 좋아서가 아니라, 이런 윤리적 음식들은 지속 가능한 농업생산을 가능하게 하기 때문입니다. 내 입맛에만 좋고, 내 건강에만 좋은 음식을 찾아 먹는 행동이 일반화되어 있긴 하지만, 이런 소비 행동이 농업인들의 땀과 노력 없이 가능할 수 있을까요? 그들에게 적절한 보상이 주어질 때 그들이 착취 당하지 않는다고 느끼고, 기쁜 마음으로 농사를 짓겠다는 의지가 생겨납니다. 나에게만 좋은 음식이 아닌 생산자도 행복한 음식, 그뿐만 아니라 조리사, 홀에서 서빙하는 알바도 함께 행복한 음식을 우리가 만들어 낼 때, 우리는 지속적인 행복한 식생활을 영위할 수 있는 것입니다. 상생의 코드가 강조되는 것이지요.

조금 더 큰 이야기를 해보겠습니다. 상생을 통해 공유 가치를 창출하는 식품 기업, 외식 업체의 음식을 소비하는 것도 사회적인 소비입니다. 농심의 '수미칩'은 우리나라 감자 농가와 상생 협력을 통해 농촌 지역의 영세한 농가에 지속적이고 안정적인 수입을 안겨다 주는 좋은 음식입니다. 수미 감자는 국내에서 가장 많이 재배되는 종이지만, 종의 특성상 원래 가공용으로 적절하지 않다고 알려져 있습니다. 그런데 농심의 새로운 가공기술이 수미 감자를 가공 가능하도록 만들었고, 이로 인해 감자 농가의 수입이 크게 증가하는 계기가 되었습니다. 또한 CJ의 '즐거운 동행' 시리즈도 지역의 영세한 전통식품업체와 협력, 지원하여 지역의 고용을 창출하고, 지역의 전통식품이 전국적으로 유통될 수 있도록 지원하는 더불어 행복한 음식입니다.

시대가 변하면 소비자들의 욕구도 변합니다. 배부른 음식, 맛있는 음식, 건강한 음식도 중요하지만 이제는 '더불어 행복한 음식'의 시대가 오고 있습니다. 미래의 좋은 음식은 더불어 행복한 음식이며, 이를 소비하는 것이 좋은 소비, 사회적 소비입니다. 지금 방식의 음식을 구매하고 먹는 행위가 우리 자신을 파괴하는 행위라는 것을 이제는 깨달아야 합니다.

패스트푸드가 나쁜 것이 아닙니다. 대기업의 음식이 나쁜 게 아닙니다. 나쁜 음식은 나에게만 좋고, 나랑 더불어 가야 할 이들을 배려하지 않는 음식입니다. 그들이 지속적으로 더불어 행복한 음식을 생산하고, 조리하고, 제조할 수 있도록 그들을 지지하는 건 어떨까요?

제가 가장 좋아하는 음식에 관한 표현이 하나 있습니다. '음식은 과학으로 이해하고 문화로 소비할 때 그 가치가 가장 높아진다.' 음식을 문화로 소비하려면 관여도가 높아야 합니다. 음식에 대해 깊은 관심을 가져야 문화가 만들어집니다. 음식에 대한 관심을 단지 맛과 건강의 관점에서만 바라보지 말고, 더불어 행복함의 관점에서도 음식을 바라본다면, 새로운 측면에서의 풍성한 밥상의 문화가 열릴 것이라 확신합니다.

문정훈

먹거리 현장을 직접 찾아가
'오감으로 느끼고 이론을 정립하는' 현장형 학자

■ 사람마다 음식 먹는 스타일은 제각각이다. 아무리 맛난 음식이 눈앞에 있어도 한 젓가락 집어서 입을 조그맣게 벌리고 무표정하게 먹는 사람이 있는가 하면, 평범한 음식을 먹더라도 지켜보는 상대방의 식욕까지 촉진하며 너무도 맛있게 온몸으로 맛을 표현하며 먹는 사람이 있다. 그런데 입이 짧아 음식을 깨작거리며 먹는 사람도 밥은 맛나고 복스럽게 먹는 사람과 먹고 싶어 한다. 음식이 더 맛있게 느껴지기 때문이다.

함께 음식을 나누는 식사는 일종의 문화 퍼포먼스와 같다. 보글보글 끓이다가 전골냄비 뚜껑을 여는 순간, 함께 식탁에 둘러앉은 사람들의 동공이 일제히 커진다. 모두 군침을 한 번씩 삼킨다. 맛이 기다리는 순간이다. 이런 맛의 순간을 더욱 즐겁게 만들어 주는 사람이 있다.

"이것도 한번 드셔보세요. 아주 흥미로운 맛입니다."

"날것이라 비릴 것 같아서 못 먹겠습니다."

"너무 두려워하지 마시고 일단 한 번 맛보세요. 아주 고소해요. 바다에서 온 감칠맛의 폭탄이라고나 할까요? 어떻게 먹는 거냐면, 이렇게 손으로 집어 들고 다진 양파에 푹 찍어서 한입에 털어 넣습니다."

하도 열정적인 몸짓으로 설명하며 먹어보기를 권하기에 음식 가림이 약간 있는 편인데도 불구하고 분위기에 휩쓸리며 처음 보는 음식에 도전했다. '비리면 어쩌나…' 고민하면서.

더치 하링dutch herrings, 청어 절임이다. 북해 연안에서 나는 청어를 잡아서 소금이나 식초에 절여 숙성시킨 음식이다. 익히지 않고 날로 먹는 요리라는 점에서 우리나라의 젓갈과 비슷하지만, 고소함과 감칠맛은 꾸덕꾸덕 말린 포항 과메기와 비슷하다. 더치 하링은 네덜란드를 대표하는 음식으로써, 매년 5월 초면 네덜란드 전역에 절인 청어를 파는 가게나 노점이 본격적으로 등장한다.

문정훈 교수의 지도편달 아래 하링을 먹었더니 씹으면 씹을수록 정말 고소하다. 끝 맛은 약간 비릿하지만 내가 우려했던 정도는 아니었다. 먹을 만하다. 새로운 맛이 열리는 순간이다. 가끔 생각날 것도 같다.

"이것도 더 드셔보세요."

"교수님, 더는 배불러서 못 먹겠습니다."

"그러면 입안에 손가락을 넣어서 토하면서 또 드시는 겁니다. 로마에서는 미식을 그렇게 했다죠?" 너스레를 떤다.

"교수님, 이 술은 처음 접하는데 향이 아주 풍성하네요. 도수 높은 술은 독해서 입에 대지도 않는데 이 술은 목 넘김이 부드럽습니다. 신기하네요."

"하하하, 독주가 잘 맞는 체질인가 봅니다."

미식 모임에서 만난 문정훈 교수. 그와 함께 하는 식사는 유쾌하고 재미있다. 별명이 '세계 시골 전문가'인 그는 지금 막 전 세계의 시골과 그가 관심을 가지고 있는 분자요리 전문 식재료점을 둘러보고 돌아와서 노획물처럼 각종 음식과 술 보따리를 풀어놓는다. 네덜란드의 더치 하링이 나오고 스페인 하몽이 나온다. 지름 2mm 크기의 투명하고 노란 작은 구슬 같은 것을 통에서 꺼내어 모임에 참석한 사람들의 입안에 몇 개씩 투척해 준다. '이게 뭐지?' 하는 순간, 구슬이 톡 터지면서 입안 가득 향이 퍼진다. 스페인의 어느 분자요리 식당에서 확보한 것으로 올리브유를 캐비어의 형태로 만든 음식이다. 숙성을 위해 선박 바닥에 적재하여 적도를 두 번 이상 통과시키며 술맛을 끌어 올렸다는 노르웨이의 술도 등장하고, 이것들을 모두 어떻게 확보했으며 각 음식에는 어떤 이야기가 담겨있는지 현란한 무용담이 이어진다.

문정훈 교수는 서울대학교 농경제사회학부의 교수다. 그는 음식과 먹거리, 소비자의 까다로운 소비를 고민한다. 음식 그 자체가 주는 행복감을 알고, 사람들과 함께 유쾌하게 음식을 나누며, 우리나라 푸드비즈니스 분야를 연구한다. 그가 연구를 위해 국내와 유럽을 돌아다닌 거리만 해도 지구 몇 바퀴를 족히 돌고도 남을 것이다.

이런 일화도 있다. 푸드비즈니스 로드를 개척하기 위해 하도 돌아다녀서 어느 날은 신발이 다 터져 찢어져 나간 것도 모른 채 청와대에서 개최하는 중요한 행사에 참여한 적도 있다. 그는 검은색 논문집에 글자로만 박히는 '죽은 연구'가 아니라, 먹고 마시고 소비하는 모든 먹거리 현장을 직접 발로 찾아가서 '오감으로 느끼고 이론을 정립하는' 현장형 학자다. 또한 먹거리 산업 연구를 위해 연구성과를 일반인도 알기 쉽게 재미난 입담으로 풀어내는 이야기꾼이기도 하다. 그는 어떤 과정을 밟으며 푸드비즈니스 쪽을 연구하게 되었을까?

'From Earth to Mouth' – 잘 먹고 잘 마시고 잘 노는 것에 대한 푸드 경영학을 열다

"저는 서울대학교 농생대(농업생명과학대학) 농경제사회학부에서 학부와 석사를 나왔습니다. 그리고 경제학 박사를 수료했지만 저와 맞지 않아서 그만두고, 다시 미국 뉴욕주립대학교 경영과학 Management Science & Systems 과에서 경영학 박사를 했습니다. 그리고 2006년, 한국에 돌아와서 KAIST 경영과학과 교수로 재직하다가 2010년에 모교인 서울대학교 농경제사회학부로 자리를 옮겼습니다."

"학창 시절 저의 주 관심사는 사람이었습니다. 부모님 두 분 다 교육계에 종사하신 영향을 받은 것 같아요. 농촌개발의 문제를 사회교육학적인 접근으로 해결해 보고 싶었지요. 사람에 관심이 많아서 대학원 진학을 해서도 교육학적인 방법을 연구하고 싶었습니다. 그러던 어느 날, 젊은 교수님 한 분을 만나게 됩니다. 제가 운동을 좋아합니다. 학창시절에 축구, 농구, 미식축구까지 했습니다. 미식축구는 서울대학교를 대표하는 그린테러스 팀의 선수로 2년간 뛰기도 했었습니다. 그 젊은 교수님도 운동을 좋아하셨는지, 학생들과 어울리며 같이 운동을 했습니다. 통계를 가르치는 분이었습니다.

그렇게 축구하면서 놀다가 그분의 설득에 넘어갔습니다. '농업이 잘 되려면 체계화가 중요하다. 경영과 IT가 농업에 접목되어야 한다.' 이 말에 IT 쪽으로도 관심이 가서 농생대 내에 있는 '농업정보체계랩'에 들어갔습니다. 그리고 교내 창업에 참여하여 '이지팜'이라는 회사를 당시 지도교수님과 대학원 동료들과 함께 만듭니다. 이제는 저와 아무런 관련이 없기는 하지만 이지팜은 지금도 농업 IT 기술 분야에서 우리 농업현장에 유용한 기술을 제공하는 건재한 중견기업입니다. 석사 졸업 후, 계속 이지팜에서 IT 일을 하면서 '계속 일을 할 것인가, 연이어 공부를 할 것인가'를 한참 고민하다가 결국 공부 쪽으로 방향을 잡습니다.

처음에는 경제학 쪽에 관심을 가졌지만, 지도교수님 말씀을 듣고 경영에 관심을 갖게 되었습니다. '이제는 농촌과 농식품 분야에서 큰 정책을 만드는 농업 경제학보다는 실제 문제를 해결해 나가는 농업 경영학적인 접근이 필요한 시기가 되었다'는 말씀이었습니다. 교수님은 그렇게 개별 농가의 문제를 경영학적 접근으로 풀어보기를 제안하셨습니다. 돌이켜 보면 참 잘한 결정이라는 생각이 듭니다. 계속 공부하여 대학에 남기를 바랐는데 그 당시 우리나라의 농업경영 쪽은 불모지였습니다.

이런 교수님의 조언에 힘입어 미국 유학길에 오릅니다. 그리하여 뉴욕주립대학에서 경영학 박사를 전공하게 되는데 미국 지도교수님이 소비자 행동 분야 연구자라서 심리학, 행동과학도 공부할 수 있었습니다. 제가 식품 관련하여 소비자에 관련한 문제에 초점을 맞추게 된 계기였죠. 농업의 문제를 농업 생산의 관점에서만 보는 것이 아니라 이를 소비하는 소비자의 관점에서 바라보는 시각을 이때 가지게 된 것 같습니다. 2006년 박사 졸업 후 모교로 돌아가 농생대쪽에서 '농업경영' 분야를 새롭게 개척하고 싶었습니다. 하지만 바람과 달리 KAIST 경영과학과 교수로 일단 재직합니다."

"KAIST에서 경영학을 가르치며 늘 경영, 산업과 연관된 제품에 관심을 가졌습니다. 경영학의 관점으로 보았을 때 식품은 하나의 제품입니다. 식품은 자동차, 책, 옷, 스마트폰, MP3 등과 같은 제품 중 하나이지요. 그러던 어느 날, 그저 하나의 제품에 불과한 식품에 완전히 다른 측면이 있다는 것을 불현듯 관찰하게 됩니다."

"KAIST가 있는 대전은 인구 대비 대형마트가 많습니다. 서울처럼 차가 안 막히니까 퇴근 후 저녁에는 아이들을 데리고 마트에 마실을 나가는 게 우리 가족의 즐거운 놀이였습니다. 마트 안에는 수많은 사람들이 다양한 풍경을 만들어내면서 식품과 마주하고 있습니다. 파프리카를 이리저리 뒤집어 보는 주부, 화려한 과자 봉지들 사이에서 눈이 빙글빙글 돌아가는 아이들, 수입 맥주 앞에서 이리저리 비교하는 신혼부부, 시식코너에서 행복해하는 젊은이들, 그리고 햄 굽는 냄새에 이끌리는 나 자신.

그러던 어느 날 마트에서 무언가 내 머리를 '탁' 치고 가는 느낌을 받았습니다. '식품은 뭐가 다르지? 나누어 먹고 마시는 사회적 활동 속에 식품이 있고, 먹음과 동시에 즉시 소비, 소멸하는? 그러면 가방 은? 가방 같은 제품은 소비하면 남들에게 보여주는 것, 곧 과시가 되지. 그런데 식품은? 즉시 소멸하니까 과시하기가 어렵겠군…. 하지만 식품은 내 안에 들어와서 내 몸의 일부가 되는 것이니 겉으로는 소멸 했다지만 달리 생각하면 내 몸으로서 늘 지니고 다니겠구나….'

이런 생각을 하다 보니 식품에 대해 새삼 놀랐습니다. 소비를 하는데 있어서 다른 제품과 달리 인간 감각을 총동원하게 만드는 특별함이 있었습니다. 인간의 오감이 열리는 것이지요. 식품을 제외한 그 어떤 제품이 인간의 오감을 모두 사용하게 할까요? 오로지 식품만이 오감을 모두 사용하는 제품이라는 것을 깨닫게 되었습니다. 그 날 이후 식품은 제 모든 연구의 대상이 되었고, 마트는 아이들에게도 저에게도 가장 신나는 놀이터가 되었습니다. 요즘도 심심한 날 혹은 연구 관련해서 영감을 얻고 싶은 날에는 마트로 향합니다. 식품도 물론 제품입니다만, 다른 제품과는 그 가치가 다릅니다. 그래서 특별하다는 생각이 들었고 식품에 대한 이러한 발견과 관찰은 고스란히 제 연구 주제의 방향을 결정해주었습니다."

문정훈 교수는 '제품으로써 식품에 대한 연구'를 2010년, 서울대 농생대로 교수직을 옮기면서 본격적으로 시작한다. 2011년에 'From Earth to Mouth'라는 모토를 내세우는 '푸드비즈니스 랩'을 서울대 농생대 내에 설립한다. 이 모토는 자칫 친환경 단체의 슬로건을 떠올리게 하는 문구 같지만, 문정훈 교수의 푸드비즈니스 랩은 철저히 소비자에 중점을 둔다. 그는 개별 소비자가 식품에 대한 오감을 깨워내어, 음식 소비문화를 만드는 데 관심이 많다. 그런 음식 소비문화가 외식업, 식품제조업 그리고 농업까지 발전하고 경쟁력을 가질 수 있도록 하는데 밑거름이 되고자 한다.

"제 연구 방향은 '잘 먹고 잘 마시고 잘 노는 것에 대한 경영학'입니다. 저는 '먹고 마시는 문제'가 우리의 삶에서 가장 중요하고 즐거운 일이라고 생각합니다."

맞다. 사람 간의 관계에는 음식이 빠질 수가 없다. 그의 연구에는 지난 날의 어떤 경험이 버무려져 있을까?

음악적 재능, 사람 관계 속에서 흔쾌히 기쁨이 되는 사람

"저는 부산에서 나고 자랐습니다. 1남 2녀 중 장남입니다. 아버지는 대학교의 법학과 교수로 몸담으시고 어머니는 고등학교 국어 선생님이셨습니다. 아버지는 불교 신자입니다. 종교적인 분이라 그런지 음식을 검소하게 드시고 고기를 그리 즐기지 않았습니다. 어머니는 성격이 분명하고 감각적인 분이십니다. 직장 나가느라 음식을 도맡아 하지는 않았지만, 요리를 잘하십니다. 손맛이 있으시지요. 음식은 집안 살림을 봐주는 일하는 누나가 오셔서 주로 했습니다. 어린 시절, 저는 음식에 대해 별생각이 없었고 크게 집착하지 않았던 것 같습니다. 그냥 배고프니까 먹는 거였습니다. 하지만 달걀이나 고기 등 좋아하는 음식에는 좀 집착했습니다. 그때부터 '고기는 배 터지게 먹는 것'으로 인식돼 있습니다. (웃음) 고기 요리를 맛있게 잘 먹으면 제일

홀륭한 식사였으니까요."

"저희 집안을 설명하자면, 우선 큰집은 낙동강 하구 인근입니다. '명지'라고 하는 곳인데, 주로 파농사를 짓거나, 어업에 종사하는 동네 죠. 예전에는 김해라고 불렸고, 지금은 부산시 강서구로 편입되었습니다. 제 외가는 남해, 진주 쪽입니다. 친가와 외가는 같은 경상도이지만 각기 다른 음식 문화를 저에게 경험시켜 주었습니다. 친가 쪽 동네에서 명절이나 제사에 반드시 올라오는 음식이 쥐포 튀김입니다. 오징어 튀김은 못 올려도 쥐포 튀김이 없으면 섭섭합니다. 외가인 진주, 남해 쪽은 겨울이 되면 마당에 대구를 걸어 두고 얼렸다 녹이기를 반복하며 말립니다. 충분히 꾸덕꾸덕해지면 이를 날것 그대로 뜯어서 먹지요. 그리고 마지막 남은 대구 껍질은 불에 그을려 먹고, 대가리와 뼈는 국물을 내어 먹습니다. 저는 친가보다 외가 쪽 영향을 더 많이 받은 것 같습니다. 제가 대학생 무렵, 외조부모를 막내딸이던 저희 어머니가 모시고 살면서 더욱 그랬지요.

외할머니는 잘 차려 먹는 것을 매우 중요시하는 분이었습니다. 음식 솜씨가 무척 좋으셨는데 집안 식구가 다 모여서 식사할 때는 음식이 20~30가지는 된 것 같습니다. 외조부모님 두 분 다 일본에서 유학하셔서 그런지 어렸을 적 외가에 가면 일본 요리도 자주 먹었습니다. 나라즈케 같은 짠지류의 일본식 반찬과 함께 스키야키 같은 요리를 해주었습니다. 초등학교 때 소풍 갈 때도 김초밥과 유부초밥을 싸갔습니다. 저는 다른 집 김밥도 당연히 다 식초로 밥에 간을 한 초밥인줄 알았는데 나중에 보니 전혀 아니더군요. 우리 집 김밥만 식초를 쓴 초밥이었던 것입니다. 외가에서는 아침 먹으면서 점심에 먹을 메뉴를 이야기하고, 점심 먹을 때는 저녁 메뉴를 이야기합니다. 만나면 주로 먹는 이야기를 합니다. 할머니가 요리를 내놓으면서 하신 말씀이 지금도 기억납니다. "일본 쿄토 아들은 입어 조지고 오사카 아들은 먹어 조진다…." 오사카 사람들처럼 저도 '차려 먹는 문화'를 경험하며 어린 시절을 보냈다고 할 수 있겠습니다."

"집안 어른들은 먹는 것을 즐기고 중히 여겼지만, 정작 저는 학교에 도시락을 싸다니고 부모님이 주는 대로 먹었지 특별히 음식 맛을 따지지는 않았다는 생각이 듭니다. 가끔 회를 먹으러 부모님 따라 기장 대변항에 가긴 했지만, 외식이 즐겁다는 생각을 별로 해본 적이 없습니다. 저에게 특별한(?) 음식으로 다가왔던 것이 딱 하나 있긴 합니다. 피자입니다. 어머니의 미션은 공부 잘하는 아들을 만든다는 것이었고, 그래서 시험을 잘 보면 피자를 사주셨습니다. 피자는 시험에서 만점을 받아오면 받는 일종의 상이었습니다.

부산 조방 앞에 가면 '하얀풍차'라는 제과점이 있었는데 늘 거기서 피자를 사 오셨습니다. 저는 피자를 먹으면서 피자가 왜 피자인지 늘 의구심이 들었습니다. 사과를 먹을 때는 내 머릿속에 사과 그림이 그려집니다. 그런데 피자를 먹을 때는 그려지는 그림이 없었습니다. 도대체 얘 이름이 왜 피자일까? 그러다가 이렇게 생각했습니다. '피망이 올라가서 피자인가 보다'라고…. 당시에는 그게 이탈리아 음식이고 이탈리아어라는 것도 몰랐던 거죠. (웃음) 피자는 음식 맛 그 자체로도 저에게 특별했지만, 무엇보다 '뭔가 목표를 달성하면 주어지는 음식'이라 더욱 특별했던 것 같습니다. 피자에 대한 느낌은 지금까지도 그렇습니다."

"제가 새로운 음식 세계에 눈을 뜨고 스스로 맛을 찾아 나선 계기는 대학 시절 군대를 갔다 와서입니다. 1993년 말이었을 겁니다. 그 당시 새로운 외식 트렌드를 몰고 온 글로벌 패밀리레스토랑 체인 'TGI 프라이데이'에 갔었죠. 케이준 프라이드치킨 샐러드라는 음식을 시켜 보았는데 그때 처음으로 '블랙 올리브'를 먹어보고 '야, 이런 맛도 있구나!' 하며 새로운 음식을 맛보는 것에 호기심이 생기기 시작했습니다. 어린 시절에는 집에서 주는 대로 그저 반복적으로 음식을 먹다가 블랙 올리브 이후로 새로운 음식을 찾아다니기 시작한 것이지요."

"제가 기쁨을 느끼고 좋아하는 것이요? 저는 어디에서든 전체 분위기를 만들고 주도하기를 좋아합니다. 사람들 속에서 '흔쾌히 기쁨을 여는 사람'이 되는 것에 만족감을 느낍니다. 이런 저의 성향을 인지하게 된 것은 어린 시절 제 첫 꿈에서입니다. 저는 기억이 없는데 어머니께서 말씀해 주시더군요. 어린 시절 첫 꿈이 '목욕탕 입구에서 손님에게 문 열어주는 사람'이었다고 합니다. 부산 초량의 시장 골목 안에 살았는데 거기에 목욕탕이 있었습니다. 목욕하는 손님이 오면 알루미늄 유리문을 활짝 열어 주면서 '어서 옵쇼!' 하고 기쁘게 맞이하는 일이 멋져 보였던 것이죠. (웃음)

또 저는 음악을 무척 좋아합니다. 초등학교 1학년 때 피아노를 처음 배웠습니다. 혼자 몰입하여 즐겁게 쳤던 기억이 납니다. 하루는 어떤 곡을 듣다가 그대로 청음해서 악보를 그리기도 했습니다. 중고등학교 시절에는 워크맨을 끼고 영화음악, 클래식 등 라디오 방송을 즐겨 들었습니다. 음악은 저의 유일한 낙이었습니다. 하지만 공부 때문에 어머니가 음악 금지령을 내렸고, 음악 없이 살다가 대학 들어가서 합창반 활동을 시작하면서 다시 물을 만납니다. 대학 생활의 많은 시간을 합창단에 몰두하며 보내기도 했습니다. 작곡가 바그너에 영감을 받아서 직접 쓴 창작 뮤지컬도 무대에 올릴 정도로 음악에 미치기도 했었지요. (웃음)"

푸드와 농업, 경영학을 접목, '푸드비즈니스' 분야에 새로운 문을 활짝 여는 행복한 도어맨

그가 보여주는 푸드비즈니스 경영학은 구체적인 현장 속에서 보고 만지고 느끼는 오감을 이용한 경험주의적 결과물이다. 그는 땅에서부터 입까지 들어오는 모든 것을 연구하며 '푸드와 농업, 경영학'을 접목한 연구 성과를 만들어 낸다.

"저는 많이 먹으러 다니고, 식재료 생산 현장과 공장 그리고 레스토랑의 주방에도 자주 들어갑니다. 저는 우리나라 음식 소비문화의 수준을 보다 섬세하게 한층 끌어올리고 싶습니다. 제가 관심이 있는 것은 단순히 '맛있는 음식'이 아닙니다. 그 음식이 담고 있는 가치를 찾아내고, 끌어올리고, 그 가치를 소비자들에게 전달하는 게 제가 하는 연구 분야입니다. 그러니 농업 생산 현장부터 셰프의 주방까지, 심지어는 젓가락질하는 행동까지 다 꿰어야 합니다."

음악을 좋아하며 누구보다도 예술적 표현에 대한 욕구가 높은 문정훈 교수. 그는 푸드비즈니스 경영학을 사람들과 관계 속에서 음악 연주하듯 예술적 하모니로 풀어낸다. 그의 연구 방법은 고스란히 본인을 닮았다. 자칫 딱딱하고 추상적일 수 있는 학문 연구가 그를 통해 이뤄지면 재미있는 놀이가 된다. 음식의 영양, 몸의 건강, 음식의 맛을 넘어 그 이상의 것을 추구하는 문정훈 교수. 어린 시절 첫 꿈처럼 그는 우리나라 '푸드비즈니스' 분야의 새로운 문을 활짝 여는 '행복한 도어맨'이다.

문정훈이 생각하는 음식의 가치

"음식은 시대상의 반영입니다. 절대적인 가치가 존재하지 않는다는 말이지요. 음식에 대한 가치는 언제나 변합니다. 이제 배고픔과 영양 결핍을 걱정하는 시대는 갔고 풍요가 지배하는 시대입니다. 음식과 음식 문화에 대한 패러다임이 바뀌는 시대가 된 것입니다. 요즘 제가 추구하는 음식의 가치는 '더불어 행복한 음식'입니다. 단지 함께 먹어서 행복한 것이 아니라 그 음식이 처음 태어난 땅에서부터 식탁에 오르고 우리 입에 들어오는 모든 과정에 관여하는 모든 이들이 그 행복을 함께 나눠 가질 수 있는 그런 음식을 찾고 있습니다. 이 여정에서 제가 찾아낸 음식 이야기를 여러분과 함께 나누고 싶습니다."

음식의
가치를
창하조사람는들

01

셰프의 끝없는 도전,
한 접시의 요리가
영혼을 구원한다

'마스터셰프 코리아' 심사위원,
레스토랑 '더훈(The Hoon)'
송훈 셰프

혹시 저를 아시나요? '송훈'이라는 사람을. 그래도 이전보다는 많은
분들이 아시겠지요. 제 인상이 근엄하고 딱딱해서 좀 거리감이 느껴
지시나요? 본래 저는 그렇지 않습니다. 원래 모습은 쾌활하고 장난 많
이 치는 친근한 오빠, 형, 동생 스타일입니다. 무서운 사람 아닙니다.
방송 프로그램 '마스터셰프 코리아(이하 마셰코)'에서 요리를 심사하
고 총괄하는 역할을 맡다 보니, 제 이미지가 근엄하고 딱딱하게 설정
이 되어서 제가 무서운 사람인 줄 아시는 분도 계십니다. 실제로는 매
우 다릅니다. 방송에 제가 얼마나 근엄하고 무섭게 나왔으면, 마셰코
홍보를 위한 기자간담회가 있었는데 저를 취재 온 기자들 역시 컴퓨
터만 쳐다보며 자판을 열심히 치더군요. (웃음) 그래서 많은 분들 앞에
서면 늘 먼저 제 이미지를 물어보게 됩니다.

지난 3월 마셰코가 끝나면서 너무나 많은 강연 요청이 들어왔습
니다. 제가 강연 제의를 받은 것은 언론과 방송 그리고 여러분에 주목
을 받는 '어떤 이유' 때문일 겁니다. 바야흐로 셰프의 전성시대입니다.

〈마스터셰프 코리아〉

수많은 셰프들이 TV쇼에 출연합니다. 하지만 저는 에스테번을 연 지 1달 밖에 되지 않아서 매일 17시간씩 쉬지 않고 일하고 있습니다. 식당을 경영하고 주방을 총괄하며 고객을 위한 한 접시의 음식을 만드는 데 집중하기 위해 대부분의 강연 요청을 거절합니다. 그런데 서울대학교 문정훈 교수님에게서 연락이 왔습니다. 서울대 학부생과 일반인을 대상으로 강의를 해달라는 것이었습니다. 제가 과연 서야 하는 자리인가 고민하며 정중히 거절하려고 했습니다. 하지만 문 교수님은 직접 식당까지 저를 찾아 오셨습니다. 보통 강연이나 인터뷰 섭외는 SNS나 전화를 통해 들어옵니다. 그런데 문 교수님은 직접 찾아 오셨습니다. 이렇게 적극적으로 강의를 요청한 사람은 처음이었습니다. 문 교수님의 발걸음에 감동과 고마움을 느끼며 여러분을 뵙기 위해 흔쾌히 이 자리에 서게 되었습니다.

오늘 강연에서 무엇을 말할까 고민하다가 결국 '선택과 도전'을 주제로 잡았습니다. 사람은 태어나서 자신의 DNA 중 단 5%만을 밖으로 드러내고 산다고 합니다. 그리고 내가 쓸 수 있는 5% 중 무엇을 고르냐에 따라 우리의 인생이 달라진다고 합니다. 미국의 작가이자 교육자인 수엘렌 프리드Sue Ellen Fried 는 이렇게 말합니다. "시도했다가 실패하는 것은 죄가 아니다. 유일한 죄악은 시도하지 않는 것이다."

그녀는 끊임없는 도전을 강조합니다. 제가 좋아하는 명언이죠. 저는 이 말처럼 끝없는 도전을 하고자 합니다. 그래서 부족한 대로 제가 지금 이 자리에 서기까지 지난 세월을 어떻게 걸어왔는지 제 발자취를 알려드리고 싶습니다. 오늘 제 이야기를 통해 여러분들이 '송훈이라는 사람이 어떤 것에 대해 도전을 열심히 하고 있구나.' 하는 것을 느끼고, 또 여러분이 어떤 일에 도전할 때 제 이야기가 조금이나마 도움이 되었으면 하는 바람입니다.

선택과 도전
셰프의 꿈, 미국 CIA 요리학교에 가다

•

저는 셰프가 되고 싶었습니다. 집안의 반대가 있었지만, 성인이 되고 나서 저는 아버지 모르게 일단 일을 저질렀습니다. 요리 분야를 잘 아는 분들께 정보를 얻고, 관련 인터넷 자료를 뒤지며 제가 다닐 요리학교를 알아보았습니다. 사람마다 선택과 도전을 하더라도 자기의 관점에 따라 도달하고자 하는 목표와 꿈의 크기가 다릅니다. 저에게는 최고의 요리학교가 필요했습니다. 저는 늘 제가 속한 분야에서 상위 1% 안에 드는 것, 최고가 되는 것을 원했고, 그 바람을 위해 저는 미국행을 결정했습니다. 그리고 2003년 봄, 뉴욕으로 가는 비행기에 오릅니다.

최고의 셰프가 되기 위한 최고의 요리학교는 어디일까요? 프랑스의 '르 코르동 블뢰', 일본의 '츠지조 그룹교' 그리고 미국의 'CIA Culinary Institute America'까지 세 곳이 세계 3대 요리학교로 꼽힙니다. 저는 이중 미국 CIA 요리학교를 선택했습니다. 그 이유는 CIA의 멋진 경관 때문입니다. 뉴욕주에 위치한 CIA는 숨막힐 듯 아름답게 흐르는 푸른 빛의 허드슨 강 기슭에 자리잡고 있습니다. 대저택을 닮은 웅장한 모습의 캠퍼스에는 약 1,500명의 학생 전원이 기숙사에 거주하며 2년 또는 4년간 요리와 식당 경영을 배웁니다.

이른 아침입니다. 첫 수업이 시작되는 시각, 쏟아져 나오는 하얀 물결의 행진이 장관입니다. 1,500명이 넘는 학생이 일제히 하얀 모자, 하얀 옷의 요리 복장을 갖추고, 어깨에는 각자의 칼 가방 하나씩을 맨 채 기숙사 건물 4개 동을 빠져 나옵니다. 하얀 물결은 CIA 요리학교를 상징하는 웅장한 저택, 학교의 메인 타워 건물로 빨려 들어갑니다. 아침마다 출근하고 저녁에 퇴근하는 것이지요. 마치 만화처럼 제 눈앞에 지나가는 이 광경이 너무 멋있어서 '나는 꼭 이 학교를 가야겠어!' 하고 결심하게 됩니다.

긴장감 도는 수십 개의 교실(주방)에는 섬세한 감각을 필요로 하는 요리 수업이 한창입니다. 100명이 넘는 셰프 강사는 학생들에게 요리의 기본을 가르칩니다. 세계 곳곳에서 요리를 배우기 위해 찾아온 학생들은 CIA의 잘 짜인 커리큘럼을 하나씩 습득해 가며 거대하고 경이로운 요리의 세계에 입문합니다. 미식학 입문, 조리 수학, 육류 해체, 제과 제빵, 지중해 요리, 아시아 요리, 와인 메뉴개발, 식자재 및 구매 원가 관리 등 2년 동안 약 20여 과목을 현장실습과 함께 진행해

갑니다. 캠퍼스 내에는 방대한 규모를 자랑하는 요리 관련 도서관이 있습니다. 그리고 학생들이 직접 실습을 할 수 있는 이탈리안 레스토랑도 운영합니다. CIA는 대외적으로 '세계 요리 교육의 기준을 제시하는 학교', '학생들을 프로페셔널 셰프로 길러낸다'는 평을 받고 있습니다. 또한 새로운 조리법을 개발하는 데도 꾸준한 노력을 기울입니다. 1946년에 문을 열어 약 5만 명의 동문을 배출시킨 인적 네트워크 역시 무척 매력적입니다. 이 학교 졸업생들은 세계 요리 업계와 식품 산업 분야에서 맹활약을 펼치고 있습니다.

가끔 셰프가 되고자 하는 어린 친구들에게 이런 질문을 받습니다. "셰프가 되기 위해서 꼭 외국에 가야 합니까? 유명한 요리학교를 나와야 합니까? 셰프가 되기 위해 필요한 자격증은 뭐가 있습니까?"

이 질문에 대해 저는 이렇게 대답합니다.

"요리에 입문하기 전에 자신에게 꼭 다시 한 번 물어보세요. 나는 왜 셰프가 되려고 하는가, 나는 어떤 셰프가 되기를 원하는가?" 자신이 원하는 셰프의 방향, 목표, 꿈의 크기에 따라서 인적 네트워크를 쌓을 수 있는 요리학교에 갈 수도 있고, 자신의 목표에 걸맞는 자격증을 딸 수도 있습니다. 셰프가 된다는 것은 외국 경험, 자격증이 중요한 것이 아니라 내가 소속할 수 있는 주방의 경험이 더 중요합니다. 외국의 주방도 우리나라의 주방도 기본적으로 '요리하는 곳'이라는 점은 같습니다. 다만, 더 폭넓고 다양한 요리의 세계를 경험한다는 관점에서 외국에 나가서 배우거나 그곳의 레스토랑에서 일하는 경험은 좋은 자산 이상(또는 최고의 요리 내공)이 될 수 있습니다.

하지만 요리학교의 높은 학비와 체류비용, 셰프가 되기 위해 낯선 객지 생활을 하며 포기해야 할 것들을 생각한다면, 보다 철저히 셰프가 되기 위한 자신의 바람과 욕망을 구체적으로 알아야 합니다. 저는 CIA를 선택했지만 쉽지 않은 시간이었습니다. 2년 동안 학비 및 부대비용으로 약 1억 5,000만 원이 들었고, 언어가 서툴고 문화 차이가 났기 때문에 CIA의 2년은 저에게 '미국에서 살아남는 법'을 습득하는 혹독한 시간이었습니다. 제가 다녔던 2000년대 초반에는 입학 절차도 까다로웠고 동양인 학생이 거의 없었습니다. 지금은 동양인이 많이 들어가지만 그때만 해도 한국인 학생은 저를 포함해서 단 6명이었습니다. 현재, 청담동에서 파인다이닝 '정식당'을 운영하는 임정식 셰프와 청담동에서 프랑스 레스토랑 '비스트로 욘트빌'을 운영하는 토미 리 셰프가 저의 캠퍼스 동기입니다.

CIA에서의 2년은 정말 눈물 나게 열심히 했습니다. 저는 이 학교에서 살아남되, 최고가 되기 위해서는 어떻게 해야 할까 고민했습니다. 저는 궂은일을 도맡아 하기로 결심했습니다. 요리실습이 끝난 후, 누구보다 설거지를 열심히 했습니다. 팀워크를 위해 궂은일을 도맡아하면 팀에 감동을 줄 수 있다고 생각했습니다. 다른 학생들보다 좀 더적극적으로 부지런히 설거지를 했습니다. 그리고 2년 동안, 학교 도서관과 링컨 도서관에 있는 요리책은 모조리 다 보기로 결정을 했습니다. 설거지가 인간관계면 요리책은 저의 요리 수준을 높여 주는 도구였던 셈입니다. 저는 공부를 잘 하지 않으나 무엇이든 한번 하기로 결정하면 열심히 노력하는 편입니다. 그러한 노력의 결과, 저는 차석을 했습니다. 여러분, 박수 쳐주세요. (웃음) 교수님의 수업에만 의지하기보다는 나만의 방식으로 악착같이 보낸 2년이 저의 요리 입문에 큰도움이 되었습니다.

하지만, 셰프가 되는 길에는 왕도가 없습니다. CIA를 졸업했지만졸업 후 레스토랑에 고용되어 밑바닥부터 하나씩 배우고 노력하는 과정은 누구에게나 동일합니다. 자신이 어느 주방에 있든, 더 배우고 경험하고 연구하는 자세가 가장 중요합니다. 스스로 노력한 만큼의 대가는 꼭 찾아오게 마련이기 때문입니다.

셰프가 되기 위한 주방 경험은 어떻게 쌓을 수 있을까요? 나라마다 다르지만 대부분의 요리학교는 졸업을 위한 실습 과정 속에 '스타지stage' 즉, 주방 인턴 실습을 의무화하고 있습니다. 요리학교를 다니지 않더라도 셰프가 되려는 사람에게 스타지는 꼭 거쳐야 하는 필수과정입니다. 스타지는 다양한 필요에 따라 이루어집니다. 학교 졸업을 위한 주방 인턴 실습 외에도 식당에 취직하여 정직원이 되기 위해 스타지 기간을 거칩니다. 또 식당을 경영하는 오너 셰프가 어떤 필요를 느낄 때, 휴가기간이나 휴일을 이용해서 타 식당에 스타지를 뛰러 가는 경우도 있습니다. 스타지는 배움이 목적입니다. 스타지는 대부분 무급이나 용돈 정도의 월급을 줍니다. 그리고 손님에게 바로 바로 음식을 내어야 하는 실전의 주방은 학교처럼 친절한 설명을 해주지 않습니다. 대부분 스스로 알아서 어깨 너머로 배워야 합니다. 저는 뉴욕, 캘리포니아까지 180곳에서 스타지를 경험했습니다. 한 번이라도 가보고자 한 미국 식당은 거의 다 가봤다고 할 수 있습니다. 저는 스타지를 통해 '주방구조론'을 실감나게 배울 수 있었고, 제가 운영하는 식당의 밑그림도 스타지에서 접한 경험에서 많은 영감을 얻었습니다. 셰프가 되기 위한 분들은 세계 어디든 좋습니다. 한국이든 외국이든 다양한 형태의 식당에서 스타지 경험을 많이 쌓으시기 바랍니다.

그들만의 리그
최고의 식당, 최고의 셰프

●

정성이 깃든 한 그릇의 요리는 최상의 온도와 수분을 유지하며 손님 앞에 놓여야 합니다. 적절한 타이밍이 요리의 생명입니다. 최고의 요리는 주방 시스템과 최고의 팀워크에서 나옵니다. 주방의 셰프 시스템을 살펴보면, 인턴 수련생 stage, 3급 조리장 3rd cook, 2급 조리장 2nd cook, 1급 조리장 1st cook, 부조리장 section chef, demie chef de partie, 조리장 chef de partie, 단위 업장의 부주방장 sous chef, 부총주방장 executive sous chef, second, 총주방장 executive chef 으로 나뉩니다.

저는 CIA를 졸업하고 뉴욕의 미슐랭 3스타 레스토랑 중 하나인

'장조지Jean Georges'에 들어갔습니다. 2000년대 초반, 장조지 스타일은 아주 뜨거운 반향을 일으키며 인기몰이를 했습니다. 일식 40%, 프렌치 60%를 접목시킨 요리 스타일을 선보였는데, 저는 일식 공부하러 미국에 간 것이 아니었기에 장조지 식당은 3개월만 다니고 접었습니다. 제가 구현하고 싶은 스타일이 아니었습니다. 저는 '클래식한 요리 스타일'을 경험하고 싶었습니다. 그래서 2005년부터 1년간 미국 서부에 위치한 네바다주로 건너가 '패리스 라스베이거스Paris Las Vegas 호텔의 프렌치 레스토랑인 '에펠타워'에서 셰프 드 파티chef de partie로 일했습니다. '셰프 드 파티'는 주방 한 파트의 '조리장'을 말합니다. 주방 구조 시스템에서 소스전문 셰프, 그릴 요리 전문 셰프 등이 여기에 속합니다.

그리고 다시 뉴욕주로 돌아와 2006년부터 3년간 '모던 아메리칸' 요리를 선보이는 미슐랭 1스타 레스토랑인 '그래머시 태번 Gramercy Tavern'에서 단위 업장을 담당하는 수셰프sous chef de partie로 일했고 2009년부터 2년 반 동안 '로마풍의 요리'를 현대적으로 풀어낸 이탈리아 레스토랑 '마이알리노Maialino'에서 부총주방장으로 일했습니다. 또 2010년부터 3년간은 미슐랭 3스타 레스토랑인 '일레븐 메디슨 파크 Eleven Madison Park'에서 부총주방장으로 있었습니다.

뉴욕 맨해튼에는 2만 6,000여 개의 식당이 있습니다. 저는 토종 한국인으로서 미슐랭 3스타 레스토랑의 수셰프 자리에 올랐습니다. 주방에서 함께 일하는 동료들의 특징을 파악하고, 팀워크를 위해 내가 어떤 부분을 담당하고 동료와 관계를 맺을지 늘 고민했습니다. 그리고 제가 이 친구들보다 더 나아갈 수 있는 방법을 매일 생각했습니다. 미국 셰프들은 체력이 좋습니다. 제가 이들보다 유리한 장점은 손이 정확하고 빠르며 일 머리가 좋은 것이라 판단했습니다. 속도와 정확도로 승부했습니다. 저는 다른 동료들보다 일을 빨리 마감하고 그들의 일을 도와줍니다. 가장 늦게까지 일을 하는 것이지요. 매일 똑같은 시간에 시작하지만 저는 보다 효율적으로 시간을 썼습니다. 제가 먼저 그렇게 나서서 도와주면 이 친구들이 저를 따라온다고 생각했습니다.

서양음식이 저의 모태 음식도 아니고 제가 그들보다 서양요리를 탁월히 잘한다고 할 수 없기 때문에 저는 팀워크와 리더십에 중점을 두어 저의 장점을 살려나갔습니다. 그렇게 했더니 한국에서 온 동양인인 저를 따르는 신입 셰프, 동료 셰프가 한 명 두 명씩 생기고 저를 중심으로 한 라인이 생겼습니다. 제 아래서 배웠던 친구들이 실력 있는 셰프가 되어 지금도 미국의 여러 레스토랑에서 일하고 있습니다. 일을 하면서 저만의 특징을 발휘하고 악착같이 노력한 것은 제가 원하는 셰프 자리에 오를 수 있는 힘의 원천이 되었지만, 그보다 더 큰 동력은 내가 닮고 싶은 멘토와의 인연이 있었기에 가능했다고 생각합니다.

내 인생의 멘토
나를 만들어 준 사람들

●

'유니언 스퀘어 카페', '그래머시 태번', '마이알리노', '일레븐 에디슨 파크', '타블라', '블루스모크', '쉐이크 쉑(일명 '쉑쉑버거').' 뉴욕에서 이름만 대면 척하고 알 수 있는 유명 식당들입니다. 모두 미국의 식당사업가이자 뉴욕 외식업계의 대부 대니 메이어 Danny Meyer 가 30여 년간 일

귀낸 식당과 브랜드들입니다. '유니언 스퀘어 호스피탤리티^{USHG}' 그룹의 CEO인 그가 바로 지금의 저를 있게 한 최고의 '멘토'입니다. 그의 식당, 그래머시 태번에서 일하면서 첫 인연을 맺었고, 이후로 저는 7여 년 간 USHG 그룹의 여러 식당에서 일을 했습니다. 그의 식당은 아직까지 한 번도 망한 적이 없습니다. 그럴 수 있는 이유는 무엇일까요? 그의 사업철학은 그의 저서, 『세팅 더 테이블』에 잘 나와 있습니다.

"모험심, 강력한 리더십, 사회적 책임감, 박애주의 정신을 결합하여 레스토랑을 경영하고자 합니다. 저의 사업철학의 모토는 '배려'입니다. 사업은 고객이 어떻게 느끼는지가 가장 중요합니다. 맛있는 음식과 함께 제 식당에 방문한 손님 한 분 한 분이 긍정적이고 즐거운 경험을 하며 편안한 인간관계를 느낄 수 있도록 따뜻한 배려를 제공하고 싶습니다. 좋은 서비스도 중요하지만 그것만으로는 부족합니다. 식당을 방문한 손님 각자가 스스로 자신이 최고로 중요한 사람이라고 느낄 수 있도록 따뜻한 환대와 감동을 주고자 합니다."

"아기가 세상에 태어나면 가장 먼저 세 가지 선물을 받는다고 합니다. 눈맞춤, 미소 그리고 포옹입니다. 우리는 평생 동안 많은 선물을 받지만 태어나서 처음 받는 그 세 가지 선물보다 더 좋은 것은 없습니다. 그것은 가장 순수한 배려이며 우리는 어쩌면 평생 그러한 배려를 갈구하며 산다 해도 지나친 표현이 아닙니다. 그래서 저는 사업도 인생도 포옹과 다를 게 없다고 생각합니다. 포옹을 받기 위해서는 내가 먼저 포옹해야 합니다. 포옹은 곧 따뜻한 배려이고, 저의 식당이 성공할 수 있는 힘입니다."

– 『세팅 더 테이블』 대니 메이어

그는 배려가 지닌 힘을 알고 그 힘을 이용했습니다. 그가 말하는 배려에는 순서가 있습니다. 먼저 식당에서 일하는 직원이 우선순위이고, 그 다음이 식당을 찾는 고객입니다. 그리고 지역사회, 납품업자, 투자자 순으로 원칙을 정해놓고 배려합니다. 사장이 고객보다 직원을 우선순위에 두면, 직원들은 안정감을 느끼며 고객에게 더 잘할 수 있습니다. 든든한 파트너십이지요.

또한 그는 최고의 창조자이자 사업가입니다. 어떤 주제든지 구미가 당기는 대상이 있으면 열심히 연구하고 거기서 최고의 것을 발견하여 뭔가 특별한 것을 결합시켜 새로운 맥락을 창조해냅니다. 그가 만들어낸 대부분의 식당은 그렇게 탄생했고, 또 직원들에게 늘 이 일을 어떻게 하면 더 잘할 수 있는지 묻곤 합니다. 그는 '하나의 브랜드, 하나의 스토어'라는 원칙을 내세우며 각각의 차별성 있는 식당을 고수해 나갑니다.

제가 그래머시 태번에 처음 들어갔을 때, 그곳에서 또 한 명의 멘토를 만나게 됩니다. 바로 이 식당의 총괄 셰프인 마이클 앤서니 Michael Anthony 입니다. 그 역시 배려의 힘이 특별난 분입니다. 그는 6개월 동안 저에게 아무것도 바라는 것 없이 요리 하나 하나를 다 가르쳐 주었습니다. 어느 총괄 셰프가 하나 하나 일일이 가르치며 사사를 하겠습니까? 어디를 가도 그런 총괄 셰프는 없습니다. 그는 저의 요리 기본기의 근원입니다. 그를 만난 것은 제 인생의 두 번째 전환점입니다. 마이클 앤서니는 2015년, 미국 요식업계의 권위 있는 상 '제임스 비어드 어워드'에서 '아웃스탠딩 셰프'로 뽑힌 최고의 셰프이기도 합니다.

그래머시 태번 Gramercy Tavern 에 3년 있다가 이탈리아 레스토랑인 마이알리노 Maialino 로 옮겨 부총주방장을 하고 나자, 파인다이닝 식당에서 일하고 싶다는 욕심이 생겼습니다. 그래서 USHG 그룹의 파인다이닝 식당인 '일레븐 메디슨 파크 Eleven Madison Park'로 옮겨가게 됩니다. 제가 처음 옮겨간 2010년만 하더라도 일레븐 메디슨 파크는 미슐랭 1스타 식당이었지만, 제가 부총주방장으로 있으면서 미슐랭 3스타를 받게 됩니다. 미슐랭 등급이 1스타에서 3스타로 업그레이드된 사례는 그동안 없었습니다. 매우 이례적인 경우입니다. 꼭 저 때문에 받은 것은 아니지만, 일레븐 메디슨 파크는 저에게 아주 의미가 큰 식당 중 하나입니다. 나중에 뉴욕에 가시게 되면 꼭 한번 가보기를 권하고 싶습니다.

인생에 있어서 멘토는 너무나 중요합니다. 내가 원하는 길에 도달하기 위해서는 멘토를 만나야 합니다. 저는 대니 메이어를 만나서 마이클 앤서니를 만날 수 있었고, 일레븐 메디슨 파크로 옮겨가서 저의 또 한 명의 멘토 셰프인 다니엘 홈 Daniel Humm 을 만나게 됩니다. 그는 그 식당의 총괄셰프입니다. 저는 이들에게 감사를 표하고 지금도 연락하며 지내고 있습니다. 여러분, 무슨 분야가 되었든 본인이 찾고자 하는 길의 최고의 사람을 만나야 합니다. 그렇게 해도 그 이상이 될까 말까 합니다. 최고의 멘토를 찾으십시오. 그래야만 본인이 원하는 최고의 성과물을 얻을 수 있습니다.

귀국, 가족을 위한 선택

●

아침 7시, 찬 기운을 맞으며 일하는 식당으로 향합니다. 늘 똑같은 일상입니다. 주방에서 하루 종일 요리를 하고 다시 집으로 돌아가면 새벽 3~4시가 됩니다. 미국에서 10년 동안의 제 모습입니다. 다른 사람에게 뭔가를 바라고 한 것이 아니고 저의 욕심이자 미국 친구들을 이기자는 저의 목표였습니다. 다 하나씩 밟고 올라가면 가장 윗자리, 총괄셰프에 오를 수 있다고 생각했습니다. 하루에 15~16시간을 일했습니다. 그게 밑거름이 되어서 한국에서 에스테번도 문을 열 수 있었습니다. 미국에서 제가 진행한 주방 시스템 그대로 에스테번에 적용하여 잘해가고 있습니다.

저는 한 번도 쉰 적이 없었습니다. 미국에서는 쉬고 싶어도 일을 그만둘 수 없었습니다. 외국인 신분이라 곧바로 불법체류가 됩니다. 그래서 12년간 쉬지 않고 더욱 열심히 일에 몰두했습니다. 그렇게 달려온 어느 날, 대니 메이어는 저에게 총괄셰프직을 약속했습니다. 외국인으로서 미국 USHG 그룹의 최고 셰프 자리가 목전에 있었습니다. 하지만 저는 2013년 말, 돌연히 귀국길에 오릅니다. 사람들은 미국 최고의 식당에서 승승장구하고 있는데 왜 한국으로 돌아왔는지 저에게 자주 묻습니다. 총괄셰프직 계약을 파기하고 한국에 온 데는 가슴 아픈 사연이 있습니다.

아내는 10년 동안 저를 기다려 주었습니다. 미국에서 사내 아이 2명을 낳았고 거의 혼자서 아이들을 키웠습니다. 미국에서 셰프로 일하면서 저는 집에 오면 거의 쓰러져 잠만 잤습니다. 아내는 하루 종일 아이들과 함께 나를 기다렸죠. 그것 때문에 아내가 우울증이 걸린 지도 몰랐습니다. 쉼 없이 달리는 남편 때문에 아내가 희생한 것이 못내 미안했습니다. 엎친 데 덮친 격으로 둘째가 태어났는데 건강상 약간의 문제가 생겨서 저는 모든 것을 접고 한국행을 결정했습니다.

어떤 성과를 위해 달려가지만 그 어떤 성과보다 더 중요하고 소중한 것은 가족입니다. 이제 저는 가족의 소중함을 절실히 느낍니다. 아내와 아이의 건강이 회복되고 모두 함께 여유롭고 행복해질 수 있다면 그것은 아주 중요한 선택이라고 생각했습니다. 한편으로는 엄청난 명예와 부를 포기하고 돌아가야 하는 현실이 갑갑하고 힘들었습니다. 그때 마침 한국의 외식기업, 삼원가든이 만든 'SG다인힐'에서 총괄셰프 제안이 들어와서 12년간의 미국 생활을 접고 한국으로 돌아왔습니다.

누구나 각자의 인생에 문제와 어려움이 있습니다. 이때가 제 인생에서 가장 어렵고 힘든 시기였습니다. 그리고 지금 이 자리에 서 있습니다. 하지만 저에게 힘이 되고 가장 많이 응원해 주는 사람은 제 두 아이입니다. 제가 미국에서 스스로 꿈을 꺾은 좌절도, 한국에서 또다시 도전하는 이유도 모두 제 가족 때문입니다. 한국에 돌아와 2013년 말부터 2015년 초까지 저는 SG다인힐 메뉴디자인팀 총괄셰프로 일합니다. 그리고 2015년 말부터 제 이름을 걸고 에스테번의 총괄셰프를 맡게 되었습니다.

또 다른 도전
한국에서 식당을 열다, 에스테번

●

언제 여러분도 한번 방문해 주셨으면 합니다. 돈을 너무 많이 썼습니다. (웃음) '송훈'이라는 제 이름 두 자를 내걸고 갑니다. 파인다이닝은 아닙니다. 에스테번은 편안한 펍 느낌의 아메리칸 모던 레스토랑입니다. '아메리칸 모던' 자체가 '여러 나라에서 흘러 들어온 음식 문화가 조화를 이뤄 전혀 다른 음식으로 태어난 것'을 말합니다. 태생이 특정 룰이나 제한과는 거리가 멀죠. 굳이 격식을 따지지 않습니다. 저는 미국에서 요리 공부를 하면서 에스테번 같은 레스토랑을 열어야겠다고 생각했습니다. '미국 남부 음식 기반의 편안한 식당'을 한국에서 한번 도전해 보고 싶었습니다.

현재 우리나라의 음식 문화는 정체되어 있습니다. 대부분의 식당들이 이탈리아, 프렌치 비스트로 같이 안전한 길만 택하고 있죠. 미국에서 여러 나라 음식을 만들어보았지만, 결과적으로 소울푸드, 미국 남부 지방 음식이 저와 잘 맞았습니다. 어린 시절 우리가 즐겨 먹었던 햄버거나 핫도그가 바로 미국 남부 음식입니다. 저는 한 접시로 추억을 구현하고, 가족에 대한 사랑과 어머니의 손맛이 담긴 음식을 손님 앞에 내놓고 싶습니다. 한 그릇의 감동, 소울푸드란 그런 것입니다. 한번은 이런 적이 있습니다. 제가 '더티프라이dirty fry'라는 남부식 감자튀김을 만들어서 미국인 손님 앞에 내놓았는데, 그가 식사를 다 마친 후 저에게 무척 고마움을 표했습니다. 더티프라이는 그가 어린 시절 먹었던 어머니가 해준 추억 어린 음식이고, 오늘 먹은 더티프라이는 자신이 35살, 지금까지 먹어온 음식 중에 최고의 음식이었다고 말해 주었습니다. 흐뭇했습니다.

저는 남다른 꿈 실현, 문화 전파, 음식 문화를 향상시키고자 하는 사명감이 있습니다. 그래서 다소 낯설고 위험할지 모르지만 새로운 시도를 합니다. 하지만 '항상 내 가족을 위해 음식을 한다'고 생각하며 요리합니다. '사랑하는 사람에게 이 음식을 주면 즐거워하겠구나!'라고 생각하며 메뉴를 개발합니다. '가슴으로 요리하라'는 말이 있습니다. 이성보다는 진정성 어린 마음이 손끝으로 전달되어야 고스란히 음식에 드러난다는 뜻이지요. 어머니가 식구를 위해 요리하는 마음, 의사가 한 생명을 살리기 위해 치료하는 마음, 소방관이 불 속의 누군가를 위해 뛰어드는 마음은 다 똑같은 마음가짐입니다. 이러한 마음을 요리에 담으면 '한 접시의 요리가 한 사람의 영혼도 구원할 수 있다'고 생각합니다. 저는 그런 마음으로 요리하고 에스테번을 열었습니다.

〈에스테번 실외, 실내 사진〉

공간

식당을 열 때 중요한 것 중 하나가 무얼까요? 공간입니다. 빽빽한 빌딩 숲 콘크리트 정글에도 잘 찾아보면 나무와 숲을 볼 수 있는 힐링 공간이 있습니다. 어디에 식당을 열까 인터넷을 검색해보다가 서울 청담동의 도산공원을 발견했고 여기가 가장 적합하다는 생각을 했습니다. 그래서 도산공원 맞은편에 에스테번을 열었습니다. 대니 메이어가 식당을 열 때 가장 중요시 여기는 것 중 하나가 식당의 위치와 공간입니다. 그가 연 식당 주변에는 유니온 스퀘어 파크Union Square Park가 있고, 노스엔드 파크North End Park가 있고, 그래머시 파크Gramercy park가 있습니다. 이 또한 고객을 위한 배려가 담긴 식당 경영의 전략이고, 저 역시 멘토의 경영철학을 받아들이며 도산공원 초입에 식당을 꾸몄습니다.

식당 입구부터 근사하다는 말을 많이 듣습니다. 건물 평수는 약 200평인데 내부는 40평이 채 못 됩니다. 벽돌로 지은 2층 건물과 넓은 정원을 마련했습니다. 1층과 2층 공간을 특색있게 나누어서 1층은 오픈 키친과 셰프 테이블, 캐주얼 테이블을 놓고, 2층은 다이닝 테이블을 놓았습니다. 셰프 테이블의 경우는 주방에서 요리하는 모습을 생생히 볼 수 있습니다. 바Bar형식으로 만들어서 셰프와 대화하면서 그릴요리와 맥주, 와인을 마실 수 있습니다. 캐주얼 테이블은 깔끔하고 심플하게 꾸몄습니다. 반면 다이닝 테이블은 자연채광이 좋은 고급스런 분위기의 공간입니다. 특별한 가족 모임이나 연인, 고객과의 식사자리로 좋습니다. 1층은 편안함과 따뜻함을, 2층은 다소 격식 있는 고급스러움을 추구하여 고객의 다양한 욕구에 맞추었습니다.

그릴

저는 여러분께 제 그릴을 보여주고 싶습니다. 미국에서 직접 공수해 온 800℃ 이상의 높은 화력을 자랑하는 그릴입니다. 높은 화력은 풍부한 육즙을 간직한 최상의 맛을 선사합니다. 참나무 장작과 숯을 이용한 주방의 심장이지요. 태초에 날고기를 먹던 인간은 우연히 불을 발견했습니다. 그리고 화식을 하게 되면서 요리는 무궁한 발전을 합니다. 요리가 발전하면서 인간의 뇌도 같이 발달하고, 무구한 세월 동안 인간이 요리를 만들었는지 요리가 인간을 만들었는지 우리는 정확히 알 수조차 없습니다. 하지만 인간은 다양한 방식으로 불을 다루어 왔고 제 주방의 베이스 역시 불입니다. 저는 처음부터 동양의 웍Wok 과 서양의 그릴Grill을 함께 사용하고 싶었습니다. 음식의 깊이와 문화는 역사에서 나온다고 생각합니다. 동양과 서양을 잘 융합하여 동양의 불맛과 서양의 불맛을 동시에 구현하는 것이지요.

〈에스테번의 그릴〉

식재료, 맛, 스토리, 시그니처 메뉴

모든 식재료는 모든 셰프에게 공평하게 주어집니다. 수입을 해 오든 로컬푸드를 쓰든 간에 재료가 있으면 셰프는 욕망에 사로잡힙니다. 여기 오이가 하나가 있습니다. 어떤 셰프는 있는 그대로의 본연의 맛을 구현해 내는 것을 추구하지만 또 어떤 셰프는 식재료 변형의 욕망에 사로잡힙니다. 미국 뉴욕의 일레븐 애디슨 파크에서 잘하는 것이 변형입니다. 오이를 가지고 20가지 형태의 요리를 만들어 냅니다. 저역시 식재료 본연의 맛에 대한 욕망보다는 다양한 형태로의 변형 욕구가 큽니다.

셰프가 요리를 합니다. 그런데 요리사는 언제나 맛과 건강, 이 둘중 어디에 초점을 맞추어 요리할 것인지 기로에 섭니다. 여러분은 무엇이 우선인가요? 저는 맛을 우선 순위로 생각합니다. 그 다음이 건강입니다. 건강한 음식은 가정에서도 충분히 먹을 수 있습니다. 식당까지 와서 맛없고 건강한 음식을 찾는 것은 이상합니다. 에스테번의 음식이 건강에 좋지 않다는 말이 아닙니다. 에스테번은 지역 생산자가 정성을 다해 키워낸 싱싱한 재료를 직접 확보해서 씁니다. 식당 지하실에는 아주 큰 아쿠아리움이 있습니다. 그 속에는 생물 랍스터를 비롯한 각종 해물과 생선이 가득합니다. 다양한 종류의 채소 역시 경북 봉화에 위치한 해오름 농장에서 가져옵니다. 해오름 농장은 서울의 내로라하는 셰프들 사이에서 유명한 유기농 채소 농장입니다.

요리에 스토리를 입혀 볼까요? 똑같은 음식을 먹어도 풍부한 스토리가 담긴 음식과 그렇지 않은 음식은 차이가 있습니다. 스토리는 세상에 존재하지 않는 단 하나의 음식을 만들어주는 특별함이 있습니다. 미국 뉴욕에는 스테이크 하우스가 많습니다. 왜 많을까요? 뉴욕주 인근에 가면 일명, 그레이트 스톤Great Stone이라는 이름의 농장들이 많습니다. 무슨 농장일까요? 바로 축사입니다. 소를 기르는 농장이죠. 질 좋은 로컬푸드가 바로 도시 옆에 확보돼 있으니 미국 뉴욕은 스테이크가 당연히 발달하는 것입니다.

스테이크를 구운 셰프는 스테이크 덩어리를 장만하고 남은 여분의 주변고기를 가지고 고민에 빠집니다. '이걸 어디에 쓰지? 무얼 만들면 좋을까?' 그래서 탄생한 요리가 쇠고기 타르타르입니다. 타르타르에 당근도 넣을 수 있지 않느냐 해서 당근을 갈아 넣고…, 이렇게 고장에 따라 그 지역만의 맛과 모양, 요리법이 탄생하는 것입니다. 셰프는 각 고장의 식재료를 가지고 자기만의 스토리와 색깔을 입히죠. 그렇게 한 그릇의 음식을 접시에 담아내면, 셰프의 메뉴는 한마디로 순수한 아트라고 할 수 있습니다.

저의 시그니처 메뉴를 소개합니다. 그릴과 웍을 이용하여 반은 그릴 프렌치 스타일 음식, 반은 동양적인 타이 스타일 음식을 담았습

〈시그니처 메뉴-동서양의 랍스터, 팟타이 그리고 비스크, 사바용〉

니다. 진하게 뽑은 비스크와 프랑스 정통 사바용 소스를 곁들여 만든 랍스터 구이, 그리고 우리나라 사람 입맛에도 친숙한 타이식 팟타이를 엔젤헤어 파스타를 이용해 만든 뒤, 한 접시에 담았습니다. 랍스터 구이에서 살 한점을 떼어내어 한 입 베어 물면 랍스터의 탱글한 식감이 그대로 살아나며 입안 가득 풍부한 바다의 맛을 느낄 수 있습니다. 집게 다릿살 부분과 함께 조리한 팟타이는 그릴 프렌치를 한껏 즐기고 난 뒤 우리 입안을 한층 더 개운하게 마감해줍니다. 저는 동서양의 융합이라는 스토리를 가지고 손님에게 다양한 장르의 음식 문화를 체험토록 하고 싶습니다. 랍스터 한 마리는 약 400g이고 원가는 2만 원입니다. 이 요리는 대략 5만 원에 내놓습니다. 재료비가 원가의 50%입니다. 손님이 와서 많이 드시면 남는 게 없는 요리입니다. 하지만 다른 곳에서는 맛볼 수 없는 에스테번 요리 스타일을 알리는 시그니처 메뉴로써 저에게 의미 있는 요리입니다.

〈그 외의 메뉴들〉

나의 꿈
한국의 '대니 메이어', 셰프 출신 외식경영인을 향해

●

2015년 9월부터 7개월가량 메뉴 개발에 몰두하고, 2016년 4월 오픈하여 지금(강연 당시) 1달 조금 넘었습니다. 감사하게도 연일 만석입니다. 하지만 투자금을 뽑으려면 15년이 걸립니다. 저는 아직 월급을 못 가져가고 있습니다. 혹시 제가 사업 계획을 잘못 세웠나 싶기도 합니다. 그래서 더욱 열심히 도전하며 에스테번을 경영할 계획입니다.

제 키친의 직원은 30여 명입니다. 음식의 첫 코스는 식당 입구에서 시작한다고 생각합니다. 발렛 주차하시는 분이 처음과 끝을 책임진다고 생각합니다. 그리고 주방의 그릴, 웍, 가드망제, 설거지 도와주는 이모님, 홀 직원들…. 모두가 본인의 영역을 담당하며 맡은 일을 해냅니다. 아침에 출근하면 먼저 전체 미팅을 가집니다. 경영자는 직원 모두의 마음을 읽을 줄 알아야 합니다. 그래서 소통이 가장 중요합니다. 가장 막내 직원에게도 배울 것이 있습니다. 모든 것을 듣고 생각하고 토의하며 손님을 맞을 준비를 합니다. 51%의 열정을 직원에게 쏟고 49%의 열정은 손님에게 쓰고자 노력합니다. 직원들을 잘 대해줘야 손님에게도 잘합니다. 11시 반이면 손님이 오기 시작하는데 직원들과 언짢은 문제가 생기면 손님은 편안한 서비스를 받을 수가 없습니다. 이것이 저의 생각이고 저의 경영 멘토인 대니 메이어의 생각이기도 합니다.

저는 한국의 대니 메이어를 꿈꿉니다. 제가 그 분을 넘어서는 장점은 뭐가 있나 생각해 봅니다. 그는 요리를 못합니다. 셰프 출신이 아닙니다. 요리는 제가 더 잘 합니다. 셰프가 주방에만 있어야 하는 것은 아닙니다. 밖에서 무언가를 얻어와서 주방의 직원들에게 영감을 줄 수도 있습니다. 저는 셰프를 넘어서 외식 경영이 목표입니다. 한국 대학에서 경영학을 전공했고, 요리와 더불어 경영에 관심이 많습니다. 저는 요리를 하는 사람을 넘어서 '요리를 위한' 사람이 되고 싶습니다. 셰프 출신의 외식 경영인으로 불리고 싶습니다. 미슐랭 스타 셰프 출신의 외식 경영자, 외식 경영인이 되어서 한국의 많은 선후배와 요리를 통한 교감을 나누고 싶고, 또 경제적 환경이 어려워서 보다 넓은 요리의 세계를 경험할 수 없는 후배들에게 교육 환경을 제공하고 싶습니다.

저는 이삼십 대를 미국의 키친 안에서 보냈습니다. 슬픈 이야기지만, 젊었던 15년을 소위 '주방 감옥'이라고 부르는 키친 안에서 생활했습니다. 저는 셰프 이상의 꿈을 가지고 있습니다. 지켜봐 주십시오. 앞으로도 저의 끝없는 도전은 계속될 것입니다.

송훈

공간과 사람,
음식을 연결하는 '셰프 경영인'

🔊 가벼운 발걸음으로 걷다 보니 어느새 공원 초입에 들어선다. 빼곡히 들어선 고층 건물을 벗어나니 푸른 초록이 한 가득 나타나 두 눈에 그윽이 박힌다. 서울시 강남구 청담동 도산공원, 지친 도시를 숨쉬게 하는 허파와 같은 곳이다. 이내 막혔던 숨통이 확 트인다. '오늘 만날 인터뷰 주인공은 어떤 빛깔을 지닌 셰프일까?' 스타 셰프라는 명성이 다소 긴장감을 주지만, 초록공간이 주는 차분하고 정적인 기운에 무장해제당하며 한층 편안한 마음으로 길을 걸었다. 작은 키의 단층집들이 즐비한 골목길을 따라 들어가니 암갈색 벽돌로 단단하게 지은 2층 벽돌집이 나온다. 넓은 정원을 끼고 있어 더 격조 있는 이 건물은 미국에서 돌아와 고즈넉한 공원 옆에 식당을 낸 송훈 셰프의 '음식경영' 공간이다.

식당 정문에 도착하자 홀 직원이 나와서 친절히 안내한다. 그를 따라 1층 안쪽으로 들어가니, 주방이 한눈에 보이는 길쭉한 테이블이 있는 바로 그 옆자리를 내어준다. 이 식당 최고의 자리라 불리는 '셰프 테이블'이다. 송훈 셰프의 주방은 '오픈 키친'이다. 이곳에 앉으니 요리 한 접시를 내놓기 위한 주방의 동선이 한 눈에 들어온다. 음식의 향과 열기가 가득한 주방은 다소 긴장감이 감돈다. 화덕에 올린 고기가 지르르 소리를 내며 감칠맛 터지는 향을 뿜어낸다. 주방을 진두지휘하는 송훈 셰프는 요리 타이밍을 놓치지 않기 위함인지 사뭇 진지한 눈빛으로 주방 스텝 한 명 한 명의 손놀림을 섬세히 챙긴다. 한 그릇의 요리를 내기 위한 차분하지만 역동적인 모습이다. 넋을 빼고 요리 광경을 지켜보고 있을 즈음, 다시 홀 직원이 나타난다. 입가에 살짝 과하지 않은 미소를 머금고 나에게 메뉴판을 건넨다. 늘 그렇듯이 식당 메뉴판을 펼칠 때면 약간의 설렘과 동시에 입맛 당기는 궁금증이 빙그르 입안에 감돈다. 뇌를 자극하며 그 집 요리 철학과 음식 맛을 상상하게 만드는 최고의 애피타이저! 나는 궁금증 가득한 손길로 에스테번 메뉴판의 첫 장을 펼쳤다.

식당 설계도가 한눈에 들어온다. 꽃과 나무와 공원이 어우러진 공간에 식당이 있고 사람이 있다. 편안함이 담긴 이 공간 속에 펼쳐질 요리를 상상하니 음식 맛이 더 풍성해지는 느낌이다. 공간과 사람, 음식을 연결하는 '셰프 경영인' 송훈. 그는 '요리하는 사람'을 넘어서 '요리를 위한 사람'이 되고 싶다고 말한다. 공간과 사람을 연결하고 그만의 음식을 연결하는 그는 어떤 발자취를 걸어오며 그만의 빛깔을 만들었을까?

스타 셰프, 셰프 경영인, 요리 멘토가 되다

그는 대학에서 경영학을 전공했다. 하지만 요리에 대한 미련과 꿈을 버리지 못해 미국으로 건너가 요리학교를 다녔고, 집안의 반대를 무릅쓰고 셰프가 된다. 미국의 유명 레스토랑에서 10여 년간 일했으며,

특히 뉴욕 외식업계의 대부 '대니 메이어'와 인연을 맺으면서 외식경영의 구체적인 혜안을 갖는다. 셰프로서 미국에서 닦은 실력과 자기만의 경영철학을 가슴에 품고 한국에 돌아온 그는 편안한 펍(Pub) 느낌의 아메리칸 모던 레스토랑 '에스테번(ESTEBAN-S TAVERN)'을 운영한다.

바야흐로 스타 셰프들이 방송계의 요리프로그램을 장악하는 요즘, 올리브TV의 '마스터셰프 코리아' 프로그램의 심사위원으로 출연하여 셰프를 꿈꾸는 일반인들의 요리멘토가 된다. 한 사람의 영혼까지 구원한다는 한 접시의 요리는 어떻게 탄생할까? 그는 카리스마 넘치는 요리 스킬에 대한 날카로운 조언과 더불어 모두를 품고 가는 맏형 같은 리더십을 보여주며 출연자의 꿈을 열어준다.

그는 현재 사람들의 관심과 사랑을 한 몸에 받는 한국의 스타셰프이자 외식경영인, 요리멘토다. 셰프 송훈. 그는 늘 최고를 꿈꾸며 자신이 하고자 하는 일을 뚜렷이 발견하고 과감한 승부수를 던져왔다. 그의 이러한 근성은 깊이 있는 자기성찰과 더불어 거대한 산과 같은 '아버지'를 극복하는 과정에서 키워지고 만들어졌다.

아버지와 나, 탐색과 발견

"아버지는 프로야구선수였습니다. 1982년 프로야구가 처음 생겼을 때, 아버지는 MBC 청룡(현재, LG 트윈스) 소속의 야구선수였습니다. 어릴 적 제 꿈은 과학자였지만, 저 역시 아버지를 닮아서 운동을 잘했습니다. 그래서 '나도 야구선수를 해 볼까?' 하는 생각을 가졌는데 불행인지 다행인지 야구공에 눈을 맞는 일이 생겼습니다. 아버지가 공을 던졌고 제가 풀배팅을 했는데 그만 그 공이 정통으로 눈에 맞았던 것입니다. 한 번이었으면 제가 야구를 했을지도 모릅니다. 공을 맞는 불행은 연속으로 또 찾아왔습니다. 중학교 때였습니다. 야구장에 시합 구경을 갔는데 타자가 친 파울 공이 그물망을 타고 내려와 또 눈에 딱 맞았습니다. 야구공 두 번을 연속으로 눈에 맞아보세요. 야구공이 정말 두려워집니다.

그리고 스포츠 스타라는 게 참 쉽지 않습니다. 제가 본 아버지의 모습은 늘 화려했지만 동시에 많은 질타를 받는 사람이었습니다. 많은 팬들이 아버지를 알아보며 멋지다고 말하지만, 만일 시합에서 병살타라도 치게 되면 엄청난 비난과 질타를 퍼부었습니다. 어린 제 눈에 비친 관중들은 이중적인 모습의 존재였고, 늘 두려운 존재였습니다. 승부에 따라 최고와 최저의 나락을 오르락 내리락 하는 프로야구 선수의 인기를 지켜보면서, 아버지의 아들로서 저 역시 상처를 받았습니다. 이런 깨달음을 얻었지요. '일이라는 게 자기 만족대로 흘러가지 못하는구나….' 저는 아버지보다 유명한 사람이 되고 싶었지만 야구선수는 제 길이 아니었습니다."

"아버지는 요리를 잘하십니다. 요리사는 아니지만 집에서 요리를 많이 해주셨습니다. 음식도 푸짐히 차리시는 분입니다. 식탁 위에 만들어 놓은 음식을 모두 다 내놓았죠. 김치도 종류별로 다 꺼내어 놓고 식사를 했습니다. 채소를 좋아하는 어머니와 달리 육류를 좋아하셨죠. 저는 두 분 사이에서 육류, 채소 구분 없이 골고루 먹었습니다. 무엇이든 다 잘 먹어서 어머니는 저를 '돼지'라고 불렀습니다. 사실 청소년 시절에 몸무게가 90kg까지 나갔거든요. 저 역시 아버지를 닮아 요리에 흥미가 많고 먹는 것을 좋아했습니다."

"아버지는 프로야구를 그만 두시고 야구 해설가, 코치, 야구 관련 무역업 등 여러 일에 손을 대셨습니다. 실패도 있었습니다. 제가 중학교 때, 아버지가 친구분과 동업을 했는데 그분의 배신 때문에 모아둔 자산도 크게 잃고 믿음도 잃고 친구도 잃게 되었습니다. 아버지는 늘 저에게 '법 안에서 살아라, 죄를 짓지 마라, 남에게 피해를 주거나 기만하지 마라'고 가르쳤습니다. 정말 하늘과 땅 차이였습니다. 야구선수로서 화려했던 모습과 이후 실패를 거듭하던 아버지의 모습이 말입니다. 아버지를 존경했기에 아버지의 두 가지 상반된 모습은 무척이나 아프게 다가왔습니다. 이런 경험은 청소년 시절, 삶과 방향을 더욱 깊게 고민하고 성찰하는 계기가 되었습니다.

고등학생이 되었을 때 '내가 가지고 있는 능력, 나의 DNA는 뭘까? 어떤 세포를 활용하면 최고로 잘할 수 있을까'를 생각했습니다. 자연히 요리에 관심이 갔습니다. TV나 인터넷 정보를 통해 파악을 하니, 앞으로 셰프라는 직종이 유망해질 전망이었습니다. 누구에게나 맛있는 요리를 내놓으면 행복해합니다. 엄청나게 형편없는 요리가 아닌 이상, 셰프가 내놓는 한 그릇의 음식은 언제나 칭송을 받고 식사를 마친 손님은 흡족스런 표정을 지으며 인사하고 돌아갑니다. 저는 가족들에게 '셰프를 하고 싶다'고 말했습니다. 하지만 가족들의 반응은 냉담했습니다."

"저는 장남으로 태어나 집안에서 너무나 많은 관심과 기대를 받으며 자랐습니다. 대한민국 여느 집안과 마찬가지로 부모님은 제가 의사, 검사, 변호사 등 '사'자 들어가는 직업을 갖기를 바라셨습니다. 하지만 저는 경영학과에 입학하여 MBA을 하고 '최고경영자' 자리에 오르는 길을 탐색했습니다. 국내의 유수한 대학에 들어갔습니다. 경영학과 역시 경쟁률이 치열했지만 저는 열심히 공부하여 이 길을 가면 아버지를 뛰어넘는 아들이 될 수 있다고 생각했습니다. 그러던 어느 날이었습니다. 경영학부에서 교수님, 선배와 이야기를 나누었습니다. 최고경영자가 되는 길 역시 낙타가 바늘구멍 들어가는 경쟁이 될 것 같아 보였습니다. 제가 대학 시절, 이미 미국에서 MBA를 받고 돌아온 경영학도가 많았고, 그분들이 여러 회사의 최고경영자에 올랐으며 그 길도 경쟁이 치열한 포화상태였습니다. 저는 생각했습니다. '내가 대학 졸업하고 MBA를 받고 오면 뭘 하고 있을까?' 미래가 눈에 보였습니다. 어느 회사의 과장이나 부장으로 일을 하다가 정년퇴직으로 마무리되는 인생을 살 것 같았습니다. 그건 아니라는 생각이 들었습니다. 대학 시절, 그래서 저는 더욱 나는 어떤 사람이고 내가 가지고 있는 DNA가 뭘까에 관심 가졌습니다."

"대학 학부 중간에 군대를 가게 되었습니다. 행정병이었죠. 그런데 병장 말년에 재미난 사건이 발생합니다. 부대 취사병 2명이 금품 횡령으로 영창을 가게 되어 갑자기 부대에 취사를 담당할 병사가 없어진 겁니다. 누가 식사를 준비해야 하나 주위를 둘러보니 부대에서 노는 사람은 말년 병장인 저밖에 없었습니다. 지시가 내려왔습니다. 50인분의 요리를 해야 할 상황이 발생했습니다. 저는 요리에 관심이 있었지만 50인분의 요리를 해본 적은 없었습니다. 하지만 만들어내야 했고, 결국 볶음밥을 만들기로 했습니다.

그런데 여기서 놀라운 일이 벌어집니다. 상사부터 후임까지 너무나 맛있다고 칭찬을 쏟아냅니다. 그때가 제 인생 일대의 전성기입니다. 잊을 수가 없습니다. 그래서 군대에서 또 다시 결심하게 됩니다. '나는 요리를 해야겠어.' 사실 그 볶음밥에는 조미료가 많이 들어갔습니다. (웃음) 군대를 제대하고 다시 대학생으로 돌아왔으나 저는 학교를 그만 두고 미국 요리학교 CIA행을 결심합니다."

끊임없이 도전, 자기만의 공간에서 음식 경영 스토리를 만들어가다

셰프 송훈은 소근육과 대근육을 자유자재로 활용하는 신체활동지능이 뛰어나다. 야구선수인 아버지는 그에게 강인한 체력을 주었고, 강인한 체력은 무거운 주방 도구를 다루고 대량의 식재료를 분할하고 손질하며 하루 종일 주방을 지켜야 하는 셰프에게는 더없이 좋은 요건이다. 대근육 활동은 야구같이 큰 동작을 하는 운동에 사용하지만, 상황에 따라 수백인 분의 요리를 해내야 하는 셰프 역시 대근육을 많이 사용한다. 식재료가 다듬어지고 섬세한 요리에 들어갈 때는 손끝하나하나 조심스럽게 움직이는 소근육 스킬이 필요하다. 그는 자신에게 가장 적합한 DNA를 요리에 접목시켰다. 또한 그는 요리를 끊임없이 소통하고 만나는 관계 중심의 리더십으로 풀어낸다.

"20대 시절 제 별명은 '훈맥'이었습니다. 사람들을 넓게 많이 안다고 해서 친구들이 그렇게 불렀습니다. 늘 저를 중심으로 친구들이 모였습니다. 저는 맏형처럼 사람들을 챙기며 무리를 이루는 것을 좋아합니다. 단지 한 그릇의 요리만 만들어 내는 장인으로서의 셰프를 넘어서서 직원과 소통하고 대중에 파고드는 식당, 사람들을 감동시키는 스토리가 있는 외식을 고민합니다."

그는 최고를 지향하는 동시에 현실적이다. 대중에 어필하기 위해 자기만의 멋진 모습을 드러내는데도 능숙하다. 근성과 승부욕이 강한 최상주의자. 카리스마가 있는 스타 셰프. 그래서 사람들은 그의 요리와 함께 그를 만나고 싶어하며 그의 식당을 찾는다.

송훈이 생각하는 음식의 가치

"저에게 음식의 가치란 '손님과 셰프를 만나게 할 수 있는 공간을 만들어주는 것'이라고 생각합니다. 이 공간이 없으면 아무도 만날 수 없습니다. 집에서만 요리하게 될 것입니다. 사람과 음식을 연결해 주는 공간을 저만의 색채로 경영해내는 것, 이것이 제가 생각하는 음식의 가치입니다."

작년 말, 송훈 셰프는 개인적인 이유로 짧은 휴식에 들어갔다. 그는 잠시 주방을 떠나, 사랑하는 아이들과 함께 경기도 남양주 호평동 강변의 한 음식점에 나타나기도 하고, 홍대 인근 연남동에 위치한 자그마한 순댓집에 나타나기도 했다. 미국 CIA 요리학교 동기인 임정식 셰프가 야심차게 하는 곰탕 팝업을 찾기도 하고, 셰프의 꿈을 키우는 요리 관련 고등학교에 나타나서 심사위원으로서 기꺼이 재능기부를 했다. 새로 생겼거나 궁금증을 자극하는 국수집, 고깃집, 국밥집, 한정식집 등 전국을 돌면서 사람을 만나고 음식을 만났다. 그리고 올해 초, 에스테번을 이태원으로 옮겨 '더훈The Hoon'이란 이름으로 재오픈했다. 여전히 도전할 꿈이 남아있고 끝없는 승부수를 던지는 셰프 송훈. 셰프로서 그가 걸어왔던 지난한 여정과 그만의 식당 경영 이야기가 어떻게 진행될지 애정어린 눈빛으로 계속 지켜보자.

THE VALUE OF FOOD

02
외식산업에서 한식 메뉴, 브랜드 개발 전략

한식 요리연구가
박종숙 원장

문화체육관광부는 2006년부터 2년에 한 번씩 '한스타일 박람회'를 개최하고 있습니다. 한국의 정서와 감성, 경향을 잘 표현한 한식, 한복, 한국 음악, 한옥, 한지 등의 전통문화를 브랜드화하기 위한 행사입니다. 2010년 행사가 열렸을 때 저는 '한식분과' 기획을 맡았습니다. 이때 한식분과에서는 구체적으로 떡을 보여주고자 했습니다. 떡이 우리 음식에서 차지하는 가치를 표현하고 싶었습니다. 그때 박람회에 선보인 것이 '떡으로 만든 꽃'입니다. 절편에 색을 입혀 만드는 것으로, 잘 만들면 최장 8년까지 보존이 가능합니다. 제가 왜 이걸 여러분들에게 말할까요? 우리의 전통식탁에는 꽃이 없습니다. 우리나라는 생명 존중 사상이 강하여 식탁 위에 생화를 잘라 꽂지 않았다고 합니다. 또한 진한 꽃향기가 후각에 영향을 주어서 음식의 맛과 향을 방해하기 때문에 꽃을 놓지 않는다고 합니다.

　그 대신 우리 선조들은 각종 행사가 있을 때 떡이나 종이, 비단으로 만든 꽃으로 식탁을 장식했습니다. 특히 '떡으로 만든 꽃'은 즐겁

〈떡으로 만든 꽃〉

고 기쁜 행사에 주로 쓰였습니다. 우리만의 배려의 마음과 축하가 담긴 '떡으로 만든 꽃'을 여러분께 소개하면서 우리의 미각과 외식업계의 한식 이야기를 시작하고 싶습니다.

옛날 어른들이 정리한 내용을 보면, 민족의 유전질 중에 가장 오래 잔존하는 것이 '미각'이라고 합니다. 제 생각에도 한복이나 한옥과 같은 옷과 집은 모두 서양의 것으로 대체되어도 별문제 없이 견딜 수 있지만, 우리 음식을 찾는 미각은 강력한 우성이기 때문에 절대 사라지지 않을 거라고 추측합니다. 그런 의미에서 '한식 요리연구가'인 제 직업은 아마도 영원하지 않을까 생각해 봅니다.

뜨거운 한식 열풍
한식과 뷔페의 트렌디한 결합

●

㈜신세계푸드의 조사에 따르면 2000년 초반부터 빕스, 애슐리 같은 스테이크, 피자, 파스타 등 서양식을 취급하는 샐러드바 레스토랑이 점점 매출 규모가 상승하면서 전체 외식 시장을 주도하기 시작했습니다. 그러다가 2013년, CJ푸드빌㈜이 한식 브랜드 '계절밥상'을 내놓으면서 '우리 음식을 찾는 미각'에 새 바람이 불기 시작했습니다. 우리 시장에서 한식은 외식업계의 변함없는 주요 테마입니다. 그런 만큼 대중성이 확보돼 있어 경기를 덜 탄다는 장점이 있습니다. 하지만 기존의 한식뷔페는 시스템과 운영 노하우를 제대로 갖추지 못한 영세한 업소들이 주류를 이루었습니다.

CJ푸드빌㈜이 전문적인 운영 시스템을 갖추고 젊고 트렌디한 한식뷔페 콘셉트를 내세우며 성공을 거두자, 다른 대기업의 잇따른 한식뷔페 론칭이 시작되었습니다. '계절밥상'을 필두로 해서, 이랜드 그룹 외식사업부의 '자연별곡', ㈜신세계푸드의 '올반', ㈜놀부NBG의 '화려한 식탁 N테이블' 등 외식기업이 주도하는 한식의 열풍이 불기 시작했습니다.

'㈜신세계푸드'와의 만남 – 신세계다움은 뭘까?

한식뷔페의 핵심 키워드는 '건강하게 먹기 Well-being food', '합리적인 가격 Reasonable Price', '진정한 맛 Authentic Taste'이라고 합니다. 나는 ㈜신세계푸드의 메뉴 컨설팅을 하면서 신세계만의 차별화된 가치를 바탕으로 신세계다운 음식의 정체성을 찾아내고 남녀노소 누구나 만족하며 즐길 수 있는 뷔페 메뉴를 개발하고 싶었습니다. 그래서 우선 신세계다움이 뭘까를 고민하기 시작했습니다. 그 시작으로 신세계푸드의 홈페이지에 가서 신세계의 핵심가치를 찾아보았습니다.

고객 – 존재가치

임직원 – 보람과 행복

혁신

성과 – 지속적인 성장

소통 – 협력

브랜드 – 차별성

상생 – 지역사회, 협력사

고객은 존재의 가치를 느끼고 임직원은 보람과 행복을 느끼며 혁신으로 지속적인 성장을 하며 협력하여 소통하며 차별화된 브랜드를 만들고 지역사회, 협력사와 상생할 수 있는 기업이 되는 것. 이 모든 것이 잘 이루어진다면 이보다 좋은 회사는 없을 것이고, 이런 가치를 가진 회사와 파트너가 되어 함께 팀워크를 이루며 일하는 것은 보람과 더불어 저에게 엄청난 커리어가 될 것이라는 생각을 했습니다. 그래서 저는 신세계의 핵심가치를 중심으로 '신세계다운 음식'을 고민했습니다. 그리고 컨설턴트로서 신세계푸드의 직원들을 만나고 이 기업의 분위기를 파악했습니다. 제가 본 신세계푸드는 고객과 파트너를 존중하고 전체적인 시스템이 도덕적으로 돌아가며 기업 분위기는 약간 보수적이었습니다.

그간 제가 함께 일했던 기업들을 보면, ㈜동원은 참치잡이로 시작한 회사입니다. 원양어선을 타고 바다를 누비는 회사라 그런지 선이 굵고 다소 터프한 느낌이 듭니다. 그런 느낌에는 주 재료를 가지고 장난을 치는 일은 절대 안 할 것 같은 신뢰가 깔려 있습니다. ㈜샘표는 국민 건강을 직접적으로 관리하는 회사라는 느낌이 있습니다. 돌다리 두드리듯 두드리고 또 두드리는 깐깐함이 있습니다. 그래서 다소 늦은 결정이 갑갑하기도 했습니다. 그러나 주재료나 제조법에 대해서는 신뢰가 가는 회사입니다.

㈜신세계푸드는 외부에서 볼 때보다는 보수적인 느낌이 강했습니다. 다소 보수적이기에 원칙을 지킨다는 확신을 주는 회사입니다. 그래서 신세계푸드와 올반을 디자인하면서 이렇게 말했습니다. "한식의 전통을 지키면서 음식을 실리적으로 어떻게 해석할 것인가를 함께 고민하겠습니다." 그랬더니 신세계푸드는 "한식부페 시장에서 외형 경쟁은 지양하고 프리미어급 한식을 선도하여 차별화하고자 한다"는 대답이 돌아왔습니다. 그리고 그 브랜드 가치를 활용한 가정대체식(HMR: Home Meal Replacement) 시장을 더 크게 확보할 예정이라고 했습니다. 제가 신세계푸드 한식뷔페의 메뉴개발 프로젝트에 합류했을 때, 이미 결정해 놓은 몇 가지 사항이 있었습니다.

생동감 있는 현장조리 – 대표 식재료를 고민하다

그 중 하나는 현장에서 두부를 즉석 조리한다는 원칙이었습니다. 그로 인해 소비자의 신뢰도가 높아진다는 조사 결과가 나왔다고 했습니다. 그 순간 저는 신세계 한식뷔페의 대표 식재료를 '콩'으로 하자고 제안했습니다. 콩은 굉장히 이로운 작물입니다. 콩은 심으면 심을수록 땅의 힘이 길러집니다. 콩은 한반도가 원산지입니다. 우리 음식의

〈재료를 고르는 정성스러운 손끝〉

근간이 될 수 있는 전통장도 바로 콩에서 나옵니다.

위의 사진은 제가 전통장을 공부하면서 만나 뵌, 강원도 강릉 서지마을의 창녕 조씨 명숙공댁 전 종부님의 손입니다. 종부님은 거의 100세까지 사시다가 몇 년 전에 돌아가셨습니다. 정말 친할머니 같은 좋은 분이셨습니다. 누구에게도 하대하지 않으시고 말씀하는 목소리의 톤이 담장을 넘어가지 않는 아주 점잖고 따뜻한 분이셨습니다. 종부님의 콩 다듬는 손길을 보고 있으면 우리 식재료와 전통장에 대한 애착이 느껴집니다. 이런 느낌 그대로 전통장 특히, 간장을 만드는 주요 식재료인 우리 콩이 신세계푸드의 품격 있는 한식의 출발점이 되었습니다.

이름을 어떻게 지을 것인가?

올바르게 만들어 반듯하게 차린다

●

'올반'의 이름은 어떻게 지어졌을까요? 신세계푸드는 새로운 브랜드를 만들면서 어떤 이름이 좋을지 고민이 많았습니다. 그래서 우선 전문 회사에 의뢰해서 회사 전체를 대상으로 다양한 조사와 인터뷰를 진행했습니다. 대표부터 직원 그리고 컨설턴트인 저를 포함한 모두가 조사와 인터뷰에 응하며 이름 짓기에 참여했습니다. 여러가지 이름이 거론되었지만 최종적으로 '올바르게 만들어서 반듯하게 제대로 내놓자'는 뜻의 '올반'이라는 이름이 정해졌습니다.

　제가 늘 신세계푸드와 미팅할 때 내세운 것이 있습니다. "제대로만 하면 돼요. 제대로 만들어서 내 놓으면 안 될 것 없어요." 올바르게 만들어서 반듯하게 내놓자는 말이었습니다. 전문 네이밍 업체는 그 점을 놓치지 않고 콕 집어서 가장 어울리는 이름, '올반'을 만들었습니다. 역시 모든 일에는 전문가의 전문성이 필요하다는 것을 올반이라는 이름을 보면서 다시 느꼈습니다. 올반 마크는 둥근 상 같기도 하고, 항아리 같기도 한 바탕에 이름을 넣은 모양입니다. 건드려도 흔들림 없고 안정되고 편안한 느낌이 담겨있습니다.

매장을 꾸미다 - 고객을 배려하는 '올반' 인테리어

매장의 분위기를 만들어줄 올반의 인테리어는 '전통을 세우고 현대를 입힌다'는 콘셉트로 꾸며졌습니다. 오픈 주방을 하여 고객에게 주방과 조리과정을 보여줌으로써 위생과 청결에 자신감 있음을 강조했습니다. 올반 인테리어 설계자와의 회의에서 매장 안에 고객이

〈요리하는 것을 보여주는 오픈 주방〉

〈손을 씻는 물확(어른용과 어린이용이 나누어져 있다)〉

손을 닦을 수 있는 구조가 필요하다는 제안이 나왔고, 그렇게 '물확'
이 만들어졌습니다. 제가 개인 스튜디오를 만들면서 빼놓지 않는 것

이 손을 씻는 수도 라인입니다. 이런 의견이 모아져서 인테리어 팀은 매장 중앙에 물확을 만들어 위생에 필요한 손씻기의 편리함을 풀어내었습니다. 2015년 메르스 바이러스가 전국을 강타하면서 위생 문제가 중요해진 상황이라, 매장 내에 놓여진 물확은 고객으로부터 가장 긍정적인 반응을 얻었습니다.

올반 매장 현황

올반은 2015년 10월 여의도 1호점을 시작으로, 전국으로 매장을 확대하여 2016년 3월 부산 센텀시티 14호점, 같은 해 6월 김해 15호점이 문을 열었습니다. 매장은 일반 로드샵 매장과 쇼핑몰인 이마트에 들어간 매장으로 나뉘는데, 마트 매장과 로드샵 매장을 찾는 고객의 요구와 만족도에 따라 차별화를 시도하며 메뉴와 가격을 융통성 있게 운영하고 있습니다. 현재, 서울 강남 센트럴시티점과 부산 센텀시티점은 몇 시간씩 고객 대기가 밀릴 정도로 성황을 이루며 손익분기점을 넘겼다고 합니다. 하지만 메뉴를 디자인하는 개발자 입장에서는 손님이 많이 밀려오는 것이 마냥 좋을 수만은 없습니다. 음식의 품질관리와 위생에 문제가 생길 수 있기 때문입니다. 아마 신세계푸드는이런 문제를 소홀히 하지 않고 앞으로도 잘 풀어나갈 겁니다.

4대 핵심 식재료 - 콩(豆), 쌀(米), 장(醬), 채(菜)와 즉석요리

올반은 4대 핵심 식재료를 내세우며 오픈 주방에서 즉석요리를 해내는 시스템을 갖추었습니다. 올반의 '방앗간'에서는 콩을 가지고 즉석두부를 만들기도 하고 쌀을 즉석 도정하기도 합니다.

　　두부를 만드는 콩은 여러 지역 콩을 사용합니다. 초반에는 경기도 파주시의 주요 특산물인 장단콩을 썼습니다. 장단콩은 파주시와 연천군 일대에서 품종 통일과 품질관리를 통해 만들어 낸 명품 브랜드 콩입니다. 장단은 '장단백목'이라는 종자 이름입니다. 콩의 색깔이 노랗고 껍질이 얇은데 장단백목은 1913년에 수집된 한반도 최초의 재래종 콩 보급품종입니다. 사실 장단콩은 한국전쟁 후 잠시 사라진 역사가 있습니다. 재배 지역 대부분이 민간인이 들어갈 수 없는 통제 구역에 포함되었기 때문입니다. 이후 1973년에 장단 일대 민통선 마을이 조성되면서 민간인이 들어가 농사를 지었고, 다시 장단콩 재배가 시작되었습니다. 그 후 1990년대에 들어서 지역 경제 활성화 정책에 힘입어 파주시가 장단콩 브랜드를 육성했습니다. 민통선 내 경작지는 황토색을 띠고 대부분 모래가 조금 섞인 참흙이라 물 빠짐이 좋아 콩 농사에 유리합니다. 신세계푸드는 하나의 식재료를 사용할 때

〈올반 방앗간〉

도 그것에 담겨져 있는 스토리와 의미로움을 함께 담아내려고 노력합니다.

그리고 한식의 기본이 되는 밥을 짓기 위해 방앗간에서 즉석 도정한 쌀을 쓰기 때문에 밥맛이 좋습니다. 철원 오대쌀을 쓰다가 김제쌀을 쓰기도 하고 여러 조건을 고려하여 가장 적합한 쌀을 선택합니다.

고객이 눈으로 직접 확인할 수 있도록 방앗간에서 즉석 도정을 해서 밥을 하고, 즉석 두부를 만드는 것처럼 매장에 화덕을 설치하여 '화덕구이 돼지 삼겹'을 내놓습니다. 이 메뉴가 올반에서 가장 인기가 있습니다. 오픈주방을 하고 직접 도정을 하고 화덕을 갖추어 즉석 구이를 하는 것은 고객에게 신뢰감을 주는 서비스이지만 매장에서 음식을 만들고 관리하는 직원들 입장에서는 요리할 때, 더욱 심혈을 기울여야 하기 때문에 여러 가지 어려움이 따릅니다.

〈화덕구이〉

작은 것 하나까지 챙기는 정성과 배려 – 메뉴 관리와 맛 아이디어

저는 메뉴 컨설턴트로서 한 달에 한 번 정도 올반 매장에 손님 입장이 되어 가봅니다. 대량 음식을 제공하는 단체급식이나 레스토랑은 메뉴 얼대로 품질 관리가 되는지, 위생과 청결에는 문제가 없는지 꼼꼼한 확인이 필요합니다. 또한 음식과 요리의 아주 사소한 부분을 챙기는 작은 아이디어가 맛의 차이를 만듭니다.

사람들은 올반의 장아찌가 맛있다고 합니다. 특별할 것 없어 보이지만 장아찌 하나가 주는 맛의 차이가 다른 음식 메뉴까지도 맛있게 만듭니다. 그중에서도 '총각무 장아찌'가 인기가 많습니다. 총각무 장아찌는 저의 단체급식 노하우에서 나왔습니다. 제가 아주대학교 단체 급식을 했을 때의 일입니다. 총각무 80단을 다듬다가 그날 다 다듬지 못하여 많이 남게 되었습니다. 다음날, 잎이 시든 총각무가 아까워서 무만 잘라 장아찌를 담갔습니다. 이것을 먹어본 고객들은 '손질을 잘해서 씹히는 질감이 질기기 않아서 맛있다', '짜지 않고 맛있다'라고 말합니다. 사실 올반의 장아찌는 제가 아니라 신세계푸드 R&D의 작품입니다.

음식을 만들 때는 먹는 사람에 대한 배려가 우선입니다. 먹는 이가 불편함이 없는지 살펴야 합니다. 저에게 있어서는 이 점이 우선이고, 그 다음이 건강과 직결된 식품 트렌드

〈총각무 장아찌〉

를 잘 파악하며 따라가는 것입니다. 맛은 물론이지만 먹는 이의 편리함이 우선이고, 그 다음이 건강과 직결된 식품 트렌드 파악입니다. 그래서 신세계쪽 메뉴 개발자에게 조언을 했습니다. "염도를 줄이면 당도도 줄어듭니다. 그렇게 자극적이지 않은 맛으로도 충분히 음식의 완성도를 높이는 일이 가능합니다. 그리고 총각무 장아찌를 담글 때는 필히 껍질을 벗겨주세요. 그래야 질기지 않고 아삭한 총각무의 식감을 즐길 수 있습니다." 작은 차이가 맛을 감동적으로 만들기 때문에 조금만 신경 쓰면 고객이 바로 알아봅니다.

무심히 그냥 버릴 수 있는 식재료를 활용한 또 하나의 아이디어가 있습니다. 바로 '미강 타락죽'입니다. 미강 타락죽은 올반을 방문하는 어르신들과 꼬마 손님들에게 인기 있는 메뉴입니다. 올반 방앗간에서 쌀을 도정하면 '미강'이 나옵니다. 건강한 식재료인 미강을 그냥 버리기는 아깝고 어떻게 활용할까 고민하다가 궁중음식 배울 때 접했

〈미강 타락죽〉

던 타락죽에 볶은 미강을 넣었습니다. 우유로 만드는 타락죽에 미강을 넣으니 약간 단맛이 돌며 맛이 풍성해졌습니다. 식이섬유가 풍부해져서 건강한 메뉴인 것은 물론이고요. 이렇게 저의 오랜 요리 노하우가 올반의 메뉴에 녹아나서 신세계푸드 한식브랜드의 품격이 높아진다면 참으로 기쁜 일입니다.

담다
올반, 지방자치단체와 식자재와 문화를 담다

•

올반을 꾸미면서 '전체를 어떻게 할 것인가'에 대한 고민을 늘 중요하게 생각합니다. 그래서 〈담다〉, 〈만들다〉, 〈차리다〉라는 슬로건을 만들었습니다. 지자체와 연계하여 좋은 식재료를 담아내고 배려와 청결, 인문학적 스토리텔링이 들어간 음식을 정확히 계량화하여 맛의 표준화를 준비했습니다. 이렇게 제대로 밥상을 만들고 우리 종가의 전통과 식문화를 찾아 방문하고 공부해서 격이 있게 차려내고자 했습니다.

식재료는 일부 품목의 경우 지자체의 생산자와 직접 연결합니다. 친환경 지역 특산물로 유명한 지방자치단체와 연계하여 지역 농가의 판로를 확대하고 소득 증대에 기여하는 다양한 방식을 함께 고민합니다. 좋은 먹거리의 지속적인 발굴에 기여하며 지방자치단체와 상생과 협력을 꾀합니다. 일단 지역에 내려가면 사람이 우선입니다. 지자체의 리더가 어떤 생각을 가지고 있고 담당자가 어떤 생각으로 업무를 처리하는가에 따라서 새로운 변화에 도전하기도 하고 그 지역을 살찌게 만들기도 합니다. 우리는 지자체와 더불어 그들의 고민과 우리의 고민이 무엇인지를 교류하면서 그 지역과 어떻게 상생하고 협력할 수 있을지를 고민했습니다. '건강한 밥상을 위해서 제대로 된 식재료와 더불어 그 지역의 문화를 밥상에 얹자'는 지향점에 같이 의견을 모았습니다. 그리고 생산자와 소비자가 구체적으로 공유할 수 있는 것들은 무엇이 있는지를 지역 생산물을 살펴보며 찾았습니다.

'철원, 양평, 홍천, 청송, 포천, 서산, 담양, 무안…' 저희와 교감한 지역입니다. 이곳들은 올반과 상생을 위한 MOU가 완료된 지역입니다. 이외에도 제주, 강릉, 제천, 옥천, 남양주, 완도, 고흥…. 건강한 먹거리를 담기 위해 전국을 다니며 지자체를 만났습니다.

〈서산 MOU 체결〉

지자체와 만남에는 늘 에피소드가 따릅니다. 특히 철원 농업기술센터의 이상화 팀장은 대단했습니다. 철원 지역 제품 개발과 마케팅을 위해 잠도 안 자고 저를 들볶았습니다. 이상화 팀장과 저는 철원에서 빅히트 상품 여러 가지를 찾았습니다. 강원도 철원 '오대쌀'과 '감자 옹심이'와 '연잎밥'이 좋은 예입니다. 이상화 팀장은 어떤 일에서든 함께 끝까지 가고 싶은 지역의 파트너입니다.

저의 감자 옹심이에 대한 관심은 이미 10여 년 전으로 거슬러 올라갑니다. 2007년, 전라도 징광에서 국제교류재단과 식생활문화학회가 개최한 '한국 음식 국제학술 워크샵'이 있었습니다. 해외 7개국 음식 전문기자와 12명의 음식 전문가가 참여한 행사였습니다. 4일간 서울과 전라도 지역을 순회하며 우리 차, 옹기그릇, 우리 음식 등을 경험하며 함께 교류했습니다. 바로 그때 감자 옹심이를 만들었습니다. 기존의 감자 옹심이와는 조리법이 약간 다릅니다. 이탈리안의 뇨끼처럼 감자를 쪄서 우리 밀가루를 넣고 수제비를 뜬 메뉴입니다. 우리가 아는 감자 옹심이는 생감자를 갈아서 만듭니다. 이게 만들기가 까다롭습니다. 팥죽 새알심 풀리듯이 잘 풀리는 단점이 있죠. 하지만 강원도 철원은 전혀 풀리지 않는 '제대로 된 옹심이'를 만들어냈습니다. 이 옹심이를 신세계푸드가 수급하여 샐러드와 미역국에 활용했고 색다른 떡볶이를 만들었습니다.

가장 맛나는 제철 재료를 이용해 최상의 메뉴를 선보이겠다는 노력은 약간의 오지랖(?)이 되기도 합니다. 저는 철원군 농업기술센터와 11년 정도 인연을 맺어왔습니다. 철원의 농업기술센터 앞에는 논이 하나 있습니다. 농업기술센터에서는 그 논에 연밭을 만들어 아름답기가 그지없습니다. 바야흐로 연꽃의 계절인 여름이 왔습니다. 은

〈감자 옹심이〉

〈연잎밥〉

강원 감자옹심이와
땅콩호박 샐러드

쫀득한 **강원** 감자 새알심과
달달한 땅콩호박으로 만들었습니다
청송 사과에 상큼한 유자소스가 더해지니
맛과 영양이 더욱 좋습니다

연잎밥

철원군에서 직접 재배해
갓 따온 연잎 위에
오늘 도정해 더 맛있는
철원 오대쌀로 만든 찰밥입니다

철원 오대쌀은 오대벼 윤홍과 철원 산안화 일피
청료한 궁집에서 나온 전국 최고의 쌀입니다

은한 연향이 퍼져나고 푸른 연잎은 부는 바람에 하늘거립니다. '연잎
밥을 해야겠어! 저 연잎, 보기만 하기는 아깝고나!' 저는 여름에 관상
용으로 피었다가 늦가을이면 시들어서 사라질 연잎이 너무 안타까워
서 철원군에 제안했습니다. "저 연잎을 올반에 납품해 주세요." 보통
연잎을 생으로 납품받으면 받는 쪽에서 전처리가 복잡합니다. 보관을
위한 손질을 해야 해서 일이 커집니다. 저는 지자체도 좋고 올반도 좋
은, 가치 있는 납품 방법을 만들기 위해 머리를 썼습니다.

　새벽 4시, 철원으로 달려가 연잎 가공작업 교육에 나섭니다. 그
지역 생활개선회 부녀회원들과 긴 장화를 신고 함께 연밭에 들어갑니
다. 깨끗하게 잘 자란 연잎을 따서 씻고 큰 가마솥에 데칩니다. 크기
별로 분류하고 5장씩 잘 접어서 진공팩으로 포장하여 상품을 만듭니
다. 한 팩당 5장씩 가공 처리를 하여 부가가치를 높이는 것이죠. 저의

이러한 아이디어 덕분에 신세계도 전처리되어있는 연잎을 공급받고, 철원군 생활개선회도 연밭을 활용하여 1년에 2,500만 원의 수익을 올렸다고 합니다.

경북 청송의 경우에는 군수님의 열의가 대단했습니다. 군의 발전을 위해 도움이 될만하다 싶으면 밤 12시에도 서울의 거래처를 만나러 올라오실 정도로 적극적이신 분이었습니다. 청송에 무엇이 있는가는 중요하지 않았습니다. 그분의 순수한 열정에 우리 쪽에서는 "군수님 MOU부터 합시다"라고 말씀드렸습니다. 군수님의 적극성 덕분에 주왕산 아래 사과꽃 향 가득한 청송의 문화와 맛이 올반을 더욱 풍요롭게 했습니다. 청송사과가 올반에 보급되는 것을 계기로 올반뿐만 아니라 신세계푸드가 만드는 모든 주스의 베이스가 청송사과가 되기를 바라는 마음에서 진행한 일입니다.

충남 서산의 공무원도 아주 특별합니다. 송금례 팀장. 그렇게 극성맞은 팀장은 별로 못 봤습니다. 보통 식자재를 조사하러 지역에 내려가면 약 5~7군데의 업체를 돌아보면서 그 지역의 생산품을 살펴봅니다. 그런데 서산에 내려가면 무려 13군데를 보아야 했습니다. 그 중 한 업체에서 지체하기라도 하면, 송금례 팀장은 저에게 슬쩍 다가와서 말을 합니다. "5분 만에 나오세요." 보다 많은 서산, 서산에서 나는 식자재를 보여주고 싶은 마음 때문입니다. 그분 덕분에 꼼짝없이 빡빡한 스케줄 속에 서산의 거의 모든 업체를 방문했던 기억이 납니다.

이렇게 확보한 지역의 식자재를 가지고 올반이 음식을 만듭니다. 서산의 피마늘구이는 통마늘을 구워서 내는 메뉴입니다. 달큰해서 쌈장에 이겨서 먹으면 맛있습니다. 철원의 연잎을 이용한 연잎밥은 연근을 얇게 썰어서 그 사이로 밥이 보이게 합니다. 연잎 향과 연근의 맛과 멋이 어우러진 메뉴입니다. 1차로 밥을 찌고 보통은 소금간을 한 듯 안 한듯한데 올반은 조선간장으로 간을 합니다. 간장의 간은 연 잎밥의 깊은 맛을 단단하게 받쳐줍니다. 이외에도 신세계푸드 R&D 에서는 강원 감자 옹심이와 땅콩 호박 샐러드, 오미자 김치묵 샐러드, 서산마늘 여수 꼬막밥, 홍합 미역국 등의 메뉴에 건강한 식자재와 함께 지자체의 문화를 담아내었습니다.

만들다
제대로 된 밥상

•

제대로 된 밥상을 내세우면서 올반은 '한식 연구가 박종숙의 손맛으로 만들었다'는 말을 합니다. 저의 손맛은 무엇일까요? '한식의 손맛'은 매우 주관적인 기준입니다. 음식 사업에 꼭 필요하기도 하며 한식 사업화의 가장 큰 걸림돌이기도 합니다. 하지만 제가 생각하는 손맛은 모든 메뉴의 맛 계량화를 통한 조리의 표준화를 이뤄낸 '정확히 측정한 손의 맛'입니다. 주 식재료의 가식부 무게를 기준으로 하여 재료 사이의 비율을 정하고 이를 계량화하여 그 누가 만들어도 최상의 맛을 구현해 낼 수 있는 과학적인 레시피를 지향합니다. 저는 한국 음식의 전통성과 전문성을 고민하면서 비율에 의한 획일화가 아닌 계량화가 전통의 맛과 음식을 살리고 보존할 수 있다고 생각합니다. 저의 오랜 고민이었던 한식 계량화 작업이 품격 있는 한식브랜드 사업을 위한 올반의 취지와 만나 제대로 된 밥상을 만들었습니다. '제대로 된 밥상'은 배려와 청결, 음식에 대한 인문학적인 스토리텔링이 녹아 있는 건강한 밥상입니다.

제대로 된 밥상은 아주 간단합니다. 나물무침을 할 때 지나치기 쉬운 것이 길이입니다. 그 고민을 이렇게 풀어봅니다. 아예 나물을 다듬을 때 먹기 좋은 4~5cm로 자릅니다. 적당한 나물의 길이는 먹는 사람에 대한 배려가 담겨 있습니다. 해당 음식점이 아무리 맛있는 맛집이라도 가게가 어수선하고 지저분하면 그 식당은 제대로 된 식당이 아닙니다. 음식을 조리할 때 가장 중요한 것 중 하나가 정리와 청결입니다. 맛만 따지는 시대는 이미 지났습니다. 맛은 이런 기본적인 청결이나 정리에서 나온다고 생각합니다.

대개 청결은 인건비와 관계가 가장 밀접하다고 생각하기 쉽습니다. 그래서 간과하기 마련입니다. 지역의 맛집이나 향토음식점을 가는 경우가 종종 있습니다. 그럴 때면 미리 들어가면서 장 항아리를 열어보게 됩니다. 물론 결례인 경우도 있어서 늘 조심합니다. 그런데 종종 장 항아리 관리가 소홀한 경우를 만납니다. 그러면 그 집 밥상에는 앉기가 싫습니다. 청결의 문제입니다. 청결은 부지런해야 하고 부지런하기 위해서는 관리를 위한 인건비가 많이 들기도 합니다. 그러나 단순한 인건비 문제만은 아닌 것 같습니다. 생각의 차이입니다. 청결을 위한 매뉴얼을 어떻게 만드느냐 고민해야 합니다. 이제 외식업에서는 청결 문제를 해결하지 않으면 성공하기가 어렵습니다.

저는 수원시와 함께 수원시 옥상에서 6년째 전통장을 담그고 있습니다. 지자체들이 대부분 농업기술센터에서 운영하는 전통장 담그기 프로그램을 수원시는 위생정책과가 운영, 관리하고 있습니다. 현재 전통장의 문제는 무엇일까요? 짜냐 싱거우냐 하는 염도의 문제가 우선이 아닙니다. 위생과 청결도가 문제입니다. 보다 청결에 주의를 하다보면 메주를 만들고 장을 담그는 과정에서 좋은 메주를 만들 수 있고 된장의 염도도 줄일 수 있습니다. 염도가 줄면 당연히 음식 조리에서 단맛도 줄어듭니다. 음식을 위생적으로 조리하면 짜지 않아도 오래 보관할 수 있습니다. 무조건 안 짠 음식을 먹겠다는 게 아니고 흔히 '단짠'으로 회자되는 자극적인 맛을 줄여야 한다는 것입니다. 그것이 편안한 음식, '제대로 된 밥상'의 귀결점이라고 할 수 있겠습니다.

현장조리 원칙 – 밥, 소스, 나물

올반에는 현장조리의 원칙이 있습니다. 한식 식당에서 음식을 내놓을 때 현장조리의 원칙을 내세우면 무엇이 제일 손이 많이 가고 어려울까요? 가끔 남편이 친구들을 데리고 옵니다. 40평 남짓 크기의 요리 스튜디오는 저의 작업 공간이자 동시에 가족의 요구에 응하는 주방입니다. "여보, 누구누구 형님을 모시고 와야 하는데…. 맛나게 한 상 차려줘요"라고 하면 "네"라고 대답하는 동시에 저도 일반 가정주부처럼 메뉴 고민을 합니다. "그런데 뭘 할까요…?" 하고 물으면 남편은 메뉴를 줄줄 아주 쉽게 말합니다. "뭐 많이 차릴 것 있어요? 갈비찜 좀 하고, 전 부치고, 당신 잘하는 나물 몇 가지 무치고, 된장찌개 끓여서 밥 한 그릇 먹으면 되지요."

남편이 입으로 요리를 다하고 뿌듯한 표정으로 소박한(?) 한상 차림을 상상하며 나를 바라봅니다. 여기서 뭐가 제일 어려울까요? 갈비찜? 전? 아닙니다. 아무리 잘 만들어도 티가 안 나는 나물이 제일 어렵습니다. 제대로 나물을 무치려면 손이 많이 갑니다. 평범한 반찬, 콩나물무침도 제대로 하려면 손질이 까다롭습니다. 우리 밥상에서 나물은 늘 올라가는 '당연한' 반찬이지만 차리는 입장에서는 제일 어렵습니다. 그래서 요즘은 삶이 바빠지고 우리 음식 문화가 서양화되면서 건강한 우리 고유 식문화의 근간인 나물 반찬이 점점 사라지고 있습니다. 무척 아쉽습니다. 그래서 누군가를 대접하는 한끼 밥상을 차릴 때면 손이 많이 가더라도 나물 반찬을 꼭 올려서 제대로 된 우리 밥상을 대접합니다. 저의 이런 마음은 올반의 상차림을 구성할 때도 제대로 반영하려 노력했습니다.

그런데 현장조리 원칙을 지키면서 나물이나 잡채 같은 요리를 대량으로 만들 때는 세심한 관리가 필요합니다. 올반 매장에서 잡채를 만들 때 당면 비중은 어떻게 해야 할까요? 이런 상황은 대량 요리, 현장조리를 어떻게 하면 더 잘 만들어 낼까 하는 고민 속에 반짝이는 아이디어를 짜내어야 극복되는 부분입니다. 전체 중 당면의 비율, 채소의 비율을 계량해서 정리하는 게 기본이죠. 되도록 잡채가 가지고 있는 채소 비율을 잘 정해서 건강한 음식을 완성합니다.

20여 년 전 제가 아주대학교 의과대학에서 '선인재'라는 교수식당을 운영했을 때의 일입니다. 당시 하루에 500~600명을 대상으로 단체급식을 했습니다. 대량으로 해야 하니까 3단 취반기로도 밥을 서너 번 합니다. 한 번에 40분 이상 걸리는데, 하고 또 해도 모자랍니다. 특히 취반기에 밥을 하면 위쪽은 맛나게 되지만 밑바닥은 떡처럼 됩니다. 저는 늘 제게 온 사람들에게 맛난 밥을 대접하고 싶습니다. 특히 이쁜 사람에게 한 그릇이라도 더 맛난 밥을 먹이고 싶은 게 인지상정입니다. 최상의 밥을 못 퍼주는 안타까운 이 문제를 어떻게 풀어 갈 것인지가 고민됐습니다. 고민은 의외로 쉽게 풀렸습니다. 3단 취반기를 하나 더 들여놓는 것이었습니다.

올반에서도 같은 고민을 했습니다. 그래서 신세계푸드에 한 가지

방안을 제안했습니다. 올반 매장에는 대량 조리에 필요한 3단 취반기나 대형 전기밥솥이 없습니다. 그 대신 10인용 전기압력밥솥 10개를 마련했습니다. 10개의 전기밥솥은 맛난 밥맛을 위한 기분 좋은 아이디어이고 멋진 시작이었습니다. 요즘은 이를 벤치마킹한 업체가 여럿 보입니다. 보람된 일이 아닐 수 없습니다.

단체급식 때 맛있는 콩나물무침에 대한 고민도 있었습니다. 데친 콩나물을 양념에 버무려 내놓으면 배식을 1/5도 안했는데 무쳐놓은 콩나물에서 물이 나와 흥건해집니다. 콩나물국인지 콩나물무침인지 알 수가 없을 정도입니다. 이런 경우도 참 속상합니다. 그래서 어떻게 해결했을까요? 우선 데친 콩나물을 그리드가 있는 통 10개에 나눠 담아 냉장고에 잠시 넣어 놓고, 양념을 만들어서 배식대 곁에 놓습니다. 그리고 배식 순서에 따라 데친 콩나물 한 통씩 꺼내서 소진될 때마다 후르르 무쳐냈습니다. 단체급식은 집밥보다 더 세심한 정성을 요합니다. 먹는 이를 배려하는 마음이 맛을 높이는 아이디어를 만듭니다. 현장조리의 가장 큰 원칙 역시 배려하는 마음이라고 생각합니다.

올반 오픈을 준비하면서 올반의 밥상을 위해 다른 곳에 없는 무언가를 늘 고민했습니다. 여느 한식뷔페인 계절밥상, 자연별곡 등에는 없는 것, 하지만 올반에만 있는 것은 무엇일까요? 그건 바로 '한식 전문가 박종숙'이었습니다. 그래서 올반과 함께 하는 저의 이미지를 만들기로 했습니다. 어린 시절, 오후 4~5시가 되면 가족을 기다리며 정성껏 저녁밥을 준비하셨던 어머니의 이미지를 담고 싶었습니다. 제 기억 속의 어머니는 늘 잔잔한 꽃무늬 저고리를 입고, 가족을 위한 따뜻한 밥상을 준비하셨습니다. 그래서 동대문 포목시장에 가서 꽃무늬 원단을 사고 저고리를 맞추고 이미지를 위해 체중도 감량을 했습

〈올반의 메뉴와 매장 모습〉

니다. (웃음) 올반과 함께 만들어 낸 이미지 덕분인지 한동안은 만나는 분마다 왜 한복을 안 입고 왔냐고 물어왔습니다. 사실 저는 한복을 매일 입지는 않습니다. 제가 만든 한식의 이미지가 그만큼 강한 것이죠.

차리다
격이 있는 종가의 전통과 문화로 차리다

●

격이 있는 우리의 밥상은 무엇일까요? 격이 있는 밥상을 이야기하는 것은 우리 밥상에 '격이 사라졌다'는 말과 통할 수 있습니다. 그러면 우리 밥상에서 무엇이 없어져서일까요? 문득 생각해 보니 밥주발에 뚜껑이 없어졌다는 사실을 깨달았습니다.

옛날에는 한옥집 구조 때문에 밥상을 한번 올리려면 부엌 문지방을 넘어 마당을 지나서 방까지 밥상을 들고 가야 했습니다. 가는 도중에 밥이 다 식게 됩니다. 먼지 등이 날아올 수도 있습니다. 그래서 밥주발의 뚜껑은 필수였습니다. 그런데 이제는 뚜껑이 사라졌습니다. 부엌이 주방이라는 이름으로 하나의 공간에 들어왔기 때문입니다. 이 밥주발 뚜껑이 사라지면서 아버지의 권위도 사라진 느낌입니다. 권위라는 것은 단순히 우리가 상상하는 그 이상의 것을 지니고 있습니다. 가정의 안온함과 따로 뗄 수 없는 질서라고 생각합니다.

저의 어린 시절 밥상의 기억은 이렇습니다. 밥상이 들어옵니다. 아버지께서 밥주발 뚜껑을 여십니다. 그러고는 거기에 맺혀 있는 물

〈상차림〉

을 모아서 마십니다. 그러면 제가 묻습니다. "그 물은 뭐예요? 무슨 맛이에요?" 그러면 아버지가 말씀하십니다. "…약이다." 맞습니다. 그야말로 약입니다. 시장기가 있을 때 밥상에 가족이 둘러앉으면 허겁지겁 음식에 달려들게 됩니다. 그래서 그 물을 마시고 가장 먼저 수저를 드는 짧지만 긴 시간을 통해 우리가 밥상에 급하게 달려드는 것을 늦추셨던 것입니다.

밥상의 한가운데 간장 종지가 사라진 것도 주목해야 합니다. 아버지는 밥주발 뚜껑의 물을 마신 뒤 반드시 숟가락으로 간장을 콕 찍어 드셨습니다. 입에 넣은 간장이 혀를 통해 배로 찌르르 타고 들어가면 식전에 입맛이 동하게 됩니다. 그 다음에 숟가락을 국에 담갔다가 밥을 뜹니다. 그래야 숟가락에 밥알이 붙지 않는다고 할머니께서 가르쳐 주셨습니다. 만드는 사람, 먹는 사람 그리고 치우는 사람에 대한 배려가 있는 밥상입니다. 밥을 먹으며 이 반찬 저 반찬을 섞어 먹으면 어른들께 꾸중을 듣습니다. 입안이 미어져라 밥과 반찬을 씹으면 그때도 한 말씀 듣습니다. 볼이 미어져라 숭한 것도 있지만, 천천히 먹어 탈이 나지 않게 하려는 마음입니다. 숟가락과 젓가락을 동시에 들고 먹지 말라는 것도 마찬가지입니다. 이런 우리 밥상 문화는 어디서 찾을 수 있을까요? 그래서 찾아간 곳이 지역 곳곳의 '종가집'입니다.

종가집을 찾은 것은 '올반의 식탁에 종가의 격을 얹어가자'는 생각이었습니다. 올반과 제가 방문한 종가는 강원도 강릉 서지뜰 창녕 조씨 종가, 충북 보은 선씨 종가, 전북 담양 고씨 종가와 한글로 쓴 최초의 요리서 『음식디미방』을 쓴 장계향 할머니의 친정인 경북 안동, 경당 종택입니다. 『음식디미방』은 경당 선생의 외동딸인 안동 장씨 할머니가 영양으로 시집가서 쓴 최초의 한글 조리서입니다. 330

년 전 조선 시대에 우리 조상들이 즐겨 먹던 음식과 문화를 들여다 볼 수 있는 중요한 사료입니다. 장씨 할머니의 친정 음식 솜씨는 지금도 안동에서 유명합니다. 깔끔하면서도 음식이 반듯합니다. 두레반에 네 사람이 먹을 수 있도록 나오는데, 반찬의 종류나 양에 따라 너무 과하지 않은 맞춤한 그릇에 깔끔하게 차려집니다. 그 품격있는 음식 몇 가지를 종가의 허락을 받아 올반에 응용하여 메뉴로 차렸습니다.

강릉 서지뜰 창녕 조씨댁의 '영계길경탕'은 초여름에 영계와 도라지, 인삼, 대추를 끓여내는 보양식입니다. 도라지를 넣는다는 특이함이 있고, 강원도답게 감자도 들어갑니다. '씨종지떡'은 곳간에 남겨두었던 볍씨를 꺼내 좋은 낱알을 골라 씨종자로 삼고 남은 낱알에 햇쑥, 산밤, 대추, 늙은 호박오가리 등을 쪄낸 떡입니다. 충북 보은 선씨 종가의 '닭간장구이'는 정성스럽게 손질한 닭을 간장에 재운 뒤 은은

〈창녕 조씨 종가〉

한 불에 구워 재료 본연의 맛과 불맛을 함께 느낄 수 있는 요리입니다. '가지불고기무침'은 안동 지방의 종가 음식입니다. 한여름 통통한 가지를 두툼하게 썰어 불고기처럼 구워 기름기가 적고 담백한 맛이 특징입니다.

종가는 '빈접객 봉제사(손님을 접대하고, 제사를 모신다)'를 우선으로 합니다. 올반은 전통과 문화가 살아있는 종가들과 동행하며 내게 온 손님을 귀하게 여기는 문화를 이어가고 있습니다. 언젠가 올반의 이미지를 고객들에게 물어 보았습니다. 가장 많은 대답이 '정갈한 느낌'이었습니다. 이는 올반의 인테리어가 한 몫을 하지만, 건강한 메뉴를

〈보은 선씨 종가〉

담고 만들고 차려서 다양하고 복합적으로 만들려는 올반의 지속적인 노력이라고 생각합니다.

메뉴 개발은 시즌별로 약 40~50가지를 개발하여 그중 15가지 정도를 바꿔줍니다. 늘 어느 지역의 어떤 것을 얹어서 갈 것인가를 고민합니다. 또한 현장 구성원의 얼굴이 행복하면 음식도 더 맛있게 조리된다고 생각합니다. 가슴에서 우러나는 배려의 마음이 커지기 때문이죠. 늘 올반을 만들면서 세운 초심의 정체성을 고수하고자 하지만 인력관리와 과다한 재료비 등의 문제는 늘 어려움이 있습니다. 그래도 '제대로'라는 마음만 잘 가지고 가면 신세계푸드 한식부페 올반의 격은 지켜질 것입니다. '올바르게 만들어 반듯하게 차린다'는 기본을 잊지 않는다면 올반은 문제가 없을 겁니다. 전체 외식업체 동향을 볼 때, 신세계푸드 올반은 격이 있는 한식 브랜드로써 나름의 성공가도를 달리고 있습니다. 저는 올반의 메뉴를 컨설팅한 한식 요리연구가로서 앞으로도 올반 브랜드가 품격 있는 한식 외식문화를 선도해나갈 것을 믿습니다. 물론 제대로 된 수익을 창출하면서 말입니다.

박종숙

한식 밥상의 의미를 살려내고
그 가치를 전염시키는 한식 요리연구가

📢 어떤 이의 진면목은 주변 지인들을 통해 훨씬 선명하게 드러나
는 경우가 있다. 한식 요리연구가 박종숙 원장. 그녀의 경우가 그러하
다. 박종숙 원장의 주변에는 어떤 이야기가 흐르고 있을까? 그녀를 만
나기 위해 지방에서 올라왔던 동료의 이야기를 들어보자.

"'점심 안 드셨죠? 늦었지만 같이 먹읍시다.' 하고 말씀하시더니
주방에서 무얼 막 볶으시더라고요. 마늘종에다 말린 꼴뚜기볶음, 호
박나물, 오이지무침, 텃밭에서 뜯어온 상추 그리고 오겹살 볶음…. 뚝
딱하시더니 금세 진수성찬을 차려 내셨습니다. 박종숙 선생님은 나눠
주고 퍼주는 것을 병적으로 좋아하세요. '먹이기, 퍼주기 중증'이라고
보시면 됩니다. (웃음)"

몸이 아픈 셰프가 있다. TV에 출연하고 요리교실을 운영하며 나
름 잘 나갔지만, 암에 걸려 항암치료를 받으면서 자신이 만든 항암 음
식 레시피와 투병 과정의 심정을 일기처럼 블로그에 올렸다. 그런 그
의 글에도 어김없이 박종숙 원장이 등장한다. 그녀가 바리바리 싸서

보낸 정성 가득 담긴 택배 물건과 함께….

"10년 겹간장, 참기름, 고추장, 된장, 식혜…. 몸 아픈 동생을 살뜰히 챙겨주시는 큰 누님께 깊은 사랑의 마음을 전합니다. 누님의 장이 만들어지기까지의 공력과 장독대와 함께 한 인고의 시간을 누구보다도 잘 아는 저로서는 한결같이 돌보면서 신경 써주는 그 마음이 너무나 고맙고 힘이 됩니다. 저의 투병기간 중에 가장 위로가 된 사람은 박종숙 누님이십니다."

"염치없이 박종숙 선생님을 따라가 유자청을 냉큼 얻어먹은 게 언제였더라? 그놈의 맛이라니…. 한여름에 살얼음이 서린 유자청이 혹시 남아 있지 않나 하여 선생님의 작업실에 들르게 되면 두리번거리게 됩니다. (중략) 선생님과 이야기를 나누고 있다 보면 나는 아득한 나락 속으로 떨어지는 느낌입니다. 선생님의 요리에 대한 열정, 깊이 그리고 경험치. 그것은 아주 아득한 사막과도 같아서 내 갈증이 점점 더 심해져만 갑니다."

지난 가을 초입 즈음 어느 음식 관련 모임에서 박종숙 원장을 만났다. 모두가 식사를 마쳐갈 무렵, 박종숙 원장은 유자화채와 유자청 주머니를 조용히 꺼내 놓았다. 그녀의 유자화채와 유자청 주머니를 맛본 사람이라면, 한식 디저트의 맛을 넘어 그녀의 마음마저 묻어나는 한식의 의미와 가치를 다시금 음미하게 된다.

"11월, 노란 유자열매가 영글어 향이 짙어지면 제 마음이 설렙니다. 그리운 얼굴이 하나둘 떠오르고, 귀한 손님을 만나는 마음으로 유자 손질을 합니다. 20여 년 전 '궁중음식연구원'에서 처음 만난 '유자화채'는 내게 지금까지도 '유자요리의 진수'입니다. 남해 유자의 겉껍질을 얇게 벗기고 길이로 사등분하여 자른 뒤 껍질은 다시 얇게 사절 뜨기해서 곱게 채를 썹니다. 넉넉한 남양주 먹골 배채와 다진 유자속살을 차란하게 담아 석류알과 잣으로 멋을 내고, 오년 숙성 매실청으로 간을 한 시럽을 얌전히 부어 내면 날 찾아온 귀한 손님은 저의 정성스런 마음을 혀끝보다 먼저 느낍니다.

19년 전, 강인희 교수님의 '한국의 맛 교실'에서 만난 유자청 주머니는 오래 전 전해오는 해남 반가의 겨울 유자 디저트입니다. 강인희 교수님이 해남의 어느 종갓집에서 대접받으며 얼핏 보신 것을 직접 연구하고 정리하여 제자들에 가르치셨습니다. 유자청 주머니 역시, 맛과 모양보다도 가치를 소중히 담고 싶은 마음으로 만듭니다. 유자청 주머니를 만드는 섬세한 조리법은 소중한 마음이 고스란히 담긴 왜곡할 수 없는 귀한 가치입니다."

찾아오는 사람 누구에게나 한식 요리비법을 가르치고 함께 밥상을 나누는 박종숙 원장. 그녀 주변을 흘러 다니는 아름다운 이야기는 단지 그녀가 오지랖(?) 넓고 남에게 퍼주기 좋아하는 성격이기 때문만은 아니다. 그녀는 사라져가는 한식 밥상의 의미를 살려내고 그 가치를 전달하는 한식 연구가다. 박종숙 원장은 어떤 여정을 따라 한식 요리 연구가의 길에 들어섰을까?

평범한 단체급식 운영자에서 최고의 명성을 얻은 한식 요리연구가로

"1983년 즈음, 수원 성균관대학교 앞에 원두커피 전문점을 냈습니다. 당시로써는 보기 힘든 클래식 음악과 함께 원두커피를 내는 이색적인 카페였습니다. 원두커피가 귀하던 시절이었죠. 그 후 수원 아주대학교 앞에 분점을 낸 것이 인연이 되어 1993년부터 5년간 수원 아주대 의과대학에 있는 '선인재'라는 식당을 운영합니다. 단체급식을 한 거죠. 생소한 단체급식을 운영하다 보니 저 스스로 부족함을 많이 느꼈습니다. 음식 공부에 갈증이 났습니다. 한식 조리와 식당 운영에 대한 체계적인 공부를 해야겠다는 강한 욕구를 느꼈습니다.

그래서 1998년도에 제가 처음 찾아간 곳이 '궁중음식연구원'입니다. 그곳에서 '제38호 조선왕조 궁중음식 기능보유자'인 황혜성 선생님과 현재 기능보유자인 한복려 선생님을 만납니다. 처음에는 단순히 체계적인 한식조리가 궁금해서 찾아갔었지만, 한복려 선생님께 '우리 음식을 제대로 보는 눈'을 기르는 게 우선이라는 걸 배우게 됐습니다. 그 후 '강인희 한국의 맛 연구소'에서 우리나라 반가음식을 전수하시는 강인희 선생님께 사사합니다. 그렇게 단순히 음식 만드는 것에 초점 맞추며 요리 공부를 했지만, 어느 날, 한복려 선생님께 음식 가르치는 일을 권유받게 됩니다."

박종숙 원장은 조선왕조 궁중음식과 반가음식으로 한식의 두 줄기를 사사 받은 뒤 한식 요리연구가의 길을 걷는다. 2000년 초반 Food TV와 EBS의 '최고의 요리비결'을 통해 그녀만의 '과학적이고 계량화된' 한식의 손맛을 소개한다. 2004년에는 수원에 있던 '박종숙 손맛 작업실'을 서울 강남구 잠원동으로 옮겨와 샘표 등 기업의 컨설

팅을 하는 동시에 보다 활발한 한식 요리 수업을 진행한다. 평소 전문
적인 한식교육을 위해서는 전통장 담그기가 기본이라고 생각한 박종
숙 원장은 전통장 교육을 보다 체계적으로 진행하기 위해 2010년 12
월에 성남시 수정구 금토동에 경기음식연구원을 정착한다.

　박종숙 원장은 한식 메뉴개발과 맛 증진을 위한 자문 일을 꾸준
히 해오고 있다. 2002년부터 샘표식품 미각향상고문과 동원김치 기
술고문을 역임했으며, 최근에는 ㈜신세계푸드의 한식뷔페 '올반'의
컨설턴트로서 외식으로써의 한식 시장에 그녀의 손맛과 가치를 버무
려 내고 있다. 그렇게 박종숙 원장은 카페와 식당을 운영하던 평범한
경영자에서 스스로 성장하며 최고의 명성을 얻은 한식 요리연구가로
전문성을 이뤄낸다. 그녀의 이러한 변신의 힘은 어디서 오는 걸까? 어
린 시절 그녀가 경험했던 할머니 밥상 속에 이미 변신의 씨앗이 내재
되어 있었다.

할머니의 밥상, 할아버지의 조언
박종숙 원장은 경기도 수원 토박이다. 늘 새로운 것이 궁금한 자상한
아버지와 닮은꼴로 자랐다. 그녀는 가족에 대한 온갖 기억을 함께 나
눈 음식 이야기로 잔잔히 전한다.

　"추석 전날에는 제수용 탕국을 끓입니다. 제수용 음식은 차례를
지내기 전에 간을 보지 않는다는 불문율이 있죠. 그런데 60여 년 전,
만삭의 몸이었던 어머니는 추석 제수용 탕국을 먼저 맛보게 됩니다.
평소 유난히 탕국을 좋아하던 것을 알고 계셨던 할머니께서 산사람이

우선이라고 하시며 어머니에게 제수용 탕국 한 그릇을 퍼주신 거였죠. 그리고 다음 날인 추석날 아침, 어머니는 순산을 하고 그렇게 태어난 아기가 바로 저입니다. (웃음)

　하지만 어머니는 일찍 돌아가셨습니다. 그래서 할머니가 저를 키워주셨는데, 그때부터 저는 밥상에 관심이 많았습니다. 경북 김천이 고향인 우리 할머니는 경북 봉화가 고향인 할아버지를 만나 결혼했습니다. 공직에 계시던 할아버지를 따라 황해도로 올라가 사시다가 해방 전에 다시 경기도 수원으로 내려와 터전을 잡고 평생을 보내셨죠. '슴슴한 이북 김치, 소의 양과 곱창을 넉넉히 담아 낸 경기 육개장, 밑간을 위해 쇠고기를 썰어 넣은 생태찌개⋯.' 경상북도 음식과 황해도 음식 그리고 해방 즈음에 자리 잡은 경기 음식까지 할머니의 밥상은 각 지역의 장점을 고루 얹었습니다. 그 덕에 각 지역 음식의 특징이 잘 어우러진 밥상을 차리셨죠. 맛은 물론이고 깔끔하고 점잖은 상차림이 기억납니다. 보통 경상도 음식은 맛이 없다고들 하지만 제 생각에는 절대 그렇지 않습니다. 음식에 관한 고서들은 대개 경상도에서 많이 나왔어요. 『음식디미방』, 『수운잡방』 같은 책입니다. 최근에 나온 『진주 허씨 묵동댁 내림음식』 역시 경상도 요리책입니다."

　박종숙 선생이 담담하게 풀어내는 할머니 이야기에는 우리 한식 밥상 문화가 고스란히 담겨있다. 할아버지 역시 그녀의 요리인생에 큰 영향을 준 분이다.

　"중1 때 할머니가 집을 비우셔서 할아버지 밥상을 차린 적이 있어요. 그때 할아버지의 말씀이 잊히지 않습니다. '잘 먹었다. 그런데 다음부터는 꼭 먹을 만큼만 올려놓아라.' 푸짐한 담음새보다 먹을 만큼 차려서 낭비하지 않기를 바라셨던 할아버지. 맛있게 먹을 수 있는 만큼 정갈하게 차려내는 것 또한 맛의 일부라는 걸 그때는 몰랐으나 지금은 알게 되었죠."

할머니의 정갈한 밥상을 받고 할아버지의 말씀을 들으며 여러 지방의 향토음식을 두루 경험한 박종숙 원장. 그녀가 집안 어른들과 함께 한 밥상은 자연스레 한식 요리연구가의 길을 터주는 밑거름이 되었다.

경기향토음식 발굴, 전통장 연구와 전파 그리고 표준 레시피 개발의 소명

박종숙 원장은 궁중음식 기능보유자 한복려 선생의 문하생이다. 스스로 감히 수제자는 아니라고 밝히는 박 원장. 그저 스승의 애제자 중 한 사람쯤이라고 조심스레 말을 꺼낸다. 스승의 푸르름을 배우고 자란 제자로서 그녀는 어떤 쪽빛을 품어낼까? 박종숙 원장은 모든 것이 궁금하다. 한학을 공부하고 동료나 후배 셰프들과 함께 음식과 요리 전반에 대한 공부 모임도 꾸려나간다. 한마디로 말해 공부에 대한 열정이 크다.

"아버지는 저에게 '너는 호기심이 커서 일을 크게 만든다'고 말씀하시고는 했습니다. 저는 일을 할 때 먼저 큰 그림을 그려 그 일의 의미와 근본적인 정체성부터 점검한 후 시작합니다. 언젠가 모 외식 관련 회사에서 국물요리 개발을 의뢰받은 적이 있습니다. 국물 개발에 앞서 '그 기업이 생각하는 한식의 정체성'에 대해 물었습니다. 그 회사는 그냥 국물만 개발해달라고 했죠. 그 후 또 다른 회사와 똑같은 상황이 생겼고, 같은 질문을 했을 때 그 기업은 '그걸 선생님께서 같이 해 주십시오'라는 명쾌한 답변을 내놓았습니다. 이 제안은 아주 흥미로운 대답이었고 또한 아주 어려운 도전이었습니다."

박종숙 원장은 남과 차별화된 세 가지의 전문성을 일궈 나간다. 경기의 향토음식은 물론 한식을 발굴하고, 한식문화의 뿌리가 전통장, 특히 우리 간장에 있음을 확신하며, 이 모든 작업을 계량과 측정을 통한 제대로 된 표준 레시피로 남기는 데 힘쓰고 있다. 바로 한식의 기본 맛을 지켜내고 소위 손맛이라 불리는 어림치를 과학화하는 작업인 것이다. 그래서 그녀의 '경기음식연구원'에서는 그녀가 나고 자란 경기 음식을 포함한 한식을 연구한다. 그리고 모든 음식의 기본이 되는 '전통장 아카데미' 강좌를 지속하고 있다.

"경기향토음식은 크게 보면 서울과 그 근방인 경기도, 우리나라 중부지역 벨트, 위로는 개성까지 포함하는 범위입니다. 종가의 부엌과 향토음식점을 찾아다니며 점점 잊혀 가는 경기 음식을 되살려 내는 일을 합니다. 우리가 쓰는 표준말과 같이 경기 음식은 바로 대한민국 표준 음식이라고 생각합니다."

그녀의 이러한 노력이 알려지면서 다른 지방자치단체에서도 그 지역의 향토음식 발굴 및 전수 교육을 의뢰하고 있다. 박종숙 원장의 모든 교육과 한식 컨설팅은 전통장에서 출발한다. 그녀의 별명은 '장꼬마마'다. 궁중에서 장고 옆에 살며 궁중의 장을 지키는 주방 상궁을 일컫던 말이다. 경기음식연구원 2, 3층 옥상에는 300여 개의 장독이 놓여 있다. 그녀는 매일같이 장독을 살피는 일로 하루를 시작한다. 향토음식 발굴 및 개발, 전통장 연구와 전파 그리고 한식의 표준 레시피 개발이 본인의 분명한 소명임을 밝히면서 한식 요리연구가로서 선배들의 실적에 그녀만의 푸르른 쪽빛을 채색해가고 있다.

박종숙이 생각하는 음식의 가치

"다시 돌아오지 않을 오늘의 한 끼를 정성도, 배려도, 맛도 제대로 담기지 않은 가치 없는 음식으로 먹을 때 화가 납니다. 한 끼도 소홀함 없이 정성을 다해 차려 내고 또 좋은 사람들과 나누는 맛있는 밥상이 최고의 음식이지요. 저에게 있어서 '음식의 가치'란 제대로 된 밥상을 만났을 때 느끼는 감정입니다."

THE VALUE OF FOOD

03
돼지농장 이야기와
우리 농축산업의
지속 가능성

'성우농장'
이도헌 대표

저는 40대 중반까지 금융과 IT 분야 일을 하면서 세계 여러 도시를 돌아다니며 살았습니다. 밤늦게까지 불이 밝혀진 빌딩 숲에서 아스팔트길을 걷고 자동차로 출근하고 퇴근하며 자연과는 무관한 삶을 살았죠. 제가 원하는 방식대로 인공의 시스템에 적응하며 살았습니다. 그런데 돼지농장을 경영하기 위해 시골에 내려온 뒤 생긴 가장 큰 변화는 제 삶의 시계입니다. 해 뜨면 일어나고 해 지면 잠들고 들녘에 익어가는 황금 벼의 물결이 전하는 바람을 만끽하고 계절을 느끼며 날씨를 살피고 한 해 농사를 걱정하는 시골사람이 되었습니다.

농사도 양돈도 자연을 매개할 수밖에 없습니다. 저는 계절마다 각기 다르게 돼지에게 들이닥치는 고민들을 안고 자연의 시계와 돼지의 생태에 맞춰 농장 경영계획을 수립하며 '지속 가능한 농업, 양돈업'을 고민하고 있습니다.

사람들마다 농업을 바라보는 관점은 다양할 수밖에 없습니다. 제 경우는 도시에서 금융업, IT업을 하다가 귀농을 한 입장입니다. 그래서 저는 도시와 농촌 양쪽을 모두 바라보는 관찰자적 경계인 관점에서 농업을 바라보고자 노력합니다. 금융기관에 있을 때처럼 투자를 위한 관점에서 농축산업을 분석하는 한편, 구제역, 돼지값 폭락 등 돼지농장에서 산전수전 다 겪은 축산업 경영자로서 우리 농촌의 암울한 현실을 바라봅니다. 이 두 관점이 늘 오버랩되는 것이 저의 관점입니다. 그럼 먼저 돼지농장이 있는 우리 마을로 가보겠습니다.

우리 마을을 소개합니다

●

노을이 아름다운 서해 바다를 향해서 '서해 금빛 열차'가 달립니다. 서울 용산에서 출발해 익산까지, 서해안을 따라 내려가는 장항선을 타면 천안, 온양, 예산을 거쳐 홍성군에 들어섭니다. 홍성군은 서울에서 약 150km 떨어져 있고, 기차 타면 2시간 남짓 걸리는 한반도 중서부 해안에 위치해 있습니다.

'홍성군 결성면 금곡리 원천마을.' 제가 돼지를 키우는 마을입니다. 우리 마을은 대한민국에서 지극히 평범하고 그리 눈에 띄지 않는 시골의 보통 마을입니다. 마을 어귀로 들어서서 실개천이 흐르는 유채꽃 길을 따라 걷다보면 남북으로 길게 들녘이 펼쳐집니다. 논밭을 끼고 모두 40여 호의 집이 군데군데 흩어져서 촌락을 이루고 있으며 80여 명의 주민이 삽니다. 우리 농장은 마을 어귀 오른쪽의 나지막한 언덕에 위치해 있고, 북쪽 끝에는 소를 키우는 이웃 목장이 있습니다.

농업과 어업이 대접받고 나라의 기둥을 이루던 시절에는 서해안 바다를 끼고 중부내륙 땅과 바로 연결되는 특징 때문에 우리 마을은 농

<시골 들녘 돼지농장 모습>

업과 어업의 혜택을 동시에 누릴 수 있어서 물자가 풍부하고 시장도 번
창했습니다. 하지만 지금은 더 이상 농업과 어업이 대접받는 시대가 아
닙니다. 젊은이들은 농촌을 떠나고, 수확한 농작물은 제값을 못 받는 실
정입니다. 전국의 농촌은 거의 비슷한 고민거리를 안고 있습니다. 하지
만 저는 축산 양돈업의 가능성을 발견하고 시골 마을에 정착했습니다.

　홍성군은 대한민국 축산 1번지입니다. 각 마을마다 축산 농가가
많은 편입니다. 전국적으로 축산 농가 수와 축산 인구는 감소하고 있
지만 축산의 단위 규모는 점점 커져서 가축 사육 마리 수가 매년 증
가하는 추세입니다. 홍성군 자료를 살펴보면 2010년 기준, 한우 사육
두수는 약 6만여 마리로 전국 4번째이고, 돼지 사육두수는 약 42만
여 마리로 전국에서 가장 많습니다. 이처럼 홍성군이 축산 규모는 크
지만 다른 군에 비해서 축산단지로서의 명성을 제대로 떨치지 못하고
있습니다.

한우 브랜드 '홍성한우'를 생산하고 있지만 훨씬 적은 양의 한우를 생산하는 횡성군에 비해 브랜드 파워가 밀리는 편입니다. 돼지 사육두수는 전국 최대 규모를 자랑하지만 아직 제대로 된 돼지 브랜드가 따로 없습니다. 경영적 측면에서 볼 때, 이러한 조건은 차별화된 상품을 창출할 수 있는 가능성이라고 생각합니다.

돼지농장은 어떤 곳일까요?

·

우리 농장은 저를 포함하여 모두 9명이 일을 합니다. 농장에는 통상적으로 7천여 마리의 돼지가 자라고 있고, 한 달에 평균 1천여 마리의 돼지를 출하합니다. 전국 돼지농장 상위 20% 규모의 크기입니다. 농장 수입과 매출을 따져보면 이 정도 규모는 일반 중소기업 크기의 사업체라고 보면 됩니다. 돼지는 '규격돈'이라는 기준에 맞춰 출하되는데, 6개월간 110~120kg가량의 몸무게로 자란 돼지를 '규격돈'이라고 부릅니다. 소와 달리 돼지는 육질이 좋고 나쁨이 아니라 몸무게가 기준에 맞아야 제값을 받을 수 있습니다.

돼지의 생산성을 관리하기 위해서는 농장 축사 시스템을 돼지의 성장과정에 맞게 갖추어야 합니다. 돼지는 임신 → 분만/포유 → 자돈 → 비육돈의 단계를 거치며 자랍니다. 사람에 비유하면 임신부 → 영유아 → 소년 → 성인 단계로 볼 수 있습니다. 사람이 성장 단계별로 필요한 생활환경이 다르듯 돼지도 각 성장 단계별 특성에 맞는 공간과 환경이 필요합니다. 이를테면 성인에 해당하는 비육돈이나 임신돈은 20~24℃ 내외의 온도를 좋아하는 반면, 자돈은 29~31℃에 약간

습한 환경에서 잘 자랍니다. 또한 돼지가 자라면서 먹는 사료의 성분도 성장 시기별로 다릅니다. 축사의 형태는 돼지 키우는 방식에 따라 공장형이냐, 방목형이냐를 결정합니다. 전 세계 대부분의 돼지농장은 '팩토리 팜'입니다. 팩토리 팜 형태인 공장형 축사가 생산성이 높기 때문입니다. 우리 농장은 현재 공장형 축사와 방목형 축사 두 가지 형태를 모두 운영하고 있습니다. 그리고 공장형 축사 시스템 내에서도 돼지가 자유롭게 움직이도록 부분 방목을 합니다.

〈팩토리 팜과 야외방목장의 돼지들〉

저는 돼지가 살아있는 동안이라도 좀 더 편히 지낼 수 있었으면 하는 바람입니다. 그래서 공장형 축사 형태에 흔히 있는 이른바, 돼지 감금틀을 축사에서 부분적으로 걷어냈습니다. 동물의 생태를 고려하여 '동물복지'를 실천하기 위해서 엄마 돼지(모돈)를 축사 내에서 방목합니다. 철재로 만들어진 돼지 감금틀 사용은 임신한 모돈의 경우에만 유산 방지를 위해서 사용합니다.

돼지의 습성을 보면, 같은 공간에서 서로 서열을 정하고 좋은 자리를 차지하려는 텃세가 있습니다. 때로는 격렬한 몸싸움을 벌이기도 합니다. 임신한 모돈일 경우 이러한 격렬한 몸싸움에 노출이 되면 상처를 입거나 유산을 하는 등의 문제가 발생합니다. 감금틀은 이와 같은 부작용을 막기 위하여 동물복지를 표방하는 축산 선진국인 덴마크를 포함한 전 세계의 공장형 돼지농장에서 표준화된 관행으로 사용하고 있습니다.

공장형 축사 내에서 처음 방목을 시도했을 때는 부작용이 많았지만 돼지별로 특성을 파악, 그룹화하여 방목 공간을 할당하여 부작용을 줄여 나갔습니다. 자유로운 활동을 허락하자 돼지는 오히려 몸이 튼튼해져서 질병 감염의 위험이 줄어들고 약품, 항생제 투약도 최소화할 수 있었습니다.

방목을 지향하고 실험하는 농장

●

공장형 축사는 우리 농장의 수익이 창출하는 공간이고, 야외에 특별한 시설을 갖추지 않고 마련한 자연 방목형 축사는 우리 농장만의 차별화된 돼지 생산을 위한 '실험 사육 공간'입니다. 규격돈의 크기와 무관하게 키워내는 방목사육은 동물복지를 지향하는 우리 농장 시스템의 한 부분으로 자리 잡고 있습니다.

앞서 사진에서 볼 수 있듯이 우리 농장의 자연 방목장은 아주 넓습니다. 약 200평 크기입니다. 자연 방목장에는 보통 6마리의 돼지가 지냅니다. 돼지 한 마리당 공간 면적을 최대한 넓게 하여 자유롭게 뛰어 놀도록 합니다. 봄에는 유채꽃, 가을에는 호박이나 배추를 먹으며 일반 사료만 먹는 공장형 축사에서 느낄 수 없는 자유를 만끽합니다. 홍성 지역 땅은 황토질입니다. 돼지들은 흙구덩이를 파고 황토 흙을 먹으며 자랍니다. 운동량이 많아서 더디게 크지만 질병에 강하고 잘 자라납니다. 저는 이 돼지들을 '프리덤   돼지'라고 부릅니다. 요크셔, 버크셔, 듀록, 우리 고유의 토종 돼지 등 여러 품종의 돼지를 다양한 개월 수와 체중으로 키워서 맛과 육질을 실험합니다.

돼지 품종을 쉽게 설명하자면, 교잡종과 순수혈통 품종으로 나눌

〈방목 중인 돼지〉

수 있습니다. 시중에 파는 우리가 소비하는 대부분의 돼지고기는 여러 품종을 섞어 개량한 교잡종입니다. 순수혈통 품종은 크게 밝은 색의 '백돈'과 어두운 색의 '유색돈'으로 구분해 볼 수 있습니다. 백돈은 요크서, 랜드레이스 등과 같은 품종입니다. 이들 품종은 성장 속도가 빠르며 새끼를 많이 낳는 특성이 있습니다. 덕분에 다른 품종에 비해 생산성이 높아 가격 경쟁력이 좋습니다. 백돈을 유색돈과 섞어 품종을 개량할 경우에도 대부분 흰색 돼지가 나오는데 그 이유는 흰색 유전인자가 우성이기 때문입니다. 유색돈은 우리나라 고유재래종, 버크셔, 듀록 등과 같은 품종입니다. 이들 품종은 성장 속도가 느리고 분만하는 자돈 숫자도 백돈보다 적습니다. 대신 유색돈은 백돈보다 육질이 뛰어나서 해외에서는 유색돈이 한우처럼 고급육으로 인정받습니다.

국내 대부분의 양돈 농가는 생산성이 좋은 교잡종 백돈 돼지고기를 생산합니다. 우리 농장을 비롯한 지리산 일대, 합천, 제주도 등지의 일부 지역 농가에서 버크셔, 듀록 등 유색돈을 출하하고 있지만 그 수와 양이 적은 편입니다

최근, 맛과 육질 면에서 세계 최고를 자랑하는 스페인의 이베리코 돼지가 냉동육 형태로 국내에 수입되고 있습니다. 이베리코 돼지 덕분에 우리 소비자들도 서서히 돼지고기 고급육 시장에 관심을 가지고 있습니다. 하지만 돼지 키우는 입장에서는 아직 고정적인 수요가 확인되지 않아 돼지고기 고급육 시장을 지켜보며 품종과 육질 실험을 하는 중입니다.

농축산업의 지속 가능성

●

그럼 본론으로 들어가서 농업의 지속 가능성을 살펴보겠습니다. 먼저 사전적 의미를 살펴보면 크게 세 가지로 나눠집니다. 첫째, 생태학적 측면에서 생물의 다양성과 영속성을 유지하는 자연의 자생력과 복원력 증강. 둘째, 경제·경영학적 측면에서 장기적으로 지속되는 이익과 생산의 증가. 셋째, 미래유산이라는 측면에서 미래 세대의 필요를 충족시킬 능력을 저해하지 않으면서 현재 세대의 필요를 충족시키는 발전을 말합니다.

농장, 농업 법인 역시 엄연한 기업으로써 경영학적 관점에서의 지속 가능성에 관심이 많습니다. 농장이 안정적인 수익성을 유지해야 살아남을 수 있겠죠. 반면 일반 기업과 다른 점도 있습니다. 완전 방목을 하든, 첨단의 시설을 자랑하는 현대적 축산을 하든 결국 농축산업은 환경-기후의 영향을 받습니다. 그런 면에서 생태적 관점은 농업과 연관되어 있습니다.

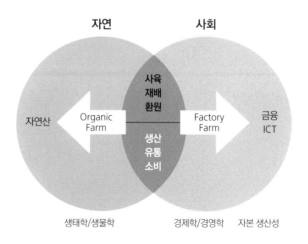

도표에서 보듯 큰 범주로 자연과 사회를 나눠볼 때 농업은 그 중간에 끼어있습니다. 자연은 생태학이나 생물학의 법칙과 사고가 적용되는 세상이고, 사회는 경제학과 물리학적 법칙과 사고가 적용되는 세상입니다. 농업은 이 중간에서 인간 사회와 접점을 가지면서 경제 활동을 하는 영역이라고 볼 수 있습니다. 왼쪽으로 가면 자연산, 오개닉팜이 있고 오른쪽으로 가면 금융, ICT등 도시형 산업이 있습니다. 왼쪽은 토지, 자연의 생산성에 의존하고 오른쪽은 자본 생산성에 의존합니다. 자본의 관점에서의 생산성은 자본의 투자 수익률이 지배하는 생산성입니다. 토지 생산성은 예전만큼 중요하지는 않지만 여전히 존재합니다. 예를 들어, 어부가 어망을 던졌을 때 바다 면적 대비 물고기를 몇 마리 잡는가 하는 생산성이 비슷한 예입니다. 자연과 사회, 저 어디 중간에 농업과 축산업이 있습니다. 축산업의 사육, 농업의 재배. 이 안에서 중요한 것은 환원, 순환입니다. 소가 풀을 먹으면 변을 보고 그 변을 다시 비료로 써서 풀을 생산하는 순환과 환원이 농축산업에서 이루어집니다. 반면에 오른쪽 세상은 생산, 유통, 소비의 사이클로 돌아갑니다. 농업의 문제는 결국 자연과 사회의 틀로 볼 수밖에 없다는 결론이 나옵니다.

농업의 지속 가능성에 대한 위기와 도전

•

저는 요즘 농업의 지속 가능성에 대한 위기와 도전을 느낍니다. 지속 가능성을 저해하는 변화와 위협 요인은 크게 생태학적 측면과 경제·경영학적 측면에서 살펴볼 수 있습니다. 먼저 생태학적 측면에서의 가장

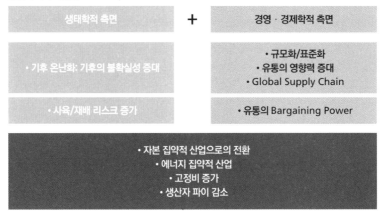

〈농업과 지속 가능성: 변화/위협요인〉

농업과 지속 가능성 =

생태학적 측면	**+**	경영 · 경제학적 측면
• 기후 온난화: 기후의 불확실성 증대		• 규모화/표준화 • 유통의 영향력 증대 • Global Supply Chain
• 사육/재배 리스크 증가		• 유통의 Bargaining Power

• 자본 집약적 산업으로의 전환
• 에너지 집약적 산업
• 고정비 증가
• 생산자 파이 감소

큰 문제는 기후의 온난화입니다. 기후의 불확실성이 증대하여 돼지 사육이나 곡물 재배의 위험요소가 점점 커지고 있습니다. 기후 변화는 돼지농장에 어떤 문제를 발생시킬까요?

생태학적 측면 – 폭염, 돼지에게 에어컨을

2014년 봄, 저희 농장은 축사에 에어컨을 설치했습니다. 일반 가정도 비용 부담으로 에어컨 사용을 망설이는데, 돼지가 사는 축사에 에어컨을 설치한다는 사실이 의아할 수 있을 것입니다.

　대부분의 포유 동물은 땀샘이 발달해 있습니다. 땀샘 덕분에 포유류는 더울 때 땀을 많이 흘려 체온을 낮춥니다. 아쉽게도 돼지는 땀샘이 퇴화하여 체온 조절을 못합니다. 더위가 심해지면 체내의 열기가 누적되어 식욕저하나 열사병으로 타격을 입습니다. 보통 엄마 돼지는 18~25℃의 온도에서 편안함을 느끼며 잘 지냅니다. 그 온도 이상 올라가면 힘들어 합니다. 돼지 역시 사람처럼 너무 더우면 밥맛이 떨어지고 활동성도 둔해집니다. 반면 새끼 돼지는 30℃ 정도가 적정 온도입니다.

2010년 신축한 우리 농장 축사는 2천m²의 바닥 면적에 천장까지 높이가 7m는 족히 되는 큰 공간입니다. 축사를 지을 때 단열효과를 극대화하기 위해 외벽을 두껍게 쌓고 아낌 없이 단열재를 사용했습니다. 또한 외부의 공기가 지하 채널 공간을 통해 축사에 유입되도록 환기장치를 설계하여 여름에는 비교적 시원한 공기가, 그리고 겨울에는 따뜻한 공기가 유입되도록 했습니다. 에너지를 절감하고 돼지에게 쾌적한 환경을 제공하기 위해서입니다. 이 축사는 돼지의 체온과 우리나라의 사계절 기후 변화에 최적화하도록 나름대로 고심하고 지은 시설입니다.

하지만 기후변화에 따른 폭염에는 이렇게 공들여 지은 축사도 무용지물이 됩니다. '2013년 여름은 더위기록 제조기!!!' 2013년 8월 15일 한겨레 신문의 1면 기사제목입니다. 2018년의 더위만큼은 아니지만, 2013년 여름에 전국을 강타한 불볕더위는 기상청의 더위 관측 기록을 갱신했습니다. 2013년 울산의 8월 여름 평균기온은 평년보다 4.5℃가 높았고, 8월 경북 포항의 일 평균 기온은 33.5℃로 기상청 관측이래 최고치를 넘어섰습니다.

이 정도 더위면 공들여 만든 축사의 지하터널도 무용지물이 됩니다. 지속적인 무더위에 단열이 잘된 축사는 오히려 서서히 달아 올라 좀처럼 식지 않는 거대한 사우나장이 됩니다. 실제 우리 농장은 2013년 여름, 전례가 없던 무더위에 돼지 수백 마리가 쓰러지고 농장 경영에 큰 타격을 입었습니다.

에어컨은 후덥지근한 여름 공기에서 열과 습기를 제거하고 쾌적한 공기를 돼지에게 공급해 줍니다. 축사 내 환경이 개선되는 만큼 우리 농장 직원들의 근무 환경도 개선됩니다. 더위로 돼지가 타격을 받으니 돼지고기 공급이 감소하여 여름철 돼지고기 가격은 주기적으로 고공행진을 합니다. 물론 돼지 출하량이 적어서 생긴 현상이니 농가에 별 도움은 안 됩니다. 반면, 여름철 에어컨을 설치하여 돼지가 잘 자라면 돼지고기 가격이 높은 여름에 출하량을 높일 수 있어 농장 수익성 개선에도 도움이 됩니다. 한마디로 에어컨 설치는 합리적인 의사결정입니다.

우리 농장 그리고 농촌을 괴롭히는 폭염, 가뭄 같은 이상기후는 지구온난화에서 기인합니다. 지구온난화를 야기하는 온실가스 배출은 제철, 석유화학 등 에너지를 많이 사용하는 우리나라 주력 산업과 석탄을 이용한 화력발전소 그리고 자동차와 같은 내연기관 기반의 교통수단과 에너지 과소비가 원인입니다. 한마디로 나 아닌 제3자의 온실가스 배출이 우리 농장 돼지와 직원들을 힘들게 만들었다고 볼 수 있습니다. 그런 악몽 같은 상황을 피하기 위해 우리 농장은 없는 살림에도 에어컨 설치로 많은 돈을 지출해야 했습니다. 그런데 에어컨을 설치함으로써 더 많은 온실가스를 배출하게 됩니다. 지구온난화의 피해를 막기 위한 우리 농장의 결정이 지구온난화를 악화시키는 것입니다. 아이러니지요.

일반 농업도 마찬가지입니다. 강원도, 경기도, 충청도 등 국내 대부분의 농업 지역이 과거에 겪어보지 못한 가뭄과 같은 이상기후로 어려움을 겪고 있습니다. "이게 몇 년째인지, 아직도 비가 안 오니 앞으로 농사가 걱정이유…." 모내기철이 되면 연례행사처럼 이장님과 나누는 대화입니다. 마을의 쌀농사 짓는 어르신에게 모내기철 논물 대는 일은 벼 수확과 더불어 연중 가장 중요한 일입니다. 모내기철은 물이 많이 필요합니다. 비가 오지 않으면 마을 농민들은 마을을 관통해서 흐르는 지방하천의 물을 논으로 퍼 올립니다. 그리고 관정에서 지하수를 퍼 올려 논물을 댑니다. 가뭄이 심한 모내기철에는 강물과 지하수를 잘 배분하여 마을 전체 모내기를 잘 마무리 짓는 일이 매우 중요합니다. 가뭄에는 마을 하천이 바닥을 드러내는 날이 많습니다. 그만큼 지하수에 대한 의존도가 커집니다.

모내기철이 지나도 걱정은 이어집니다. 마른장마, 지구온난화 때문인지 장마철에도 비는 오지 않고 폭염 기간이 길어졌습니다. 비가 오지 않는 한여름에 햇볕만 쨍쨍 내리쬐니 논물 대는 일은 모내기철 뿐만 아니라 가을 수확까지 마을 어르신들의 걱정거리가 되고 있습니다. 가뭄에 지하수 개발이 빈발하다 보니 지하수 수위가 낮아져서일까요? 요즘은 지하 몇백 미터는 파내려 가야 안정적으로 지하수를 확보할 수 있습니다. 이러한 문제는 우리 마을만의 일은 아닙니다. 그나마 우리 마을은 하천을 끼고 있으니 상황이 나은 편입니다. 하천이 없고 유량이 부족한 마을은 상황이 훨씬 더 심각합니다.

지구온난화가 심해질수록 농촌 마을은 관정 파기를 계속합니다. 농장도 관정을 파고 농민도 관정을 팝니다. 매년 계속해서 더 팝니다. 관정이 늘수록 지하수량은 감소하고, 줄어든 지하수량을 충당하기 위해서 관정을 또 파는 악순환이 반복됩니다. 우리 농장은 서해바다와 멀지 않습니다. 가뭄이 심해지면 오래 전 파놓은 관정에서 짠물이 나오기도 합니다. 그래서 또 다른 곳에 관정을 팝니다. 결국 길게 보면 관정을 판다고 달라지는 건 없고 관정 파는 비용만 소요될 뿐입니다.

한마디로 지하수 개발은 비용만 축내는 '네거티브섬 게임 negative-sum game'인 셈입니다. 이 '네거티브섬 게임'은 누군가 더 이상 물을 구할 수 없어 생업을 포기할 때까지 계속될 것입니다. 가뭄과 폭염은 축산 농가나 농민들이 스스로 어찌할 수 없기 때문입니다.

이렇듯 기후의 불확실성 증대로 인해 생태학적 측면에서 농업의 지속 가능성이 도전받고 있습니다. 앞으로도 온실가스 배출이 획기적으로 줄어들 전망은 없다고 합니다. 즉 이상기후로 인한 피해가 갈수록 더 커진다는 얘기입니다. 농업의 지속 가능성을 위해서 이제는 도시와 농촌이 소통해야 할 때입니다. 가뜩이나 시장 개방으로 어려운 상황에 지구온난화의 피해를 온몸으로 받아내기에 농촌은 버겁습니다. 지구온난화를 해결하는 방식이 마치 농촌에서 지하수가 마를 때까지 관정을 더 파듯, 가속화하는 방식이 아니었으면 좋겠습니다.

경영·경제학적 측면 – 규모화 표준화의 함정

경영·경제학적 측면에서는 우리 농축산업이 규모화, 표준화가 되면 유통의 영향력이 증대되어 생산자가 자신이 생산한 농축산물을 판매하는데 있어서 교섭력 Bargaining Power이 떨어지게 됩니다. 115kg의 규격 돈만 제값을 받으니 농장은 시세가 불리해도 돼지를 출하할 수밖에 없습니다. 농축산업이 점점 자본 집약적인 산업으로 전환되고, 에너지 집약적 산업이 되면 농축산물 생산을 위한 고정비가 증가합니다. 그러면 생산자의 이득이 점점 줄어들게 되는 겁니다.

몇 년 전, 서울 유명 레스토랑의 오너 셰프가 저에게 새끼돼지(자돈)로 요리를 하고 싶은데 구할 방법이 없다고 도움을 요청해 왔습니다. "이 대표님, 새끼돼지를 구할 방법이 없습니다." 스페인, 중국 등

해외에서는 새끼돼지 요리를 많이 합니다. 송아지 요리처럼 새끼돼지 요리가 고급요리로 인정받고 있습니다. 우리나라도 애저찜 같은 음식이 있긴 하지만, 요즘 우리나라에서는 새끼돼지를 구하기가 힘듭니다.

그의 말에 "내가 구해드릴 테니 걱정마시라"고 호언장담했습니다. 그런데 그 약속을 2년 넘도록 지키지 못했습니다. 백방으로 수소문해도 새끼돼지 한 마리를 도축해 주는 도축장을 찾지 못했기 때문입니다. 물론 지금은 1~2마리에 한하여 따로 도축 가능한 거래처를 확보했습니다. 하지만 통상적인 우리나라의 돼지 도축과 유통시장에서는 115kg 전후의 규격돈만 도축할 수 있습니다. 돼지 크기를 규격화·표준화하면 장점이 많습니다. 유통자의 입장에서는 돼지의 선별과 평가가 단순해지므로 도축 및 유통 작업의 효율성을 높일 수 있습니다. 생산자 입장에서도 특별한 육질을 고민할 필요 없이 규격에 맞춰 돼지를 키우기만 하면 됩니다. 그러면 사육 방식도 단순해집니다.

하지만 '규격돈'으로 상징되는 표준화와 규격화의 틀이 지속되는 한 소비자는 다양한 돼지고기 요리를 맛볼 수 없습니다. 독특한 식재료를 구하여 자신만의 차별화된 요리를 실현하고자 하는 셰프의 희망도 실현될 수 없습니다. 규격돈만 거래되고 유통체계도 표준화되었으니 도축장의 공정도 획일적일 수밖에 없기에 새끼돼지 한두 마리 도축하는 일종의 '소비자 주문형 맞춤 도축시장'이 존재하지 않는 것입니다.

규격화·표준화는 단지 돼지 유통만의 문제가 아닙니다. 쌀을 주식으로 하는 중국, 말레이시아 등 아시아 국가의 식료품점을 가보면 판매되는 쌀이 다양하여 무엇을 선택할지 고민하게 됩니다. 반면 우리나라에서 쌀 선택의 관심사는 개별 품종보다는 현미·백미 같은 사후적인 가공의 문제로 귀결됩니다. 우리나라 젖소 품종은 유량을 늘리는 데 초점을 맞춘 홀스타인 계열이 대부분을 차지하고 있고, 양계산업도 사정이 비슷합니다.

우리나라 양계산업 구조를 살펴볼까요? 다음 페이지에서 보듯이 양계산업은 각 단계별 특화 기업 또는 수직 계열화 회사에 생산 농가가 종속되어 있는 산업 구조입니다. 일반 농가는 병아리를 받아서 키웁니다. 엄마닭(종계), 사료, 유통이 모두 다 독과점 상태입니다. 양계농가가 다른 병아리나 사료를 쓰고 싶어도 그렇게 하기는 쉽지 않습니다. 우월적 지위에 있는 독과점 업체가 수매해 주지 않으면 닭을 제값에 팔 수 없기 때문입니다. 생산에 연계된 사료, 유통이 독점되어 있으니 생산지에서 닭 가격이 하락해도 소비자 가격은 쉽게 하락하지 않습니다. 그리고 소비자 가격이 상승해도 그 이익은 생산자가 아니라 독과점 회사가 독식하게 됩니다.

반면에 양돈산업은 상대적으로 독과점에서 자유롭습니다. 이어지는 표에서 보는 바와 같이 사료, 종돈, 유통 등에서 여러 기업이 치열하게 경쟁하고 있습니다. 그래서인지 양돈 산업의 유통 마진은 상대적으로 낮으며 생산자의 이익이 큰 편입니다.

우리나라 농축산업의 틀은 농가의 생산성 향상, 유통의 표준화와 대형화라고 볼 수 있습니다. 이런 틀 속에서 생산자는 생산성 향상을 통한 생산량 증대에 힘을 쏟고, 유통업자들은 효율적으로 먹거리를 도시 소비자에게 공급하는 편리성이 있습니다. 하지만 이렇게 생산물을 표준화하면 생산자는 품질이나 생산물의 차별성을 추구하기보다는 가격경쟁에 매달리게 됩니다. 오직 가격과 원가가 경쟁력인 시장

<양계 시장과 종속구조>

우리나라 양계산업은 각 단계별 특화 기업 또는 수직계열화 회사에 생산농가가 종속되어 있는 산업 구조입니다.

업종	업종 특징	경쟁	대표 회사	비고
원종	높은 진입장벽	독과점	삼화원종, 하림, 한국원종	
생산	낮은 진입장벽	경쟁	중소 농장	유통/가공 독과점 기업에 종속된 구조
사료	높은 진입장벽	독과점	하림, 이지바이오	
유통/가공	높은 진입장벽	독과점	하림, 마니커(이지바이오), 체리부로	

<양돈 시장과 종속구조>

우리나라 양돈 산업은 전 영역에서 경쟁적 시장 환경에 있습니다. 그래서 각 영역별 진입장벽은 상대적으로 높은 편입니다.

업종	업종 특징	경쟁	대표 회사	비고
원종	높은 진입장벽	경쟁	다비육종, 가야육종, 하림, 농협, 수입	
생산	높은 진입장벽	경쟁	대기업 계열, 기업농, 중소 농장	대기업 직접 진출 활발
사료	높은 진입장벽	경쟁	카길, 농협, CJ, 하림, 우성	초과 공급
유통/가공	높은 진입장벽	경쟁	농협/도드람, 하림	복수의 브랜드 난립, 도축 등 과잉 설비

에서는 소규모 농가가 규모화된 큰 규모의 농축산 기업을 이길 방도가 없습니다. 또한 농축산물을 특정 규격에 맞추어 생산하기 때문에 소비자 역시 다양한 먹거리를 만날 수 없습니다. 유통과 가공업체가 조달하는 먹거리를 수동적으로 사 먹을 수밖에 없습니다. 혹여나 국내에서는 구할 수 없는 독특한 농축산물이 해외에서 수입되어 도심의 대형 마트에 싼 값에 깔리게 되면 그것과 비슷한 종류의 국내산 먹거리는 경쟁력을 잃고 맙니다. 이런 구조 안에서는 우리 농민이 피땀 흘려 먹거리를 생산하지만, 그들의 역할과 교섭력은 힘을 발휘하지 못합니다.

요즘 먹거리 시장에는 수입 농축산물이 넘쳐납니다. 소비자는 다양한 제품과 맛을 찾아 수입 농축산물에 눈을 돌립니다. 하지만 우리 농축산 농가는 생산물을 차별화할 길이 막혀 있습니다. 규모화, 규격화만 신경 쓰는 농축산업 유통 구조가 그대로 유지된다면, 우리 농축산업은 더 이상 희망이 없습니다. 여기에 축산업이 독과점 업체에 의해 좌지우지 된다면 생산 농가들은 더욱 더 힘들어질 것입니다. 정부가 중소 농가를 지원하는 각종 정책을 내놓고, 생산자는 6차산업이라는 이름으로 농축산물 생산, 가공, 판매까지 시도해도 기존의 유통구조가 바뀌지 않는 한 우리 농업은 한계에 봉착할 공산이 큽니다.

양돈시장의 미래와 성우농장의 전략은?

●

성우농장의 전략은 지구온난화에 따른 도전과 유통시장의 규격화와 독과점화에 대한 능동적 대응입니다.

지구온난화에 대한 대응

기후 온난화로 인해 계절의 특징이 바뀌었습니다. 길고 더운 여름, 짧고 추운 겨울 그리고 봄과 가을은 짧지만 일교차가 큰 환절기가 되어 버렸습니다. 여름이 길고 더워지면 불가피하게 축사에 에어컨을 설치하는 등 에너지 소모가 커집니다. 일교차가 큰 환절기에는 돼지들이 호흡기 질환 등 질병에 더욱 잘 걸립니다. 사람들에게도 환절기에 감기가 유행하는 것과 같은 이치입니다. 이에 대한 성우농장의 대응방법은 1) 에너지 효율성을 고려한 축사 신축 및 개조, 2) 신재생 에너지 생산, 3) 정밀한 축산을 이루어내는 것입니다.

앞에서도 말씀드렸듯이, 저유가와 싼 전기값이 지속되지 않을 것은 자명합니다. 결국 농장이 앞으로도 수익성을 확보하기 위해서는 에너지 효율성을 높이는 방법밖에 없습니다. 구체적으로 우리 농장은 냉난방 비용을 최소화하는 방향으로 축사를 신축, 개조하고 있습니다. 이를 위하여 지열을 활용한 냉난방, 태양의 복사열 피해를 최소화할 수 있는 건축 자재 선정, 축사의 단열 성능 개선 등을 진행하고 있습니다.

이렇게 에너지 효율성을 높이더라도 결국 성우농장은 더 많은 전기와 에너지를 사용할 수밖에 없을 것입니다. 이에 대한 대응으로 성우농장은 축사 지붕에 태양광을 설치한다든지, 가축 분뇨를 활용한 바이오가스 플랜트 설치 등 자체적인 발전 및 에너지 생산을 추진하고 있습니다.

급격한 기후 변화, 특히 일교차가 심한 환절기에도 돼지를 건강하게 잘 키우기 위해서는 축사의 환경 관리가 매우 중요합니다. 돼지 축사는 학교 교실과 같습니다. 교실에 많은 학생들이 옹기종기 앉아 있듯이 한정된 공간에 많은 숫자의 돼지가 모여 있습니다. 공간의 제

약이 있다 보니 좋은 자리를 차지하기 위한 경쟁을 하고, 경쟁에서 밀린 돼지는 취약한 환경에 노출되어 질병에 걸리기 쉽습니다. 그래서 돼지농장에서는 축사의 취약 공간을 최소화하기 위하여 투자와 노력을 아끼지 않습니다. 성우농장도 유럽산 환기 시스템 도입 등 여러 시도를 해왔습니다. 하지만 우리나라와 같은 기후 환경에서는 보다 정밀한 축사 환경 관리 시스템이 필요하다는 결론을 내렸고, 지난 3년간 사물인터넷 기반의 축사 환경 관리 시스템을 자체적으로 개발하고 있습니다. 현재 개발 중인 시스템이 내년부터 본격적으로 가동되면 농장의 생산성이 진일보할 것으로 기대하고 있습니다.

유통시장의 규격화와 독과점화에 대응

지구온난화에 대응하여 돼지를 잘 키우더라도 제값을 받지 못하면 도루묵입니다. 성우농장이 유통시장의 규격화와 독과점화에 대응하지 않을 수 없는 이유입니다. 이에 대응하여 성우농장은 1) 사육방식의 다양화, 2) 소비자와의 연계성 강화를 진행하고 있습니다. 구체적으로 일반 백돈(삼원교잡종) 이외에 버크셔, 듀록, 피어트레인, 재래돼지 등 다양한 돼지들을 시험 사육하여 고급육 생산을 탐색하고, 방목 등 보다 돼지를 배려하는 방식으로 사육 방식에 변화를 주고 있습니다.

또한 소비자 연계성 강화를 위해 성우농장은 시식회 등을 통하여 소비자의 반응을 살피며, 성우농장의 돼지고기만을 사용하는 파트너 식당 및 육가공 회사 네트워크를 구축하고 있습니다. 궁극적으로 성우농장은 다른 농장과 차별화된 돼지를 생산하고 그 가치를 소비자에게 전달할 수 있는 농장이 되고자 합니다.

사회적 책임

당장 농장의 이익과 직결되지는 않지만 성우농장이 많은 관심을 기울이고 있는 주제가 '마을과의 상생'입니다. 사실 가축 분뇨에서 발생하는 악취, 메탄가스 등으로 돼지농장은 마을에 민폐를 많이 끼치고 온실가스를 배출하는 등 부정적인 면이 있습니다. 저희 농장이 내년을 목표로 가축 분뇨를 활용한 바이오가스 플랜트를 추진하는 이유입니다. 바이오가스 플랜트가 완공되면 가축 분뇨에 따른 악취도 대폭 줄일 수 있고 특히, 가축 분뇨에서 발생하는 가스를 신재생 에너지화 함으로써 성우농장은 지구온난화 방지에 기여하는 농장으로 자리매김할 수 있을 것입니다.

또한 바이오가스 플랜트에서 발생하는 폐열을 마을에 공급하고, 신재생에너지 판매 수익의 일정 부분을 마을 태양광 설치 재원 등으로 지원함으로써 우리 농장이 자리잡은 원천마을의 에너지 문제에도 기여할 계획입니다. 이외에도 마을기업을 매개로 돼지 방목 및 가공 사업을 마을과 공동 추진하는 등 마을의 발전에 기여하는 농장이 되고자 노력하고 있습니다.

요즘 "성우농장이 동시에 다양한 일을 너무 서둘러 하고 있지 않나요?"라는 질문을 많이 받습니다. 하지만 앞으로 닥칠 미래를 생각해 보면 시간은 결코 우리 편이 아닙니다. 저는 앞으로 우리 농장에 허락된 시간을 5년 정도로 보고 있습니다. 앞으로 남아 있는 시간 5년…. 5년이 지난 훗날, 미래의 도전에 대응할 준비가 되어 있는 지속 가능한 농축산 기업, 성우농장을 그려봅니다.

이도헌

인생 패러다임을 바꾼
'변신돼지'를 키우는 '양돈경영인'

새벽 6시 반, 허겁지겁 장항선에 오른다. 다행히 문을 연 작은 도 넛 가게가 있어서 달콤한 도넛 1개와 뜨거운 모닝커피를 확보하고, 난생 처음으로 돼지농장을 방문한다. 아직 동이 트지 않은 새벽이라 찬 기운이 온 몸에 스며든다. 플랫폼에 앉아 추위를 녹여주는 뜨거운 아메리카노를 한두 모금 홀짝거리고 나니, 비로소 기차역 전광판이 눈에 들어온다. 곧 출발이다. 서울 용산을 출발해서 익산까지, 장항선 을 타고 서해를 따라 내려가면 천안, 온양, 예산을 거쳐 홍성군이 나 온다. 우리나라 돼지축산 1번지다. 돼지농장은 어떤 곳일까? 나는 한 번도 가본 적 없는 농장 풍경을 상상하며 기차에 오른다.

참으로 오랜만에 타보는 새마을호다. 좌석공간은 KTX보다 넓지 만 세월의 흔적은 지울 수 없는지 낡았다. 내 나이 20대, 서울에 첫 상 경할 때 만났던 번쩍거리던 새마을호가 눈앞에 스쳐 지나간다. 젊고 화려했던 시절은 누구에게나 있다. 젊었던 새마을호는 최고의 쾌적함 과 빠름을 자랑하던 1등 열차였다. 창밖 풍경을 감상하며 스테이크를 썰 수 있는 양식당 칸이 딸려있고, 내내 서서 가는 입석표도 없었다.

쏜살같이 빠르고 세련된 젊은 KTX가 등장하기 전까지는 말이다. 잘 나가던 시절의 주전투수는 아니지만, 새마을호는 지금도 전국 방방곡곡 상하행선을 달리며 자기 소명을 다한다. 창밖 풍경을 느릿느릿 펼쳐내며 달리는 새마을호는 화려하지는 않지만 여전히 아름답다.

새마을호뿐이랴. 20대 청년시절부터 50대 중년에도 자기만의 일을 발견하고 여전히 달리는 것이 우리 인생이다. 누구는 평생 한 분야만을 파기도 하지만, 또 누구는 어떤 전환을 일궈내며, 중년의 나이에 가본 적 없는 새로운 길을 나서기도 한다. 어떤 분야의 전문가는 어떻게 만들어지는 걸까? 평생 그 일을 하며 전문성을 키워가는 한 분야의 장인도 있지만, 지금 막 뛰어든 낯선 분야에서 새로운 혜성으로 등극하는 발상이 남다른 전문가도 존재한다.

돼지를 만나 인생 패러다임이 바뀌었다는 홍성 성우농장 이도헌 대표. 그가 사는 마을은 이 대표를 만나고 새로운 생태마을로 변신 중이다. 돼지가 위축된 우리 농촌 마을의 패러다임을 바꿔줄 수 있을까? 만일 그렇다면 이도헌 대표에게 '또 한 번의 아름다운 시절', 화양연화花樣年華가 가능하리라.

돼지농장 – 생태마을, 도시와 농촌의 상생, 새로운 사업을 창출하는 플랫폼이 되다

"돼지를 키우신다고요?"

"네, 저는 홍성에서 돼지 키우는 사람입니다."

내가 처음 이도헌 대표를 만난 것은 지금은 문을 닫은 서울의 한 파인다이닝 식당이다. 여러 분야, 좋은 사람들과 만나 함께 맛난 음식을 맛보며 농업과 먹거리에 대한 고민을 나눈다는 이도헌 대표. 내 눈에 비친 그의 모습은 돼지와 전혀 무관해 보였다. 내가 가진 농촌 생산자에 대한 고정관념(?) 때문일까? 식탁 의자에 꼿꼿한 자세로 앉아 차분하고 논리적인 어투로 먹거리 산업 하나하나에 대해 자신의 의견을 풀어가는 그는 영락없는 경제분석가다. 평생 손에 흙 한 번 안 묻혀봤을 도시사람이다. 귀농했다지만 시골과 어울려 보이지 않았다. 하지만 그는 스스로를 '돼지를 키우는 사람'이라고 말했고, 그 말을 할 때는 약간의 미소를 띠며 뿌듯함을 드러냈다. 그는 어떤 인생을 살다가 귀농하여 돼지를 키우게 됐을까 궁금했다.

"혁신이 끝났다고 생각했습니다. 글로벌 금융업도 ICT 산업도 더 이상 희망이 없다는 생각이 들었습니다. 결과물이 쌓이지 않는 일, 인간의 행복이 아닌 자본의 축적만을 위한 일에서 희망을 찾기 힘들었습니다."

그는 경제학과를 졸업, 미국 뉴욕 월가 LTCM에서 헤지펀드 운용에 참여하며 첨단 금융기법을 접했고, 28살의 나이에 금융컨설팅-ICT 회사인 LKFS를 설립해 코스닥에 상장시킨 금융 ICT 전문가다. 외환위기 이후에는 말레이시아 중앙은행 대표이사와 국제금융기구인 아시아 개발은행에서 컨설턴트 일을 했고, 이후 한국투자증권에서 해외사업 상무이사를 역임하다가 2010년, 돌연히 금융계를 떠난다.

"은퇴를 생각했습니다. 만일 일을 계속한다면 결과물이 쌓이면서 평생 할 수 있는 일을 찾고 싶었습니다. 그래서 에너지 산업과 농축산업에 주목했습니다. 처음에는 자본투자만 생각했습니다. 위험요소를 줄이기 위해 전국을 돌며 철저한 시장조사와 현장답사를 하여 수익을 창출할 수 있는 돼지농장을 찾았습니다. 그때만 해도 제가 직접 농장을 경영하리라고는 꿈에도 생각하지 못했습니다.

좀 유쾌하게 말하자면, '졸지에 귀농', '얼떨결에 돼지농장 대표'가 되었습니다. (웃음) 평생 도시에 살았던 제가 귀농을 한다는 것은 제 스스로도 놀랄만한 일생일대의 사건입니다."

원숭이도 나무에서 떨어진다고 했던가? 철저히 두드려보고 돌다리를 건넜다고 확신했건만 그가 투자한 돼지농장은 부실농장임이 드러났고, 재무위기에 빠진 돼지농장은 경영에 일가견이 있는 구원투수가 절실했다. 오십 중년, 인생 2막의 여정은 자산투자 수익만 거두면서 여유롭게 살고자 했던 그는 점점 농촌과 돼지에 빠져들며 새로운 소명을 발견하게 된다.

그는 귀농 5년차다. 농림부 국민공감 농정위원을 맡았고, 농업정책보험 금융원 전문위원이며, 그가 사는 마을에서는 마을발전추진위원장이다. 그의 농장은 누구나 벤치마킹하고 싶어 하는 '특별한 플랫폼'(?)이다. 마을과 상생, 도시와 농촌이 소통하는 생태 농축산을 꿈꾸며 돼지농장을 플랫폼 삼아 바이오가스 플랜트 설비구축, 축사관리 IOT 시스템을 개발하여 생태 에너지사업에 적용 중이다. 생명이 사는 돼지농장을 또 다른 사업을 창출하는 기반으로 삼는 참신한 발상이 돋보인다.

세상을 원리로 파악, 하기 싫은 일은 하지 않는 근성

"저는 3남 3녀 중 장남입니다. 컨테이너 박스를 신고 연일 대형 어선이 수없이 들락거리는, 무역의 중심 부산항 부둣가 출신입니다. 아버지는 피혁을 생산하는 공장을 운영하셨고, 제가 다닌 성남초등학교는 빈부 차이가 많이 났습니다. 아버지가 사업을 하셨기 때문에 저는 별 어려움 없이 부유한 어린 시절을 보냈습니다. 다만 힘듦이 있었다면 제가 학교를 1년 일찍 들어간 것입니다. 아버지 판단에 꽤 머리가 좋고 학업능력이 뛰어나다고 생각하셨는지 유치원을 안 보내고 바로 학교에 집어넣으셨습니다. 그래서 체격이 왜소했습니다. 남녀 합쳐서 반에서 제 키가 제일 작았습니다. 어려움이 있었죠. 큰 덩치의 아이들이 저를 건드리는 위험이 발생했습니다. 하지만 저는 부당한 힘에는 굴하지 않는 편입니다. 제 생각에 비겁하거나 부조리한 것에 대한 반항심이 컸습니다. 왜소했기에 소위 '깡다구' 하나로 거친 아이들 속에서 나를 지켰습니다. 키는 작았지만 공부는 곧잘 했고, 깡다구가 통했는지 줄곧 반장을 했습니다. 키는 중2 때 컸습니다."

"초등학교 5~6학년 때는 과학자 특히, 천문학자가 되고 싶었습니다. 그것은 어린 시절 강렬했던 시골 경험 때문이었습니다. 방학이 되면, 아버지를 따라 고향 선산이 있는 경남 합천 두메산골에 자주 놀러 갔습니다. 시골 동네 아이들 10여 명과 우르르 몰려 다니며 논물이 마를 때는 잉어를 잡고, 외양간에 있는 동네 소들을 끌고 나와 풀을 먹였습니다. 커다란 종을 목에 단 소를 끌고 산과 들을 돌아다니다 보면 어느새 저녁밥 짓는 냄새가 나고 하늘이 깜깜해집니다. 마을에 돌아오면서 하늘을 쳐다보면 수많은 별이 제 눈에 떨어졌습니다. 경이로웠습니다. 시골의 별을 경험한 저는 자연의 원리가 궁금해졌습니다. 중학교 때 천문학의 거장, 칼 세이건의 책『코스모스』를 집어 들었습니다. 물론 그 시절에는 이 책의 내용을 소화할 수 없었지요. 이 책은 우주의 기원과 더불어 그 속에 녹아 있는 진화론, 생물학, 물리학, 화학, 고대 신화 등 다양한 내용을 연속적인 스펙트럼 속에 고찰하고, 최종적으로 인간존재의 위상과 정체성에 대한 심도 있는 고민이 녹아 있습니다.

그래서인지 저 역시 인간이란 존재에 대한 고민이 자연스레 생겼던 것 같습니다. 고등학생이 되자 '예수'라는 사나이에 관심이 갔어요. 그래서 부모님 몰래 민중신학, 성경책을 찾아 읽었습니다. 고3이 됐을 때는 물리학에 끌렸습니다. 천문학자가 되려면 물리학 공부가 가장 중요해 보였죠. 이과대 물리학과를 가고자 했지만, 바람과 달리 공대 자원공학과에 입학합니다. 대학에 들어갔더니 캠퍼스는 연일 민주화를 위한 데모가 끊이지 않았습니다. 저 역시 불의를 참지 못했고 세상이 돌아가는 사회의 메커니즘에 더욱 관심 갖게 되었습니다. 그래서 6개월만에 공대 공부를 포기합니다. 다시 입시를 준비했지요. 경제학을 공부하고 싶었습니다. 모든 삶의 기초가 경제라고 생각했습니다. 그래서 경제원리를 공부했습니다. 이과에서 문과로 전환하여 3개월을 꼬박 공부해서 다시 경제학과에 입학하게 되었습니다."

자기만의 대안 마을

이도헌 대표는 자연의 원리와 세상의 진리 탐구에 대한 욕구가 크다. 그는 사람과 자연, 세상의 원리를 하나의 시스템으로 연결하여 통찰하기를 좋아한다. 자신이 생각하는 중요한 가치나 신념은 큰 산이라도 옮길 정도로 굳건하다. 현실 조건에 따르기보다 진리와 가치, 가능성에 따라 움직인다. 도심 비즈니스맨으로서 쾌적한 빌딩 숲에서 잘 나가던 그가 돼지 분뇨냄새 가득한 돼지농장을 선택하고 낙후된 농촌 마을에서 사업을 펼치는 이유다. 그는 동식물을 키우는 자연친화지능이 뛰어나 보이지도 않았고, 전원생활을 동경하는 여느 귀농인과 달랐다. 그곳이 어디든 상관 없이 가능성을 발견하면 모든 것을 연결하여 자기만의 설계도를 그려내는 사람, 새로운 시스템을 구축하는 이상주의자다.

"음식이요? 사실 저는 어린 시절부터 음식 그 자체에 대해서는 관심이 크지 않았습니다. 맛있는 것을 먹는 건 좋아하지만 제가 직접 찾아다니며 먹거나 하지는 않았습니다. 먹는 양도 많은 편이 아닙니다. 딱 적당히 배부른 만큼, 식탐이 별로 없는 아이였습니다. 입도 짧았습니다. 그래서 어머니가 저를 제대로 먹이려고 고생 꽤나 하셨습니다. (웃음) 제 생각에 저는 평범한 입맛의 소유자입니다. 하지만 어머니가 요리 솜씨가 좋아서 다양한 요리를 만들어 주긴 하셨습니다.

제가 음식과 먹거리, 식재료에 대해서 본격적으로 관심 갖기 시작한 것은 돼지를 키우면서부터입니다. 저는 여러 식당을 찾아다니며 먹거리에 관심 있는 소위, 미식가들과 함께 음식을 나눠 먹으며 맛에 대한 다양한 경험을 하고 있습니다. 예전에 없던 제 모습입니다. (웃음) 사실 저는 맛 그 자체보다 식당 테이블에 앉아서 'Farm to table'을 생각합니다."

다소 이상주의자인 이도헌 대표는 도시와 농촌, 생산자와 소비자, 셰프가 상생할 수 있는 먹거리 시스템을 고민한다. 그는 지속 가능한 생태농업과 함께 상생하는 '큰 공동체 그림'에 관심이 많다.

"저는 아버지로부터 사업가 기질을 물려받았습니다. 어떤 일에 관심이 가면 일단 시장조사를 합니다. 확신이 들어서 사업을 벌일 때는 저와 함께 일을 할 사람을 물색하여 적재적소에 배치하지요. 그리고 함께 일을 할 때는 모두를 책임지고 갑니다. 제 아버지는 가부장으로서 늘 공동체를 살피고 챙기는 큰 바위 같은 분이었습니다. 가정도 사업도 아버지 개인보다 전체를 먼저 생각하며 큰 그림을 그리는 분이었죠. 저 역시 제가 잘 되기를 바라지만, 이왕이면 돼지농장이 있는 우리 마을이 잘 되기를 바랍니다. 그리고 저와 인연을 맺는 농장식구들, 도시의 식당이나 셰프가 함께 잘 되기를 바라는 마음입니다."

이도헌이 생각하는 음식의 가치

"저에게 음식의 가치는 늘 가족공동체를 먼저 챙겼던 아버지와의 추억입니다. 아버지는 여느 아버지들처럼 무뚝뚝한 분이었습니다. 학창 시절, 가끔 저를 불러내서는 육개장을 사주셨습니다. 그리고 이렇게 한 마디 하십니다. '요즘 공부는 잘 되나….' 그 한 마디는 저의 고민을 녹여주는 든든함이었습니다. 음식은 추억입니다. 아버지와의 육개장 한 그릇의 추억이고, 제 아이들과 제가 좋아하는 사람들과 만들어 갈 또 다른 추억이고 즐거운 고민덩어리입니다. 오늘은 누구와 어떤 맛있는 걸 먹을까요?"

THE VALUE OF FOOD

04

레스토랑의
생존전략

'월향', '문샤인'
이여영 대표

아픔
나의 위기감, 다시 시작점에서 고민하다

●

2010년 2월 14일, '월향' 1호점을 연 뒤 연일 승승장구했습니다. 1년 뒤 월향 2호점을 열고, 2012년에는 와인포차 '문샤인'을 열었습니다. 홍대 뒷골목에서 시작한 월향은 이태원, 가로수길, 일본 오사카로 뻗어나가며 약 4년간 별 어려움이 없었습니다. 전통을 트렌드로 내세운 참신한 콘셉트의 주점, 월향을 경영하면서 저는 자신감에 차 있었습니다. 처음 시작한 장사지만, 고객들로부터 술과 안주 메뉴도 맛이 좋다는 평가를 받았습니다. 그 당시는 순수익도 높았습니다. '이런 맛에 장사를 하는구나…!' 하며 흡족했습니다. 머릿속에는 새로운 매장 계획들을 그리며 점점 성장하는 월향을 꿈꾸고 있었습니다. 저는 막걸리 주점인 월향을 뛰어넘는 '좀 더 폼나는 규모의 회사'를 하고 싶었습니다.

〈월향의 로고들〉

그런데 위기가 찾아왔습니다. 2014년 4월 세월호 사건이 터지고, 연이어 2015년 5월에 메르스ᴹᴱᴿˢ 사태가 터지면서 식당에 손님의 발걸음이 뚝 끊어졌습니다. 매출이 추락하기 시작했습니다. 순식간이었습니다. 2014년과 2015년은 저에게 정말 어려운 시기였습니다. 장사치가 늘 하는 입에 발린 소리가 아닙니다. 자영업 최악의 시기였습니다. 그중에서도 주점이 처한 매출 감소세는 1997년, IMF 구제금융사태를 겪었던 외환위기에 버금갔습니다. 월향으로서는 창립 후 최고의 위기였습니다. 걱정스러운 것은 단순한 매출 부진이 아니었습니다. 저는 매일같이 불면의 밤을 보내면서 월향 식구들에게 편지를 썼습니다. 그간의 느슨했던 제 태도와 회사 분위기를 다잡기 위해서 매일 매일 목숨 걸자고 의기투합했습니다. 그리고 우리를 돌아보게 되었습니다.

2010년에 처음 문을 열고 3~4년간 월향이 상대적으로 괜찮은 성과를 내면서 회사 경영에 조금 방만해진 면이 있었습니다. 그것이 진짜 걱정이었습니다. 2014년, 2015년 위기를 겪으면서 저는 외부의 적보다 내부의 적을 점검하기 시작했습니다. 월향의 방만함과 나를 비롯한 월향 식구의 방심이 정말로 두려운 적이었습니다. 손님의 발걸음이 끊어지자 가게를 유지하며 월향 식구를 먹여 살려야 하는 현실은 웬만한 공포물보다 무서웠습니다. 새벽 2시, 하루 영업이 끝나고 각 점포 매니저들이 카톡 메신저로 보고하는 그날의 매출은 하루하루 최악의 기록을 갈아치웠습니다. 다음 날이면 은행 이곳저곳과 세무서에 불려 다니곤 했습니다. 일상적인 상황에서라면 체납이나 대출 연장도 가능하지만, 전반적인 경기불황 상황이라 은행과 세무서의 온갖 엄포를 다 당해내어야 했습니다.

그런 절박한 상황에서 새로운 빚을 얻었습니다. 있는 자산까지 팔아가며 위기에 맞서는 그런 시기였습니다. 하루하루 고난의 연속이고 다음날을 기약조차 할 수 없었습니다. 버티는 것, 사력을 다해 견뎌내는 것만이 월향을 지키는 방법이었고, 저는 월향 식구들에게 '나를 버리고 우리를 내세울 것'을 당부하며 씀씀이를 줄여 매장을 순차적으로 관리하는 긴축과 현장 경영으로 구조조정에 들어갔습니다. 죽기를 각오하고 달렸습니다.

월향은 직장인을 대상으로 술과 음식을 파는 주점입니다. 주로 회사의 법인카드 결제 매출이 많았습니다. 경기가 어려워지면 당연히 법인카드로 지불되는 술값 매출이 줄어듭니다. 정말 망할뻔했습니다. 두 해를 지내면서 약 30억을 까먹었습니다. 메르스가 잦아들고 위기는 지나갔지만 '앞으로 또 이런 위기가 오면 어떻게 극복할까?' 하는 생각이 들자 저는 자신감이 없어졌습니다. 아니, 답이 없었습니다. 애초에 술과 음식을 파는 주점을 하지 않았어야 했다는 생각이 들기도 했습니다.

혹시 자전거 원리를 아시나요? 페달을 계속 돌리지 않으면 쓰러지는…. 장사를 하다 보니 위기를 맞이하고, 계속 장사를 해야 하니 대출을 받고, 매장 유지를 위해 무언가를 시도하지 않으면 그 순간 쓰러집니다. 2015년 전까지는 블로그, 페이스북 같은 SNS를 이용한 차별화된 홍보전략이 효과를 보았지만, 홍보는 차선책일 뿐 메르스 사태를 겪고 나니 '음식점에서 가장 중요한 것이 무엇인가'를 다시 원점부터 고민하기 시작했습니다. 술집의 한계를 보았습니다. 누구나 어려움이 닥쳐도 밥 세 끼는 꼭 챙겨먹지만 술값은 다릅니다. 경기가 어려워지면 가장 먼저 지갑을 닫는 돈이 술값입니다. 그래서 과감한 변화가 필요했습니다. '술집을 넘어서는 더 근원적인 무엇을 해야겠어!' 저는 월향의 콘셉트부터 다시 고민하기 시작했습니다. '술집이라는 이미지를 없애는 거야.' 절대 피해갈 수 없는 시장 침체의 시기를 경험하면서 저는 더 이상 중장기 계획을 세우지 않게 되었고, 경영에 어떤 정답은 없다고 생각했습니다. 3~5년 후가 어떻게 될지 모르니 상황에 맞게 변신할 수 있어야 살아남는다는 생각이었습니다.

돌파구

밥밥밥, 밥집은 견디더라. 막걸리 전문점에서 '발효주방' 밥집으로

●

사람들은 늘 핑계를 댑니다. 건강 때문에 술을 많이 못 마신다고 말하지만, 사실은 주머니 사정이 좋지 않은 것이 술집에 가지 않는 가장 큰 이유입니다. 본격적으로 2차, 3차, 4차까지 마시던 시대는 갔습니다. 그래서 월향은 더 이상 '막걸리 전문점'이라는 표현을 쓰지 않습니다. 밥, 한식을 주도하는 외식업체로 방향을 잡았습니다. 트렌디하게 갈 것인가, 전통적인 본래의 맛으로 갈 것인가. 밥 중심의 외식업체를 할 때 누구나 고민하는 지점입니다. 저는 이런 고민이 들 때는 여기 저기 맛집을 직접 가봅니다. 맛집 탐방을 나가보면, 오랜 전통을 자랑하는 밥집들은 늘 흔들림이 없습니다.

신사동에 위치한 70년 전통의 불고깃집 '한일관'이 있습니다. 가끔 그곳에 불고기를 먹으러 갑니다. 한일관의 불고기는 맛으로만 평가할 수 없습니다. 70년 전통도 그렇고 그 세월 동안 꾸준히 지켜온 맛도 그렇지만, 무엇보다 홍대 일대의 트렌디한 맛집에 질려버린 입맛이라면 가장 기본에 가까운 한일관의 음식차림은 그야말로 '치유의 음식'이라고 할 수 있습니다. 정성스런 서비스와 깨끗하고 정갈한 맛, 합리적인 가격과 세심한 코스구성, 계절마다 바뀌는 죽과 샐러드 그리고 각종 반찬들, 국물 자작한 서울식 불고기, 냉면 사리를 따로 주문해서 전골판의 불고기 국물에 담궈 먹는 것까지 각각의 맛이 일품입니다. 식사 메뉴로 냉면, 육개장이 있으며 마지막에 나오는 후식까지 챙겨 먹으면 밥 한 끼 든든히 먹었다는 생각이 듭니다.

제가 아는 선배 하나는 외국 출장가기 전이면 꼭 한일관에 들러서 불고기를 먹어야 한다고 말합니다. 가끔 그 선배와 한일관에 가면 불고기가 푸짐하게 차려진 밥상을 마주하며 맥주와 소주를 곁들입니다. 술이 중심이고 음식이 곁들여 나오는 주점은 답이 아닙니다. 또한 트렌디하고 세련되었지만 기본에 충실하지 않은 어설픈 맛집도 답이 아닙니다. '밥밥밥', 식사를 메인으로 가는 밥집 콘셉트가 월향이 나갈 방향이었습니다.

여러모로 어려운 상황에서 또다시 문제가 터졌습니다. 이번에는 건물주와의 분쟁입니다. 외식업을 하면서 늘 어려운 문제가 건물 임대 부분입니다. 홍대 주변은 개성 있는 작은 가게들 덕분에 가장 뜨거운 상권이 되었습니다. 그러한 작은 가게들의 공은 아랑곳 없이 조금만 장사가 잘 된다 싶으면 건물주는 곧바로 임대료를 올리기 일쑤입니다. 한 달 사이에도 무수한 가게들이 떠나고 또 새롭게 문을 열고 합니다. 아니나 다를까, 월향 홍대 1호점도 자리를 내줘야 할 위기에 처했습니다. 건물주는 터무니없이 비싼 임대료와 무리한 갑을 관계를 요구하며 재계약을 원했습니다. 저는 건물주와 분쟁을 거듭하다가 거의 쫓겨나다시피 홍대를 떠나게 되었습니다. 월향 1호점은 제가 첫 영업을 시작한 매장이라 어떻게든 지켜내고 싶었지만, 그럴 수 없었습니다. 저에게는 지금까지도 참으로 아픈 손가락입니다. 또한 저와 비슷하게 건물주의 힘에 밀려서 홍대 상권을 떠나가는 수많은 '홍대의 월향'을 바라보면서 늘 안타까움이 겹쳐옵니다. 2015년은 저에게 너무도 힘든 시기였고, 무언가 새로운 돌파구가 절실히 필요했습니다.

홍대 월향을 떠나 새로운 가게 자리를 물색하던 중 저는 다시 큰 판을 벌이기로 했습니다. 홍대를 뛰어넘어 광화문에 월향을 열기로 결정한 것입니다. 사람들은 '왜 광화문이냐?' 하는 질문을 던져왔습니다. 저 역시 스스로에게 똑같은 질문을 던졌습니다. 답은 간단했습니다. 늘 그래왔듯이 월향은 도전하기 때문입니다. 새로운 도전이야말로 월향의 설립 근거이자 존재 이유입니다. 새 도전의 내용은 언제나 신상권 점포 개점 전 일종의 선언문 형식으로 공개해왔습니다.

홍대에서는 그 지역 특유의 아지트 문화를 발전시키고, 이태원에서는 코스모폴리탄의 거리에 우리 전통 문화를 알리고자 했습니다. 그리고 광화문점은 월향의 첫 오피스 상권 도전이라는 의미가 큽니다. 그곳은 홍대나 이태원, 대학로처럼 이미 형성된 트렌드 중심의 거리가 아닙니다. 현실에 지친 직장인을 위로하고 보듬어야 할 공간입니다. 그분들께 가장 필요한 것이 무엇일까를 고심하다 제 짧았던 직장 생활을 돌아보게 되었습니다. 기대에 들떠 출근했던 그곳에서 마주한 잔혹한 현실, 육체적으로 어쩌면 그렇게 힘들던지요. 매일

일을 하는 와중에 짬을 내 화장실 같은 공간을 찾아들어가 벽에 기대 쪽잠을 잤습니다. 시도 때도 없이 끼니를 걸러야 했죠. 이때는 잠깐이지만 서러운 생각마저 들었습니다. 그 시절 가장 그리웠던 것은 정성껏 잘 지은 밥과 오래도록 푹 곤 국물이었습니다. 허기를 달래고 술기운을 잠재우고 싶다는 일상적인 욕망으로 가끔씩 헛것을 보기도 했을 정도였습니다.

그런 제 경험을 반영하고, 전통 술과 현대화된 한식으로 어느 정도 인정 받은 월향이 광화문에 도전장을 내었습니다. 광화문 월향이 직장인들의 꿈, 밥과 국물이 되겠다고 결심했습니다. 곽곽한 현실을 견딜 '밥심'과 술자리의 뒤끝을 이겨낼 '해장력'이 바로 광화문 월향에서 내어놓을 새로운 도전의 실체입니다. 이를 위해 괜찮다는 밥집과 해장국을 전전하기 여러 달, 그간 월향이 추구해온 '왕의 술과 안주'에 이어 '황후의 밥'과 '정승들의 해장국'을 선보이기로 결정했습니다.

사실 광화문점을 열기 위해서는 모험을 해야 했습니다. 세월호, 메르스 사태로 인한 경기 침체를 겪으며 많은 돈을 까먹은 상태라 새 매장을 연다는 것은 어불성설이었습니다. 하지만 어디에나 길은 있기 마련입니다. 월향의 가치를 알아주는 이들이 크라우드펀딩을 제안해 왔던 것입니다. 크라우드펀딩이란 '대중으로부터 자금을 모은다'는 뜻입니다. 소셜미디어나 인터넷 등의 매체를 활용해 자금을 모으는 투자 방식을 말하는데, 최근에는 아이디어 창업은 물론 외식업계에서도 다양하게 활용하고 있습니다. 처음에 저는 당연히 은행에서 자금을 조달하려고 했습니다. 크라우드펀딩 제안을 처음 받았을 때도 거절했습니다. 은행에서 대출하면 간단하게 진행할 수 있는데 괜히 동네방네 떠들어 오해받을 수도 있겠다 싶었습니다. '너네 잘된다더니

〈월향 광화문점〉

돈이 궁하구나'라는 식의 뒷담화를 듣고 싶지 않았습니다.

하지만 펀딩 프로젝트 제안서를 꼼꼼히 검토해 보니 플러스 요인
이 크겠다는 생각이 들었습니다. 조금 거창한 의미를 부여하자면 '핀
테크'와 '전통'의 혁신적인 만남이라는 생각이 들었고, 홍보의 포인트
가 될 수 있겠다는 판단을 내렸습니다. 외식업계에서도 크라우드펀딩
에 대한 관심이 높아지고 있을 무렵이었기 때문에 월향의 이 같은 행
보는 업계에 신선한 화제를 불러일으키기에 충분했습니다. 반 걸음
앞서 나가는 월향의 도전정신은 그 자체로 홍보효과를 누릴 수 있었
고, 동시에 광화문에 새 매장을 꾸밀 '총알'을 마련할 수 있겠다는 판
단을 내렸습니다.

'전국의 유명 전통주를 트렌디한 한식과 함께 맛볼 수 있는 여러
지점을 갖춘 유명 레스토랑 월향', '일본 오사카에 매장을 열어서 막
걸리와 한식을 일본에 알린 한류전도사로서의 역할을 톡톡히 해낸 성
장 가능성이 큰 회사 월향.' 다행히 월향은 월향을 사랑하는 충성고객
들로부터 좋은 평가를 받고 있었습니다. 고객들은 마치 주인처럼 월
향을 아끼는 마음으로 흔쾌히 '투자자'가 되어 주었습니다. 매장 오픈

을 위한 크라우드펀딩이 시작되었습니다. 매장을 꾸미기 위해 필요한 자금은 약 5억입니다. 2015년 9월, 크라우드펀딩 플랫폼인 '빌리'를 통해서 1, 2차에 걸친 투자 모집을 했습니다. 그리고 2개월 만에 목표액을 초과한 5억 3,100만 원의 자금을 만들었습니다. 위기가 다시 기회가 되는 순간이었습니다. 그리하여 2015년 말, 발효주방이자 밥집으로써의 월향이 광화문에 문을 엽니다.

연이은 큰 전환점, 광화문점에 이어 여의도점을 열다

2015년 12월, 월향의 첫 오피스 상권 도전이었던 광화문점은 점점 입소문을 타고 연일 북적이며 광화문 일대 직장인들의 훌륭한 밥집으로 자리잡아 갔습니다. 광화문점을 지켜보면서 2016년 2월에 강남 가로수점의 문을 닫고, 1달 뒤 3월에 여의도점을 오픈했습니다. 고객들이 펀딩으로 모아준 5억은 광화문점과 여의도점 두 매장이 오피스 상권에 성공적으로 안착할 수 있었던 의미있는 총알이 되어 주었습니다. 월향은 오피스 상권의 밥집으로써 충분한 매력을 발휘해 갔습니다.

〈월향 여의도점〉

2015년, 월향 6년차를 보내면서 정말 바닥을 짚는 느낌이었습니다. 계속 자전거 바퀴를 돌리고 있을 뿐, 앞에 안 보이는 막막함에 밤잠을 이룰 수가 없었습니다. 하지만 광화문점을 열면서 다시 앞을 보고 달려갈 변화의 기회를 만들었고, 월향은 광화문점과 여의도점을 통해 술과 밥에 새로운 시도를 합니다.

우선, 두 가지 특성이 있는 술을 한자리에 모았습니다. 한국에서 '곡물 발효주'와 '과일 발효주'를 한꺼번에 해보자는 것이었습니다. 막걸리든 와인이든 모두 발효주입니다. 막걸리는 쌀을 비롯한 곡물, 와인은 포도를 중심으로 한 과일 발효주라는 것 정도의 차이가 있을 뿐입니다. 막걸리를 잘 만들어서 비싸고 고급스럽게 팔자는 취지의 막걸리 전문점 '월향'과 비싸게만 느껴지는 와인을 잘 골라서 부담 없는 가격에 내놓자는 취지의 와인포차 '문샤인', 두 유형의 점포를 운영하다 보니 깨달은 바가 적지 않습니다.

손님들은 의외로 막걸리든 와인이든 크게 가리지 않았습니다. 그저 맛있고 상대적으로 건강에 좋은 술이면 좋아해 주었습니다. 특히 월향이든 문샤인이든, 한 자리에서 두 부류의 술을 모두 맛볼 수 있게 해달라는 주문이 의외로 많았습니다. 한 점포에 월향과 문샤인을 겸한 신사점 같은 형태는 고객의 만족도가 특히 높았습니다. 신사점을 제외한 나머지 매장은 저희 월향 식구들이 막걸리를 문샤인으로, 와인을 월향으로 옮기는 수고를 기꺼이 떠안으며 손님들의 요구에 부응했습니다. 이러한 점에 착안하여 한 매장에 두 가지 특성의 술인 곡물 발효주와 과일 발효주 세팅을 공식화했습니다. 전후와 경중을 따지지 않고 고객이 취향에 따라 즐길 수 있도록 전통주와 와인의 경계를 허물어 버렸습니다.

〈월향의 막걸리와 와인〉

　　또한 발효주방을 갖춘 밥집으로써 직장인의 허기를 달래줄 밥과
국물에 건강에 좋은 '발효식단'을 곁들여 풍성하게 차리고자 했습니
다. 저는 메뉴 개발을 하면서 우리 식재료를 찾아 전국을 떠돌았습니
다. 그러면서 알게 된 것은 우리 음식의 진짜 강점은 발효에 있다는
사실이었습니다. 식재료에 미생물 작용이 더해져 분해를 하면 원 식
재료의 원래 영양분에 발효 생성물이 더해집니다. 이것이 원래 식품
보다도 더 활동력이 뛰어나고 더 질 좋은 영양 성분입니다. 우리 전통
음식인 김치나 젓갈, 각종 장류가 바로 그런 발효음식입니다. 월향은
전국 각지의 김치나 젓갈, 각종 장류를 빈티지별로 담그고 연구하는
분들의 도움을 얻어서, 막걸리 전문점 월향에서는 볼 수 없었던 밥과
국물 같은 점심 메뉴 외에도 발효식단 안주 메뉴를 대거 추가했습니
다. 월향은 광화문점을 돌파구로 삼아서 다시 전환을 이루어냅니다.
이제 월향은 주점을 넘어서 고객을 위한 맛있는 밥집이 되기도 하고,
또 2차, 3차, 4차까지 해결할 수 있는 편안한 술집이 되기도 하는 한
식전문 외식업체로 자리매김했습니다.

월향의 핵심 경쟁력

•

1. 충성고객과 고객 중심주의 – 월향이 하면 팬티 팔아도 산다?

음식점이 싼 가격으로 승부하는 데는 한계가 있습니다. 저는 '손님 1만 명을 만들겠다'는 전략을 가지고 월향을 운영합니다. 고객 중에는 "월향이 하면 팬티를 팔아도 온다"는 분도 있습니다. 바로 월향의 '충성고객'입니다. 월향을 취재하거나 분석하려고 오는 기자들은 저마다 월향의 차별화 요인을 찾아냅니다. 그 중 하나가 충성고객을 만들어 내는 '고객 중심주의'라고 말합니다. 한 기자가 나에게 이런 말을 건네왔습니다. "보통 장사나 창업을 하면 팔 것을 정하고 어떻게 그걸 고객한테 전달할까를 고민하는데, 월향은 고객을 먼저 생각하고 그 사람들한테 필요한 걸 해주려고 하는 것 같아. 고객 하나하나를 남다르게 대하려는 월향만의 정신이 있어."

저는 충성고객 확보가 싼 가격승부보다도 더 중요하다고 생각합니다. 고객과의 일대일 접촉이나 대응은 SNS의 발달 덕분에 더욱 쉬워졌습니다. 누군가 월향에 예약하거나 제안하거나 불만을 털어놓는다고 할 때, 그것을 가장 빠르고 효과적으로 확인하는 방법은 트위터나 페이스북, 블로그를 이용하는 것입니다. 그래서 저를 비롯한 월향 직원들 대부분이 SNS를 활용합니다. 월향은 SNS를 통해 고객의 반응에 즉각 조치를 취하고 고객과 소통합니다. 하지만 손님 중 70%는 SNS를 안 합니다. 혹여라도 말없이 불만을 안고 떠난 손님은 다시 오지 않습니다. 모든 손님은 특별해져야 합니다. SNS를 활용하여 고객을 관리하는 것도 중요하지만, 무엇보다도 데이터가 중요하다고 생각합니다. 매장별, 요일별 손님의 방문 빈도, 불만사항 등 모든 데이터를 정리하여 정보를 만들어내야 한다는 생각입니다.

서비스업, 특히 자영업 분야에서는 아직도 고객을 어떻게 모셔야 할지 잘 모릅니다. 여전히 고객을 그저 돈이나 내는 사람으로 이해합니다. 그런 점에서 제품과 서비스, 경영관리보다 고객을 우선으로 생각하는 자영업자는 그리 많지 않습니다. 월향은 조직운영도 '고객 중심주의'를 고려하여 디자인했습니다. 조직 형태를 슬림하고 역할 분담이 불분명하며 유연한 '임시형 조직adhocracy'으로 만들었습니다. 단계가 많은 관료형 조직은 고객이라는 궁극적인 목표를 잊어버릴 가능성이 높기 때문입니다. 경영 전문가들은 월향의 조직이 체계가 부족하다고 말하지만, 저는 성장을 아무리 지속하더라도 지금의 이런 경영관리 방식을 포기할 생각이 없습니다. 월향의 성장은 충성고객과 함께 할 때 이뤄질 수 있다고 믿기 때문입니다.

2. 진정성 – 좋은 재료보다 훌륭한 요리는 없다

저는 늘 월향에 묻습니다. '우리가 잘하는 게 뭘까?' 대답은 항상 '조금 더 좋은 재료로 고급스럽게 만들어서 손님과 커뮤니케이션을 잘하는 회사가 바로 월향이다'입니다. 싼 재료를 사용하여 싸게 파는 것은 마진의 폭도 적고 대기업이 뛰어들 경우 중소업체는 경쟁이 안 됩니다. 경기가 좋지 않을 때 소비자들은 지갑을 닫지만, 앉은 자리에서 흔쾌히 10만 원, 100만 원을 쓸 수 있는 고객층도 분명 존재합니다. 바로 40~50대 직장인 고객들입니다. 월향은 고객 중심주의와 진정성을 내세우는 고급화 전략을 내세웁니다.

마케팅이 범람하는 시대입니다. 기업들은 연일 자신의 제품과 서비스 관련 정보를 홍수처럼 쏟아내며 세련되게 마케팅합니다. 하지만 월향의 생각은 다릅니다. 마케팅의 양보다 진정성이 훨씬 중요하다는 생각입니다. 과거에는 고객 가치를 구성하는 요소가 품질과 가격이었다면, 요즘은 진정성이 훨씬 더 중요한 요소로 추가되었습니다. 그런데 진정성은 기업이나 식당이 주장한다고 생기는 것이 아닙니다. 진정성을 인정받기 위해 기업은 고객에게 한 약속에 부응하는 품질과 가격 그리고 가치를 내놓아야 합니다. 요즘은 마음만 먹으면 언제든지 구매할 수 있는 상품들이 가득한 풍요의 시대입니다. 이런 시기의 소비자는 어떤 결핍을 느낄까요? 월향은 이 점을 주목하면서 '자연성의 진정성', '특별함의 진정성'을 월향의 경쟁력으로 생각합니다.

　지속적인 농업을 가능하게 하는 제철 농산물이나 농약과 비료를 사용하지 않은 친환경 제품에는 자연성을 기반으로 한 진정성이 배어 있습니다. 월향은 자연 친화적인 막걸리와 산지 직송 제철음식을 내놓으면서 원가를 크게 따져본 적이 없습니다. 생산자와의 직거래를 활성화하여 좋은 식재료를 기반으로 한 독창적인 메뉴를 개발하고 그

〈월향의 주방 모습〉

렇게 만들어진 레시피를 소비자와 흔쾌히 나누고자 합니다. 그리고 특별함의 진정성은 이러한 좋은 재료와 음식을 손님 한 분 한 분의 입맛과 요구에 맞도록 손님이 어떤 의견을 주실 경우, 최대한 귀 기울이며 손님에 맞는 음식을 서비스하려고 애쓰는 마음입니다. 앞서 말한 '고객중심주의'와 진정성은 서로 통합니다. 월향은 진정성을 잃지 않는 회사가 되도록 노력하고 있습니다.

3. 솔선수범과 자율경영 - 상황에 맞게 변화하는 매트릭스 조직(주방, 홀서비스, 손님의 삼박자)

사람을 잘못 써서 망하는 외식업체들이 많습니다. 주방이 무력시위하는 통에 문을 닫아야만 하는 중국집, 일식집이 적지 않습니다. 한식집이라고 상황이 다른 것은 아닙니다. 사장인 저로서는 월향의 식구를 뽑는 기준과 직원을 어떻게 챙길까 하는 문제가 늘 고민이었습니다. 갓 창업한 초기에는 주로 외식업체에서 일을 해온 경험 많은 사람 위주로 직원을 뽑았습니다. 하지만 한계가 있었습니다. 그들은 자기만의 방식과 어설픈 관행에 대한 고집이 있었습니다. 남과 다르게 하려는 월향의 방침과는 자주 부딪쳤습니다. 그래서 차라리 외식업에 처음 발을 들여놓는 초보를 선택하자는 쪽으로 기준을 바꾸었습니다. 그들에게 월향의 정신을 가르치고, 외식업계의 새로운 표준을 만들어가는 것이 제 생각이었습니다. 쉽지는 않았습니다. 시행착오도 많았습니다. 무엇보다도 저 자신이 변하지 않으면 안 되었습니다.

사장으로서 일일이 들여다보고 잔소리하는 기존의 방식은 한계가 있습니다. 월향 식구들에게 잔소리꾼 시어머니가 되고 싶지는 않았습니다. 그래서 제가 먼저 솔선수범하여 바쁠 때는 궂은일을 마다

하지 않고 현장에서 일합니다. 저는 자율 경영관리가 더 효과적이라고 생각합니다. 정확한 역할 분담이나 업무 구분보다도 언제나 조직이 매트릭스처럼 변화하며 스스로 알아서 일을 만들어 하는 방식을 추구합니다. 그냥 시키는 것만 하고 싶은 사람이라면 월향에 남아있기 힘듭니다. 외식업체 경험이 있는 직원들과는 이 문제로 많이 부딪쳤지만, 저는 남과 다르게 해서 남다른 성공을 거두고자 각자의 자율성의 힘을 강조합니다. 직원을 뽑는 입사 과정에서 미리 말을 합니다. 월향의 특성을 정확하게 알리고 면접과정에서도 우리의 특성에 동의하며 발 맞춰 나갈 수 있는 사람을 선발합니다.

조직은 매트릭스처럼 운영하지만 큰 범주 내에서 '사장의 역할', '주방의 역할', '홀의 역할'은 분명하게 짚고 넘어갑니다. 제 남편은 셰프입니다. 저는 남편이랑 신혼 초에 헤어질 뻔했습니다. 남편은 한 가지 요리에 꽂히면 아침, 점심, 저녁 할 것 없이 최소 3주는 그것만 만들고 그것만 먹습니다. 가령, 짬뽕에 꽂히면 서울에 유명한 짬뽕 가게는 다 방문하여 맛을 보고 나서, 매 끼니마다 짬뽕을 만들면서 짬뽕 연구에 들어갑니다. 그럴 때면 저는 3주 내내 짬뽕만 먹어야 했습니다. 이러한 남편의 '한 곳에 꽂힘'은 지금도 계속됩니다. TV도 '생활의 달인' 류의 프로그램을 즐겨봅니다. 즐겨보는 정도가 아니라 3박 4일 동안 그것만 보는 일도 있습니다. 셰프라는 '기술자의 입장'에서 생활의 달인에 나오는 주방의 구조를 보고, 장인의 손놀림을 보면서 혼자 연구합니다.

셰프 남편과 살면서 깨달은 것이 많습니다. 음식점의 사장이라면 그 식당을 디자인하여 끌고 나가는 기획자입니다. 사장은 장인으로서 오직 음식과 주방의 세계에 빠진 셰프를 충분히 이해해야 합니다. 셰프가 자기만의 음식 세계 구현을 위해 어떤 집중을 할 때 그렇게 할 수 있도록 도와주어야 합니다. 그와 동시에 셰프가 만들어 낸 요리가 소비자와 잘 커뮤니케이션될 수 있게 조절하는 역할을 해야 합니다. 셰프가 너무 요리에 집착하여 과해지면 소비자에서 멀어지고, 재료를 얄팍하게 써서 소홀한 음식이 나오면 그것 또한 외면받습니다. 그리고 손님이 국물이나 반찬을 더 달라고 한다든지, 알레르기가 있는 새우는 빼달라고 하는 등의 요구 상황이 있을 때, 주방이 바쁜 시간일 경우에는 당연히 싫어합니다. 하지만 사장은 다릅니다. 홀 서빙 담당자가 손님들의 세세한 요구사항까지 주방에 전달하고 이것들이 그대로 받아들여져서 고객이 만족할 수 있도록 컨트롤할 수 있어야 합니다. 사장은 전체를 조망하며 주방과 홀 서비스, 손님 사이의 삼박자를 잘 맞추어야 합니다.

4. 메뉴 개발 – 결국은 개발이다

월향에는 아직 메뉴 개발팀이 없습니다. 스타벅스 같이 규모가 아주 큰 회사로 성장한다면 메뉴 개발팀이 있어야 하겠지만 아직은 아닙니다. ㈜놀부가 우리 회사에 구경 왔던 적이 있습니다. 제가 월향을 소개하면서 메뉴를 개발하는 것이 힘들다고 하소연을 했더니 이런 말을 했습니다. "메뉴 개발팀은 매출 1천 억까지 가면 그때 생각하세요. 100억 매출하면서 메뉴 개발팀을 만들 생각은 하지 마세요." 맞는 말입니다. 모든 팀 구성은 비용입니다. 조직이 커지고 팀이 많아지면 각자 맡은 역할 속에 전문성을 발휘하기도 하지만, 조직의 유연성이 떨어져서 자율성을 해치고 창의적인 아이디어를 놓치기도 합니다.

회사 내에 따로 메뉴 개발팀을 만들면 사장은 메뉴 개발팀에 적절한 인원을 다시 뽑습니다. 보통 대학에서 메뉴 개발과 관련한 전공자를 선발하여 따로 사무실을 운영합니다. 이럴 경우 그동안 주방 한 구석에서, 홀 식탁 한켠에서 주방과 손님과 호흡하며 나름의 메뉴를 고민한 기존의 현장 직원들의 아이디어는 뒷전으로 밀릴 가능성이 있습니다. 나름 창의적인 아이디어를 낸 그들은 일종의 배신감을 느끼며 기운이 빠지고 괴리감이 생길 수도 있습니다. 그럼에도 어느 식당이나 맛있는 음식을 위한 메뉴 개발은 가장 중요한 부분입니다. 식당은 메뉴 개발을 위해서 어떻게 해야 할까요?

우선 다양한 요리를 많이 먹어봐야 합니다. 우리나라 식당뿐만 아니라 세계 여러 나라를 방문하여 유명하다는 요리를 맛보고, 그곳만의 노하우가 있는 식당들을 찾아갑니다. 식재료와 레시피, 메뉴를 공부합니다. 메뉴 개발을 위해서는 먹고 마시고 느끼며 공부하는 것이 답입니다. 그리고 메뉴 개발 역시 결국 한 사람이 전체 메뉴를 조망하고 컨트롤해야 합니다. 고객의 입맛과 세상의 트렌드를 읽어내고 본인 식당 메뉴에 대한 정확한 통찰력이 있어야 직원들의 다양한 아이디어를 수렴하고 끌고 갈 수 있습니다. 요리를 할 줄 모르더라도 사장이 주방의 셰프들보다도 훨씬 많은 식당을 돌아다니고 미식에 대한 경험이 많다면 주방 직원들도 사장의 의견을 존중할 겁니다.

저는 몸으로 느끼고 경험으로 부딪치며 메뉴 개발을 해야 한다고 생각합니다. 누군가가 물어옵니다. "메뉴 개발을 위해 외식 컨설팅을 받으면 어떤가요?" 저는 딱 잘라 말합니다. "비추입니다." 모든 식당은 저마다의 특징이 있고, 그에 맞게 메뉴 개발도 다르게 적용되어야 합니다. 외식 컨설팅으로 나온 메뉴가 정말 인기를 끌 수 있다면 외식 컨설팅하시는 분들이 식당을 열어 그 메뉴를 팔아 이익을 낼 수 있을

텐데, 그분들은 결코 식당을 내지 않으십니다.

월향의 경우는 신메뉴를 개발할 때 주방의 요리 속도, 홀서빙의 원활함, 고객의 반응 등을 모두 고려해서 메뉴를 내어 놓습니다. 각 매장별로 나온 신메뉴는 매장별 직원과 방문고객들이 인스타그램 등에 태그하여 올린 정보를 모두 모아서 전 직원이 공유합니다. 그리고 신메뉴에 대한 평가를 통해 최종적으로 가장 좋은 조합을 만들어 냅니다. 그렇게 나온 하나의 것이 월향의 신메뉴가 됩니다. 신메뉴의 맛은 어떠해야 할까요? 미식가들이 입에 넣는 순간 탄성을 지르는 맛이어야 합니다. 첫 한 입을 넣을 때 '아!' 하는 감동이 터져 나와야 고객의 재방문율이 높습니다. 월향 초반에는 술에 곁들이는 안주 같은 트렌디한 메뉴 개발을 추구했지만 밥집으로 콘셉트를 바꾼 뒤로는 늘 '본질에 가까운 음식'을 고민합니다. 100년을 이어온 맛, 언제 먹어도 편안한 맛, 오늘 먹고 내일 또 먹게 되는 질리지 않는 기본 밥상과 같이 월향은 늘 기본이 되는 한식의 맛에 중점을 두고 메뉴 개발을 합니다. 동시에 세계인의 입맛을 사로잡을 글로벌 한식을 지향합니다.

월향의 메뉴들

●

저는 전복과 갈비를 안 좋아합니다. 하지만 40, 50대 해장 손님들은 보양식이라고 선호하십니다. 전복과 갈비가 압도적으로 들어간 효종갱을 개발했을 때 식재료 값만 한 그릇에 17,000원이나 나왔습니다. 그런데도 판매 가격은 15,000원이었습니다. 저는 직원들에게 말합니다. "원가 계산 말고 식재료 아끼지 말고 일단 좋은 메뉴부터 개발하자." 보통 식당들은 통상적으로 점심메뉴 비용을 25% 정도 잡지만, 월향의 경우 점심 신메뉴를 선보일 때는 비용을 50%로 잡습니다. 저녁 술안주의 경우는 25%~30%를 잡습니다. 일단, 런치에서 좋은 식재료를 써서 손님을 끌고 난 뒤 그 다음에 차차 비용을 줄여가는 방식입니다. 식재료의 비싼 재료비는 직거래를 하는 등 다양한 방식을 강구하여 좋은 재료는 계속 쓰되 비용을 줄일 수 있는 방향을 꾸준히 모색합니다.

효종갱은 어떤 음식일까요? 일단 이름부터가 낯설지 않으십니까? 효종갱은 조선 시대에 남한산성 주변에서 한양 사대문 안으로 배달해주던 해장국의 이름입니다. 그 때문에 '우리나라 최초의 배달음식'이라는 호칭이 붙어 있습니다. 배달시키던 사대문 양반가 대부분이 세도가들이어서 '정승들의 해장국'이라는 별칭도 있습니다. 효종曉鐘이란 '종이 울리는 새벽녘, 성을 연다'는 뜻입니다. 갱羹이란 '국'이라는 뜻입니다. 1920년까지의 각종 기록을 보면 효종갱에 대한 묘사가 종종 등장합니다. 광주 성내 사람들이 잘 만들었다는 기록이 있습니다. 그러니까 지금의 경기도 광주 남한산성 인근 사람들이 해장국을 잘 끓였다는 기록입니다. 이들은 밤새 해장국을 끓여서 성문이 열리는 이른 새벽에 부리나케 사대문 안으로 음식을 배달했던 것입니다. 배달을 할 때는 해장국을 따로 항아리에 담고 국이 식지 않도록 솜으로 열기를 보존하여 운반했다고 합니다.

그런데 이 음식에 대해서는 재료 정도만 문헌에 소개됐을 뿐 그 맛이나 조리법에 대해서는 상세한 기록이 없습니다. 들어간 재료만 가지고 맛이 어떠했으리라 추정해볼 따름입니다. 문헌에 따르면 효종갱은 쇠고기, 전복, 표고버섯, 콩나물, 배추속 등을 곁들인 요리라고

〈효종갱〉

되어있는데, 그 당시로써는 상당히 귀한 식재료를 사용한 요리입니다. 고기 국물은 된장으로 간을 한다고 기록되어 있습니다. 그런데 저는 효종갱이 좋은 해장국인가 하는 회의가 들었습니다. 저 같은 애주가 입장에서 볼 때, 좋은 해장국이란 좋은 식재료가 얼마나 쓰였냐 하는 것보다는 국물이 얼마나 속을 잘 풀어주는지에 점수를 줍니다. 제대로 된 해장국이라면 전통 된장으로 간을 할 경우 고기 국물 특유의 잡내와 비린내를 잡고, 대신에 된장의 깊은 맛이 우러나도록 끓여내야 합니다.

효종갱 복원을 위한 메뉴 개발에 들어갔습니다. 문헌에 나온 재료를 다 쓴 결과 과유불급인 해장국이 되고 말았습니다. 좋다는 재료를 다 쓰고 보니까 속을 푸는 국물로써의 해장국 기능이 오히려 떨어졌습니다. 그래서 효종갱의 핵심이라고 할 쇠고기, 전복, 배추속만 살려서 전통 된장으로 깊고 시원한 국물을 낸 뒤 나머지 재료는 맛을 보완해 주는 선에서만 활용했습니다. 성공이었습니다. 고객들의 반응은 폭발적이었고, 월향 점심 메뉴 중 가장 인기 있는 메뉴가 되었습니다.

하지만 월향에서 효종갱은 일종의 미끼 상품입니다. 가격 대비 재료비가 높기 때문에 팔면 팔수록 손해가 나는 메뉴입니다. 하지만 효종갱 덕분에 월향을 찾는 손님들의 발걸음은 늘어났고 한끼 밥에 대한 손님들의 호평이 이어졌습니다. 또한 월향 식구들은 조선 사대부의 해장국을 복원한 뿌듯함에 메뉴 개발에 대한 자신감을 보였습니다.

효종갱은 점심 메뉴로 오피스 상권인 광화문점과 여의도점에서 인기를 끌었지만 신메뉴 출시 후 두세 달이 지나면 고객들은 또다시 새로운 메뉴에 눈을 돌리게 됩니다. 그래서 월향이 다음으로 내놓은 메뉴는 '가리찜(혹은 갈비찜)'입니다. 한국인에게 가리찜은 환상적인 찬이자 안주입니다. 갓 지은 뜨끈한 밥이나 시원한 전통주에 두툼한 쇠갈비를 한 입 베어 물면 그 고소함과 든든함은 비할 데가 없습니다. 가히 한국인의 소울푸드^{soul food}라고 할 만합니다. 조선 시대 수랏상에서도 빠지지 않았고, 경사스런 날 잔칫상에도 항상 얼굴을 내밀었습니다. 조선 시대까지만 해도 소는 인간과 동고동락하며 농사를 돕던 영물로 여겨졌으니, 그 소의 주요 부위로 만든 갈비찜이 얼마나 귀하

〈가리찜〉

고 고급스러운 음식인지는 짐작하고도 남습니다.

그런데 요즘 들어 주변을 살펴보면 갈비찜을 전문으로 하는 집은 의외로 없습니다. 갈비집은 많지만 갈비찜을 제대로 만들어내는 한식당은 별로 없습니다. 한정식집 메뉴에 갈비찜이 나오기는 하지만 주요 메뉴라기보다는 곁들이 메뉴에 불과합니다. 그마저 오래 묵혀둔 음식이라 원래의 고소함과 든든함은 찾아보기 힘든 경우가 많습니다. 기존의 음식점들의 갈비찜 메뉴들을 먹어보면, 쇠고기 대신 돼지고기를 쓰거나 육질을 부드럽게 하기 위해 과다한 과일 소스를 사용하여 쇠갈비 본연의 맛과 향이 느껴지지 않습니다. 또한 요리시간을 단축하기 위해 전기밥솥을 사용해 요리하다 보니 간장소스가 서서히 쇠갈비에 배면서 생기는 짭짤함과 고소함이 사라지고 고기 자체의 육질도 나빠지면서 그저 설탕에 절인 스펀지를 씹는 느낌마저 들게 합니다. 그래서 전통요리 연구가들은 과일 소스와 전기밥솥을 추천하지 않습니다.

월향은 세 가지 유혹과 함정에 빠지지 않는 갈비찜을 연구하기로 했습니다. 정말 좋은 고기를 잘 손질해서 두세 시간을 뭉근히 조리한 뒤 짠듯 슴슴하고 고소한 맛을 그대로 살려낸다면 갈비찜은 더 이상 곁들이 메뉴가 아닙니다. 쇠고기는 늘 사랑받는 메뉴입니다. 이렇게 탄생한 가리찜은 직장인의 찬으로써, 술안주로써 손님들로부터 좋은 반응을 얻었고, 우리가 가장 집중하는 메뉴가 되었습니다.

효종갱과 가리찜에 앞서 개발한 메뉴 중에 '호감전'이라고 있습니다. 신메뉴로 개발해 내놓은 지 1년도 채 안 돼 월향의 대표 메뉴로 지속적인 사랑을 받고 있습니다. 어떤 분은 호감전이라는 말이 주는 기분 좋은 어감 또한 그 인기 비결이라고 말을 하지만, 사실 호감전은 좋은 감정이라는 뜻의 '호감^{好感}'이나 '썸'과는 아무 관련이 없습니다. 그저 호박과 감자, 보리새우를 주재료로 하여 만든 밀가루 0%의 부침개입니다.

　월향의 여느 메뉴처럼 호감전 역시 고객들의 욕구나 불만에서 비롯되었습니다. 월향을 포함한 대부분의 막걸리집에는 전 메뉴가 있습니다. 그런데 많은 고객들이 전 안주에 대한 불만을 갖고 있습니다. 모든 종류의 전이 식감뿐 아니라 풍미가 비슷비슷하기 때문입니다. 한두 조각 먹을 때는 나쁘지 않지만 물컹한 느낌의 전을 계속 먹으면 이내 질리고 맙니다. 그래서 좀 다른 종류의 전을 만들어 보고 싶었습니다. 특히 바삭한 식감이 추가된 전이라면 좋을 것 같았습니다. 겉은 바삭하지만 속은 부드러워야 하고, 전 특유의 고소한 맛은 유지하되 약간 단 듯한 풍미를 추가하는 것이 이상적이었습니다. 그때 떠올린 것이 감자와 호박이었습니다. 서양에서 해먹는 해시브라운처럼 감자는 바삭하게 튀겨내기 쉬운 재료입니다. 그 위에 부드러운 호박을 얹으면 단 풍미가 더해지겠지요. 마치 피자처럼 겉과 가장자리는 바

〈호감전〉

삭하고 안과 위는 부드러운 식감이 된다는 것도 장점이겠다는 생각이 들었습니다. 그 결과가 바로 호감전입니다.

호감전을 개발하면서 든 생각이 있습니다. '하늘 아래 새로운 메뉴는 없다'는 것입니다. 고객들이 아예 낯선 음식을 두려움 없이 찾으려 할지도 의문입니다. 그래서 널리 알려지고 팔리는 기존 메뉴에서 출발합니다. 그 대신 그 메뉴에 대해 고객이 가진 욕구나 불만에 귀를 기울입니다. 바로 거기서 새 메뉴의 아이디어가 튀어 나오고 만족도 높은 인기 메뉴가 탄생합니다.

월향 초창기 시절에 가장 많이 팔렸던, 지금도 여전히 술안주로 사랑받고 있는 메뉴 중에 '묵은지 탕수육'이 있습니다. 당시 일식당에서 오래 일한 조리팀 직원이 있었습니다. 그가 잘하는 특기는 튀김이었습니다. 내가 몇 번이나 질 좋은 국산 돼지고기와 묵은지를 활용한 메뉴를 개발해보라고 재촉했더니, 어느 날 그 직원이 묵은지 탕수육을 들고 왔습니다. 돼지 등심을 묵은지로 싸서 튀겨낸 메뉴였습니다.

탕수육은 우리에게 오랫동안 익숙한 음식입니다. 그런데 많이 먹으면 너무 달고 느끼하다는 게 소비자의 반응입니다. 특히 막걸리 안주로는 장점보다 단점이 더 많습니다. 묵은지를 활용하면 막걸리에 맞게 변형할 수 있을 것 같았습니다. 처음에는 주방에서 결사반대하는 분위기였습니다. 준비 과정에 너무 손이 많이 가고, 조리 시간도 길기 때문입니다. 저는 주방을 설득했고 드디어 묵은지 탕수육이 막걸리 안주로 탄생했습니다. 이 메뉴는 지금까지도 마니아층이 많습니다. 새로운 메뉴로 단장을 할 때 묵은지 탕수육을 메뉴에서 빼고자 했지만 6~7년이 지나도 찾는 손님이 많아서 여전히 건재한 메뉴입니다.

〈묵은지 탕수육〉

　월향은 초창기에 술안주 메뉴를 만들면서 월향의 한식이 '모던 한식'이 아니라 '글로벌 한식'이 되기를 바랐습니다. 글로벌 한식이란 한식의 맛이 주가 되는 요리입니다. 소재나 메뉴, 조리법은 다른 나라에서 빌려오더라도 맛은 기본적으로 한국인의 입맛에 맞아야 한다는 뜻입니다. 중국식 메뉴를 변형한 짜장면이 좋은 예입니다. 실제로 짜장면을 중국인들에게 대접하면 상당한 흥미와 호감을 느낍니다. 한식을 어설프게 중국 요리로 바꾸는 모던 한식보다는 중식을 완전히 한식으로 바꾼 글로벌 한식이 성공 가능성이 더 높다고 생각합니다. 그래서 월향은 외식업체로써 한국인의 입맛에 맞는 '본질에 가까운 전통의 맛'을 추구하는 동시에 묵은지 탕수육처럼 글로벌 한식 메뉴 개발에 늘 관심을 갖고 있습니다.

월향의 꿈
21세기형 마케팅 전문회사

●

저는 경기침체의 위기를 겪은 뒤로는 중장기 계획은 세우지 않습니다. 하지만 월향은 늘 나아가고자 하는 방향과 글로벌 한식의 꿈이 있습니다. 보통 외식업체가 규모가 커지고 매장 수가 늘어나기 시작하면 또다른 고민에 빠집니다. 외부에서는 가맹점을 모집하는 프랜차이즈를 하자는 제안이 들어옵니다. 하지만 한국의 시장 상황을 볼 때, 직영점만 운영하며 가야 할지 프랜차이즈를 시작해야 할지 여전히 고민입니다. 프랜차이즈를 한다면 월향 이태원점, 광화문점의 이미지와 가치를 그대로 담되, 동네 뒷골목에서 편안하게 즐길 수 있는 한국형 작은 술집을 만들어 보고 싶습니다. 8년 차 월향을 통해 상징적인 모델을 잘 만들었으니 대중 버전의 프랜차이즈도 도전해보고 싶습니다. 프랜차이즈 모델은 사장을 포함한 두 명 정도의 직원이 운영할 수 있는 작은 규모로 하고 음식 역시 '저렴한 가격에 맛있는 음식'이라는 다소 판타지스러운(?) 표어를 내세우는 게 아니라, '적당한 재료를 가지고 적당한 테크닉'을 팔아서 고객 만족도를 높이면 어떨까 생각합니다.

저는 '정상적인' 음식을 파는 프랜차이즈를 하고 싶습니다. 방송 출연의 유명세를 타고 '셰프'라는 이름을 내세우면서 거의 먹지도 못할 헐값의 재료를 양념으로 범벅해 싸게 판매하며 가성비 높은 메뉴라고 자랑하는 프랜차이즈는 절대 하지 않습니다. 고객도 '적당한' 가격을 지불하고 음식도 '정상적'이어야 합니다. 저는 저의 이러한 가치를 함께 공유할 수 있는 가맹점주와 인연을 맺고 프랜차이즈를 하고 싶습니다. 좋은 재료로 만든 맛있는 음식에 대한 가치는 만드는 사람이 굳이 알리지 않아도 고객이 먼저 알아차립니다. 제가 월향을 운영하면서 알게 된 노하우입니다. 꼭 돈 있는 미식가뿐만 아니라 보통사람들도 꽤 괜찮은 음식을 먹을 수 있도록 하는 것, 그리고 가맹점주들이 착취당하지 않고 월급 정도는 벌 수 있게 하는 것. 이 두 가지만 지킨다면 프랜차이즈를 운영하더라도 월향의 가치를 훼손하지 않는 선에서 어떠한 형태로의 변형이든 가능합니다. 다만 가맹점주들이 시행착오를 겪지 않도록 하는 것은 온전히 월향의 몫이겠지요.

월향의 꿈은 처음 시작했을 때나 지금이나 동일합니다. 직영점을 하든 프랜차이즈를 만들어 가든 간에 저는 월향을 '21세기형 마케팅 전문회사'로 키워가고자 합니다. 일본의 의류회사 '유니클로'는 의류에서 가격 거품을 완전히 빼고 심플하면서도 입기 편한 옷을 만들어서 세계적인 의류회사가 되었습니다. 유니클로의 전략을 보면, 과시욕이 있는 소비자들의 기호와는 반대 방향으로 갔습니다. 원가를 높이는 브랜드 로고를 없애고 화려한 디자인을 피했습니다. 기본에 가까운 다양한 색상의 옷과 디자인을 고집했습니다. 기존의 의류회사들은 이러한 유니클로의 옷을 허접스럽게 보았습니다. '누가 저런 옷을 사 입어?'라고 일제히 말했지만 소비자의 반응은 달랐습니다. 여론은 '이런 좋은 옷도 2만 9,000원에 파느냐'는 목소리였습니다. 오히려 기존의 브랜드들은 가격 거품 논란에 휘말려 판매량이 줄어들었습니다. 기존의 시장 질서와는 완전히 다른 발상을 하여 시장의 균형을 깨뜨리고 판을 뒤흔드는 혁신, 유니클로가 고정관념을 거부하며 새로운 시장을 창출하고 '리스크 승부'를 한 결과입니다.

유니클로는 새로운 판매시장을 개척하고 새로운 조직을 만들어 내었고 의류업계에서 독보적인 위치를 차지합니다. 그리고 다른 업체들을 변화시킵니다. 저 역시 혁신을 이뤄내고자 합니다. 그 동안 쌓은 재료와 품질, 서비스에 대한 소비자의 신뢰와 고객 네트워크 위에 막걸리와 와인, 도시락 등 그 무엇이 되었든 얹어 팔 수 있는 '식당=음식판매'라는 기존의 통념을 깨는 21세기형 마케팅 회사를 꿈꿉니다. 또한 외식업체로써 글로벌 한식 프랜차이즈의 꿈을 가지고 있습니다. 월향은 '외식'이라는 카테고리에 다양한 비즈니스를 더해서 산업의 구분과 경계를 허무며 장사에 대한 통념과 상식을 깨고자 합니다. 계속되는 월향의 새로운 도전, 많이 지켜봐 주십시오.

이여영

규칙도 두려움도 없이,
외식업계의 잔다르크

📢 사람은 딱 자기 그릇만큼 담고 자기 그릇만큼 펼친다. 평생 남의 그릇을 탐하다가 자기 그릇이 어떻게 생겼는지 알지 못한 채 인생을 마감하는 경우도 부지기수다. 종지가 되었든 사발이 되었든 뚝배기가 되었든 간에 자기 그릇의 모양과 크기를 파악하고 어떻게 무엇을 담아낼 지를 분명히 안다면 일단 삶의 성공을 위한 기본기를 갖춘 셈이다. 성공이란 뭘까? '남다르게 나를 발현하여 제대로 담아냄'이다. 어떤 이는 돈 많이 버는 '대박'을 성공이라고 말하지만, 대박의 성공 역시 그저 이뤄지는 것은 아니다. 제 그릇에 제대로 담아낸 이가 큰 운을 만났을 때 터지는 법이다. 결국 자기 그릇을 잘 아는 이에게 대박의 성공도 따른다.

그녀의 속도감이 조금은 무섭다. 2017년, 한 해 동안 이루어낸 그녀의 성과물은 '웬만한 사내대장부'조차 꿈도 못 꿀 결과물이다. 1년간 모두 5개의 새로운 외식브랜드를 창조해낸 이여영 대표. 막걸리 주점과 와인포차로 대표되던 월향과 문샤인을 포함하여 모두 8개의 브랜드를 가진 월향타운을 구축해냈다. 그녀는 어디를 향해 가고 있는 걸까?

2년여 전, 어느 대학의 특강에서 처음 그녀를 만났다. 당시 이여영 대표는 거의 초죽음 상태였다. 그녀에게 장사를 하고자 하는 젊은이들을 위해 한마디 조언을 해달라고 부탁하자 이렇게 말했다.

"하면 안 돼요. 장사는 절대 하지 말라고 말해주고 싶어요. 전생에 죄 많은 사람이 장사하는 겁니다. 인간으로서 행복하려면 개나 고양이 키우면서 혼자 살아야 합니다. 스스로 파악할 수도 통제할 수도 없는 상황, 매일같이 그런 상황을 맞이하는 두려움이란 엄청난 스트레스입니다. 아침 눈을 뜨면 100개가 넘는 카톡 알람이 떠 있습니다. '혹시 무슨 사고가 터진 건 아니겠지…' 초조해하며 하루를 시작하는 월화수목금토. 매일 매일이 두렵고 돌발적인 상황이 벌어집니다. 장사를 한다면 말리고 싶네요. 인간이 할 짓이 못됩니다."

장사하는 이는 밤낮 없이 고민해야 한다. 식당에서는 수천 가지의 경우의 수가 발생하기 때문이다. 그 돌발적 일상에 적응되어야 지속적인 장사가 가능하다.

"아마 부모님이 돌아가셔도 놀라지 않을 것 같습니다. 살기 위해 적응했습니다. 잘 놀라고 겁 많고 말도 잘 못하던 저였는데, 이제는 충격적인 일이 생기면 곧바로 수습하는 플랜을 짜고 힘든 것은 기억조차 안 납니다. 뇌가 스스로 기억을 지워버리는가 봅니다. 망각해야 살 수 있으니…."

9년여 전, '남과 다르게 장사하기의 표본'이 될 만큼 국내 외식업계에 새 바람을 몰고 왔던 이여영 대표. 젊은 30대 CEO로서 때로는 갖은 부러움과 질투를 한 몸에 받으며 희열감 넘치게 멋진 질주를 한 그녀다. 다소 피곤한 눈빛을 띠며 처진 어깨를 한 그녀가 다급히 대학 강연장을 떠나 엘리베이터를 타고 내려갔다. '더 이상 외식 경영 관련 대중 강연은 하고 싶지 않다. 아니, 지금으로써는 할 수가 없다'는 말을 남긴 채…. 나는 이 대표의 뒷모습을 바라보며 안타깝고 쓰라린 기분이 가슴팍에 스며들었던 기억이 생생하다.

　　도대체 외식업의 욕망은 무엇일까? 많은 돈을 벌어 성공하고 싶음이다. 솔직한 욕망이다. 모두가 성공을 꿈꾸며 뛰어든다. 외식업에서 성공하려면 자기만의 색채를 드러내는 진정성이 필요하다. 외식업은 손님과 대면하는 감성적 사업이다. 관계를 지속시켜주는 감동이 있어야 한다. 하지만 그것만으로는 불충분하다. 식당은 세속적 환경이라는 한계 속에 살아남는 맛집이 되어야 하기 때문이다. 턱없이 오르는 월세, 공간 임대 분쟁, 점점 오르는 인건비, 하루가 멀다 하고 새로운 콘셉트를 내세우며 들어서는 식당들, 민첩하고 발빠르게 트렌드 변화를 따라가지 못하면 위기에 봉착하기 일쑤다. 외식업의 욕망과 한계, 욕망을 이뤄내는 성공의 길에는 험난한 한계가 존재한다. 식당 주인은 우리 외식산업의 열악한 환경과 자본의 논리에 따라 영업을 해야 한다. 하지만 한 그릇의 음식은 집밥 이상의 진정성이 요구된다. 가성비도 좋아야 한다. 딜레마다.

　　"처음 창업했을 때는 무서운 장사의 고통이 저를 기다리고 있을 거라고는 꿈에도 상상하지 못했습니다. 지금은 멈출 수 없죠. 제 밑에

딸린 월향 식구만도 100여 명입니다. 자전거 페달을 계속 돌리는 겁니다. 멈추면 쓰러지기 때문입니다. 계속 돌리면서 새로운 대안도 위기에 대한 대책도 마련해가는 거죠. 늘 저만의 꿈을 향하고 있지만 혹독한 현실 속에 하루도 편히 쉴 수 없습니다.”

“우리는 너무 쉽게 기본 질서의 유혹에 굴복당합니다. 저는 통제할 수 없는 상황을 수용할 때만 얻을 수 있는 상상 이상의 결과를 믿습니다. 제가 할 수 있는 방식은 혼란과 무질서의 유용성 속에서 규칙도 두려움도 없이 계속 나가는 것입니다.”

창업과 외식업에 대한 기존의 통념을 깨고 자기만의 경영방식으로 거칠게 질주하는 이여영 대표. 그녀의 모습은 전쟁에서 프랑스를 구원한 여전사, 잔다르크를 닮았다. 그녀의 핏속에는 강요된 기성의 것을 거부하는 강렬한 욕구가 숨어있다. 무기력하게 정체되어 있는 것들도 과감히 치고 나간다. 이런 특징은 그녀의 사회 이력에서도 묻어난다.

언론 기자에서 막걸리 주점 대표. 더불어 변신에 변신을 거듭하는 월향

“저는 부산에서 고등학교를 졸업하고 서울에 올라와 속칭 명문대를 다니는 동안 또래들이 그렇듯 취업 준비에 열을 올렸습니다. 우연찮게 기자가 되어 두 곳의 언론사를 거쳤고, 기자 시절에는 트렌드와 라이프스타일링 분야에 대한 지면 기획과 소재 발굴 그리고 취재 기사로 이름을 얻습니다. 하지만 2008년 광우병 관련 촛불 집회 당시, 소속 언론사의 보도 태도를 비판하다가 미운 털이 박혀서 해고되었습니다. 이후 프리랜서 기자, 리포터로 일하다가 우연한 계기로 장사라는 분야에 뛰어들게 됩니다."

그녀가 장사에 뛰어들게 된 계기 역시 부조리한 유통업체의 갑질의 부당함에 동조하면서부터다.

"막걸리에 미친 한 사나이가 있었습니다. 10년 전 일입니다. 취재를 나갔다가 알게 된 사연이었습니다. 맥주나 와인에 밀려 뒷방 노인네 취급당하던 막걸리를 살리고, 그 맛과 가치를 알리기 위해 노력하는 사람이 있었습니다. 옛 문헌을 뒤지고 새로운 발효 기술을 연구했습니다. 장기적으로 막걸리 유통을 획기적으로 개선할 방법도 궁리했습니다. 그 일에 자신의 청춘과 사재 그리고 가정을 바쳤던 대한민국 최고의 막걸리 애호가 이상철 씨(백주 마루 대표) 이야기입니다. 저는 그가 만든 유기농 현미 막걸리를 마셔보고 그동안의 음주생활을 후회했습니다.

저는 원래 맥주, 와인, 막걸리를 비롯해 여러 종류의 술에 관심이 많았습니다. 그런데 이 분의 막걸리를 만나면서 '그간 어떻게 남의 나라 술만 예찬하고 살았던가!' 하는 반성을 하게 됐습니다. 그의 막걸리를 한 모금 들이키면 살짝 단맛 위로 잘 익은 과일의 새콤함이 어슴푸레하게 느껴지고, 질 좋은 유기농 현미의 쌉쌀함이 혀끝에 잔잔히 남습니다. 그 첫잔의 기억은 막걸리에 대한 제 편견이 깨지고 관점이 바뀌는 순간이었습니다."

"2009년 어느 여름날, 이상철 아저씨가 한숨을 지었습니다. 자신이 엄청난 시간과 비싼 돈을 들여 만든 막걸리를 팔 길이 없다는 것이었습니다. 대형마트 납품이 가능한지 제가 물었습니다. 납품하려면 1년 동안 대형마트 담당자에게 여러 방식으로 충성도를 보이며 수발을 들어야 가능하다는 한숨 섞인 대답이 돌아왔습니다. 수발 들려면 어림잡아 2억의 접대비가 든다는 것이었습니다. 그 말을 듣는 순간 번개처럼 제 머리를 스치는 아이디어 하나가 있었습니다. '그 돈이면 차라리 가게 차려서 직접 고객한테 팔자. 막걸리 전문점을 직접 차려 고객한테 평가 받으면 2억 원을 술 접대에 쓰는 것보다 낫지 않을까?' 한 번도 장사에 대해 숙고해보지 않은 내게 희한하게도 장사꾼으로서의 본능이 깨어난 순간이었습니다. 여느 때처럼 기성의 규칙에 발끈하느라 든 생각이었지요. 그리고 하급 술로 취급받던 막걸리 맛의 통념을 깨고 가치로운 전통주를 부활시키고 싶었습니다."

이여영 대표는 좋은 막걸리를 만들고도 유통 판로를 뚫을 길이 없는 안타까운 상황을 지켜보며 본인이 막걸리 장사에 뛰어들었다. '월향'을 열고 그의 막걸리를 팔기 시작했다. 바이러스보다 더 빨리 전염되는 것이 열정이라고 했던가? 여기저기서 긁어모은 5천만 원의 종자돈으로 시작하여 단일 점포로는 최대 규모의 막걸리 점을 열고 순식간에 점포를 확장하며 일본 오사카 진출도 이뤄냈다. 2014년, 외식업계에 불어 닥친 암흑의 찬바람이 불기 전까지는….

그럼에도 월향은 2년간 지속된 외식업계의 암흑기를 견뎌내고 2016년에 터닝 포인트를 이루어낸다. 그리고 현재, 월향(한식 중심 발효주방), 문샤인(와인포차), 조선횟집(숙성회 전문점), 문차이나(차이나 레스토랑), 산방돼지(돈육구이 전문점), 버거문(햄버거 전문점), 루나틱(해산물 전문 프렌치 레스토랑), 두부 월향(수제 두부요리 전문점)까지 서울 시내에 8개의 브랜드 매장, 총 10여 곳과 인천 송도 지역에 문사부(돼지고기 샤브샤브 전문점), 우월관(프리미엄 한우 전문점)을 야심차게 운영하는 연 매출 100억의 주목받는 경영인이 되었다. 변신에 변신을 거치며 이른바 '월향타운'을 찾는 손님들에 메뉴 선택의 폭을 넓혀준 이여영 대표. 그녀는 넉넉하게 음식을 내놓는 큰 손이다.

사람을 몰고 다니는 리더, 나누는 큰 손

"저는 여러 사람이 모여서 넉넉하게 먹는 것을 좋아합니다. 식탐이 있는 편이지만 요리는 잘 못합니다. 아니, 거의 안 하며 자랐어요. 부산에서 태어나서 지금 부산시청이 있는 연산동에 할머니와 부모님 그리고 저와 여동생 단아, 이렇게 다섯 식구가 살았습니다. 어린 시절, 우리 집 요리는 주로 할머니가 도맡아 했습니다. 할머니 말씀이 '요리를 잘하면 시집가서 고생한다'며 손녀에게 아예 부엌일을 시키지 않았습니다. 설거지도 안 하고 자랐어요."

"지금은 뭐든지 골고루 잘 먹지만, 어린 시절에는 편식하고 입맛이 까다로웠습니다. 돼지고기도 못 먹고, 부산에 살지만 해물류도 잘 안 먹었어요. 탄수화물과 익힌 야채 위주로 먹었습니다. 마르고 허약 체질이었지요. 그 대신 호박죽을 무척 좋아합니다. 할머니는 손녀 먹이려고 팥을 넣고 노란 호박죽을 끓여주셨어요. 지금도 세끼 내내 먹어도 질리지 않아요. 할머니는 손이 엄청 컸는데 철마다 옥수수, 고구마, 땅콩, 수박을 손녀들 간식으로 내놓고, 부추전을 한 번 부치면 한

300장은 부친 것 같습니다. 퍼주는 것을 좋아했어요. 100명도 거뜬히 먹을 양을 만들어 이웃에 나눠주고…, 제가 친구 10명을 데리고 집에 오면 다 챙겨 먹이셨어요. 저는 도시락도 3단으로 싸서 학교를 다녔습니다. 제가 그런 할머니의 큰 손을 닮았습니다. 요리는 못 배웠지만…. (웃음) 어머니도 요리를 못 하세요. 교직에 계셨는데 직장여성이라 바쁘셨습니다."

"아버지는 해양대학교를 나와서 해운업에 종사하셨습니다. 아버지를 떠올리면 저와 동생이 늘 행복감에 젖어드는 맛 추억이 있습니다. 아버지는 미역국도 끓여주고 도넛도 만들어 주었어요. 일명 '해양대 식성' 미역국이라는 게 있는데, 미역국에 버터나 마가린을 풀어 끓입니다. 처음에는 느끼하다고 싫어했지만 결국은 그 맛에 중독돼버린 우리 가족 입맛. 아버지는 웬만한 음식에는 다 버터나 마가린을 풀어야 만족하셨습니다.

아버지는 해양대 출신답게 바다에 직접 들어가 잠수하여 성게를 따오셨습니다. 그 알을 우리에게 먹이곤 했는데, 아버지의 수영 솜씨에 자극을 받아서인지 저와 동생은 수영에 빠져 여름 한 철을 보내곤 했습니다. 하루도 빼놓지 않고 수영 강습을 받으러 동네 수영장에 갔죠. 그럴 때면 아버지는 어김없이 도넛을 튀겨 주셨어요. 물론 어머니는 기름기 많은 음식이 몸에 나쁘다며 한사코 말리기 일쑤였지만, 어머니가 일로 자리를 비울 때 아버지의 도넛 도시락이 완성되곤 했습니다.

아버지가 직접 도넛을 만들던 모습을 지금도 잊지 못합니다. 밀가루를 공들여 반죽하고 재치 있게 도넛 모양을 냈습니다. 밥그릇으로는 큰 원, 병뚜껑으로는 그 안에 작은 원을 찍었습니다. 도넛 원형을 조심스럽게 뜯어내 주무르고 한 솥 가득 기름을 부어 반질반질하게 튀겨냈습니다. 마지막으로 골고루 설탕을 묻혔죠. 도넛 도시락 통을 건넬 무렵에는 '이 아빠가 배 탈 땐 말이야…' 하며 도넛과 함께 했던 뱃일을 회상하곤 했는데, 실제로 최초로 도넛을 개발하고 보급한 것도 뱃사람들입니다. 아버지는 수영에 열심인 딸들을 퍽이나 대견하게 여겼고, 동생과 저는 수영 끝나고 아버지의 사랑이 담긴 도넛 도시락으로 허기진 배를 채웠습니다."

"할머니는 늘 저에게 '사람을 달고 다닌다'고 말씀하셨습니다. 요즘도 우스갯소리로 "제가 월향 식당에 앉아 있으면 손님이 몰려온다"고 직원들이 말하곤 합니다. 학교 다닐 때 줄곧 반장을 했습니다. 학생회장도 했고요. 저는 주목받고자 하는 욕구가 강했고, 친구를 무척 좋아했습니다. 공부보다 친구들과의 관계나 노는 것에 관심이 갔고, 그림 그리기도 좋아했습니다. 저는 요즘도 습관적으로 사람을 불러 모읍니다. 밥자리든 술자리든 개의치 않습니다. 메신저로 대화하다가 무의식적으로 지인을 불러 모으지요. (웃음)"

분명한 명분을 갖고 고객의 요구에 발맞춰 월향만의 판을 키운다

사람을 좋아하는 이여영 대표. 사람과 어울리다가 발견한 무언가에 한번 꽂히면 정신없이 빠져든다. 새로운 아이디어를 발견하고 몰입한다. 하지만 분명한 명분이 있어야 비로소 시작하며, 현실의 한계를 분명하게 파악한다. 한국의 외식 시장은 포화 상태다. 외식의 한계 속에서도 그녀는 거침이 없다. 대부분의 식당이 움츠러들 때 그녀는 확장해 나간다. 판을 키운다. 전통이라는 명분을 중시하며 트렌드를 수용, 수익구조를 다원화하는 다 브랜드 전략을 세운다. 그녀의 밥을 먹기 위해 모인 고객들의 요구를 확실히 파악하여 일률적인 브랜드보다 세분화되고 다원화된 메뉴와 입맛을 추구하는 이여영 대표. 두려움은 있지만, 그녀에게 한계는 없다. 언제나 그녀 옆에는 사람이 모이고 그녀가 펼치는 월향만의 판에서 사람들은 먹고 마시며 맛을 나눈다.

가끔 직원들이나 손님들이 그녀에게 묻는다. 월향의 장기적인 그림이 무엇이냐고. 물론 외식회사를 넘어 종합 식품 기업이 되고자 하지만, 이여영 대표는 그 전에 이루고 싶은 것이 있다. 전국 각 지역에 '월향타운'을 심는 일이다.

지금 광화문에는 발효주방 '월향', 한국식 숙성횟집 '조선횟집', 제주제일돈육 '산방돼지395.2'가 모여있다. 바로 5분 거리의 D타워에는 1층에 '버거文', 3층에 해산물 전문 프렌치 레스토랑 '루나틱'이 자리하고 있다. D타워에서 5분을 더 걸으면 명동 '월향'이 나온다. 손님들은 이곳을 통칭해 '광화문 월향타운'이라고 부른다. 그 별명을 듣자마자 바르셀로나의 레스토랑 '티켓'이 떠올랐다. 티켓은 분자요리의 창시자 페란 아드리아 셰프가 만든 식당으로 인근에 6개의 자매 식당을 두고 있다. 전 세계에서 온 미식가들이 티켓 주변의 호텔에 짐을 풀고 일주일여를 그 식당들을 돌며 성지순례를 한다. 식당의 콘셉트는 타파스바부터 파인다이닝, 멕시칸까지 다양하다.

"이 책을 쓰고 있는 지금도 인천 송도에 월향타운의 모델이 될만한 곳을 준비하고 있습니다. 좀 더 편안하고 대중적인 버전의 막걸리

전문점과 200평 규모의 '산방돼지' 그리고 제주 돼지를 샤브샤브 형
태로 맛보는 새로운 브랜드 '제주토렴집'까지…. 이 세 매장이 송도의
명소 트리플스트리트에 입점되어 인천 월향타운을 형성할 예정입
니다."

장사와 사업의 차이는 자신을 위해 일함으로써 수입을 올리는지,
고객을 위해 일함으로써 이익이 창출되는 것인지에 달려 있다. 손님
들이 언제든 고민없이 들러도 후회 없는 맛과 서비스를 경험할 수 있
는 곳. 그로 인해 직원과 생산자 모두가 잘먹고 잘 살 수 있는 구조를
만드는 것이 그녀가 월향타운이라는 사업의 방식을 구상한 이유다.

주변에서는 너무 급작스럽게 사업을 벌이는 것이 아니냐는 걱정
을 한다. 돈은 도대체 어디에서 나는 것이며 경기가 이렇게 나쁜데 월
향타운은 또 무슨 황당한 콘셉트냐고 말한다. 하지만 사업의 확장은
시장이나 자본이 아닌 CEO의 개인적인 한계에 달려있다고 생각한
다. 기술과 지식 그리고 경험. 무엇보다도 관건은 에너지다. 이여영 대
표는 월향타운을 위해 지난 9년간 외식업에 대한 지식과 사업에 대한
기술을 쌓으며 경험해왔다. 이제 에너지가 고갈되지 않도록 스스로를
잘 지켜내는 것만이 남았다.

이여영이 생각하는 음식의 가치

"저의 음식의 가치는 함께 나누는 월향만의 외식경영을 이루어 내는
일입니다. 모두가 만족하는 구조를 만들고 싶습니다. 직원은 정당한
월급과 자긍심을 얻어가고, 고객은 월향만의 가치가 담긴 음식을 맛
있게 즐기며 식당도 고객도 함께 도생하기를 바랍니다. 한때는 '돈만

벌면 되지.' 하는 안일한 생각을 한 적이 있습니다. 그만두는 직원을 원망한 적도 있습니다. 하지만 2014년과 2015년 외식 암흑기를 거치면서 생각이 많이 바뀌었습니다."

"합리적인 가격을 지불하면서 뛰어난 기술을 가진 셰프가 만든 맛있는 요리를 좋은 서비스를 받으며 먹을 수 있는 곳, 내가 지불한 돈이 원칙과 철학을 가진 생산자에게로 돌아가고 월향의 직원들에게 정당한 보수를 지급해 손님과 직원, 생산자가 상생하는 틀을 제공하는 곳을 만드는 것이 최종 목표입니다."

음식의
가치를
탐구하는
사람들

01
맛의 즐거움은
어디에서 오는가?

『맛의 원리』 저자,
'편한식품정보'
최낙언 대표

맛의 가치

●

맛은 절박합니다. 어떤 동물이든 가장 절박한 욕구가 물이고, 그 다음이 소금입니다. 소금에 대한 욕구는 인간에 국한한 것이 아닙니다. 초식동물은 풀을 먹습니다. 그리고 풀에서 절대 부족한 미네랄이 소금입니다. 모든 동물은 소금이 생명에 필수라는 것을 본능적으로 압니다. 이탈리아 북부의 안트로나 계곡에 위치한 '친지노 댐'의 벽에 야생 염소가 위태롭게 붙어있는 이유도 다름 아닌 소금 때문입니다. 죽음조차 마다하지 않고 소금을 갈망하는 절박함, 이처럼 맛에는 절박함이 있습니다.

또 다른 예를 볼까요? 자기 체중의 절반에 해당하는 양의 단 것을 매일 먹는 새가 있습니다. 바로 '벌새hummingbird'입니다. 인간으로 치면 매일 초콜릿 바 1,000개를 먹는 것과 비슷합니다. 목숨을 건 중독을 마다하지 않는 벌새는 꽃이 가진 꿀의 단맛에 중독돼 있습니다. 그 이

〈친지노 댐의 염소와 벌새〉

유는 시속 90km로 1초에 약 50~80번의 날갯짓을 해야 하기 때문입니다. 벌새의 평균 수명은 6~12년인데, 날기 위해서 평생을 당에 중독되어 삽니다. 만일 꿀을 공급하는 꽃을 발견하지 못하면 벌새의 운명은 끝나겠지요.

사람의 예도 볼까요? 맛만 있다면 독소, 발암물질, 악취, 통증도 감수하고 섭취하는 게 인간입니다. 독이 있는 복어를 맛있게 먹죠. 술은 어떤가요? 삭힌 홍어도 좋아합니다. 캡사이신이 들어간 아주 매운 짬뽕은 어떻습니까? 이처럼 인간 역시 위험을 감수하고 맛을 즐기는 본능이 있습니다. 우리는 맛이 없으면 살아갈 수 없습니다.

1852년에 『미식예찬』을 쓴 프랑스의 미식가, 브리야 사바랭

Savarin은 이렇게 말했습니다. "조물주는 우리로 하여금 살기 위해 먹도록 명령했으며, 식욕으로써 그것을 권고하고, 맛으로써 지원하며, 쾌락으로 보상한다." 이 한 문장이 '맛의 가치'를 잘 설명하고 있습니다. 우리가 미각을 잃으면 어떨까요? 음식 맛을 느낄 수 없게 될 것입니다. 맛을 느낄 수 없다는 건 가장 일상적인 쾌락이 사라지는 것을 넘어서 음식을 삼키는 것 자체가 큰 고역이 됩니다. 그래서 맛은 우리들의 '욕망이자 살아가는 힘'입니다.

맛의 과학

그렇다면 맛을 과학으로 설명해야 하는 이유는 뭘까요? 노력 대비 효과가 가장 좋기 때문입니다. 통계자료에 따르면, 우리나라 소비자가 식품에 대해 가지고 있는 불안감은 80%로 세계 최고 수준입니다. 영세한 자영업자가 식당 문을 열고 5년간 안 망하고 생존할 확률은 20%라고 합니다. 식품회사가 신제품을 출시해서 성공할 확률은 고작 5%에 불과합니다. 소비자가 식품에 대한 오해와 불안을 없애고, 맛과 동시에 음식을 문화로 먹는 멋까지 더하기 위해서는 맛의 과학이 필요합니다. 식당이 자기만의 독특한 개성과 방향이 있는 메뉴를 내놓기 위해서도 맛을 과학으로 이해하면 유리합니다. 식품회사가 소비자와 소통을 향상시켜 신제품을 성공적으로 출시하기 원한다면 과학적인 맛 연구가 필수입니다.

식품은 과학으로 이해하고 문화로 소비할 때 최고의 가치를 지닌다

식품은 상당히 오랫동안 과학이 풀지 못한 분야입니다. 그리고 앞으로도 영원히 연구해야 할 대상입니다. 2016년, 유명 바둑 프로기사가 인공지능 로봇인 알파고와 바둑 대결에서 패배하여 큰 충격을 준 사건이 있었습니다. 알파고는 승리했고 인간의 두뇌는 인공지능을 따라잡기 힘들었습니다. 인공지능의 성공은 어디서 비롯되었을까요? 인공지능이 처음 등장한 것은 1950년도입니다. 최근 분석에 따르면 인간 뇌를 연구한 '뇌과학'이 나왔기 때문에 인공지능 개발이 급물살을 타고 성공할 수 있었다고 말합니다. 이처럼 인간의 뇌를 이해하는 것은 아주 중요합니다.

그런데 여러분, 인공지능 로봇 알파고는 맛을 맞출 수가 있을까요? 알파고가 바둑을 이기는 게 쉬울까요? 아니면 식품의 맛을 맞추는 게 쉬울까요? 제 생각에 바둑이 더 쉬울 겁니다. 그만큼 식품은 어렵습니다. 맛은 미각과 후각이 관련돼 있고, 시각과 청각처럼 파동이 아니고 실체가 있는 화학물질이기 때문에 디지털화가 되지 않아서 연구가 어렵습니다. 뇌과학에서 맛을 연구하는 학문을 '미식 신경학Neuro-gastronomy'이라 부릅니다. 미식 신경학을 공부하면 우리 뇌를 잘 이해하고 맛을 잘 알 수 있습니다. 뇌를 잘 이해하는 것이 식품과 맛을 아는 길이고 또 나를 아는 길입니다. 우리는 맛을 통해 나를 알 수 있습니다. 그리고 나를 아는 것은 곧 소비자를 아는 것입니다.

그래서 식품을 과학으로 이해하면 여러모로 이득이 많습니다. 세간에 떠도는 엉터리 불량지식으로 인한 논란이나 잡음이 사라지고 소비자의 오해와 불안을 줄일 수 있습니다. 대부분의 사람들은 식품을 '문화'로 이해하려 합니다. 이제는 식품을 과학으로 이해하면 어떨까요? 식품을 과학으로 이해하고 건강과 음식 사이의 교집합을 만들어서 문화로 소비할 때 우리는 최고의 맛과 멋을 누릴 수 있을 것입니다.

오미오감이 맛의 시작이다

●

감각 없이 상상만으로 맛을 즐길 수 있을까요? 맛을 알려면 미각부터 시작해야 합니다. 맛을 느끼는 곳이 어디냐고 물으면 대부분 입이라고 대답합니다. 그러나 맛을 느끼는 전체 과정을 이해한다면 입이라는 대답은 충분치 않습니다. 입속 혀로 느끼는 맛은 생각보다 단순합니다. 입으로 느끼는 미각과 코로 느끼는 후각이 합쳐지고 식품의 물성이 느껴져야 비로소 맛이라고 할 수 있습니다.

먼저, 입속으로 들어가 볼까요? 혀 표면이나 목구멍 주변에는 '미뢰'라는 감각기관이 있습니다. 꽃봉오리와 닮았다고 하여 '맛봉오리'라고도 부릅니다. 이곳에는 약 50~100개의 미뢰세포가 있습니다. 미뢰세포는 맛 신경과 연결돼 있습니다. 입에 들어간 음식의 맛 물질은 음식에 함유된 물이나 침에 녹아서 분자 또는 이온 상태가 됩니다. 분자 또는 이온 상태의 맛 물질이 미뢰세포의 표면 막에 닿으면 표면 막에 있는 맛 수용체가 각각의 맛 물질에 맞는 맛 세포 활동을 유발시킵니다. 설탕과 같은 단맛 물질은 맛 세포막에 존재하는 단맛 수용체, 쓴맛 물질은 쓴맛 수용체 그리고 감칠맛 물질은 감칠맛 수용체에 각각 결합하여 맛 세포를 자극합니다. 신맛, 짠맛은 수소이온이나 나트륨이온이 맛 세포막의 이온통로를 거쳐 맛 세포 내에 들어가거나 맛 세포막을 통과하는 이온의 흐름을 변화시킴으로써 맛 세포를 자극합니다.

이렇게 맛 물질은 혀나 입천장 안쪽에 분포하는 미뢰 속 맛 세포에 수용되어 신호가 생겨나고 그 신호는 맛 세포와 연결된 미각신경을 통해 미각중추에 전달됩니다. 미각중추는 대뇌피질의 뒷부분에 있는 중심회전의 하단에 위치해 있는데, 전두엽의 한 부분인 눈과 가까운 '안와전두피질' 쪽에 촉각중추와 함께 위치해 있습니다. 이곳은 감정을 주관하는 센터로써 쾌락의 중추입니다. 이곳에서 도파민 양을 결정하여 도파민의 용도에 따라서 쾌감이 달라집니다. 우리가 맛을 느끼는 순간입니다.

맛은 '단맛, 짠맛, 신맛, 쓴맛, 감칠맛' 이렇게 다섯 가지입니다. 후추의 매운맛이나 감의 떫은맛은 엄밀하게는 맛으로 분류되지 않습니다. 매운맛 물질인 캡사이신이나 떫은맛 물질인 타닌은 미뢰 속의 맛세포가 아니라 미뢰 주변에 있는 체성감각신경의 말단을 자극하기 때문에 맛이라기보다는 일종의 통각으로 봐야 합니다.

참고로 예전에 나왔던 '혀의 맛 지도'는 오류입니다. 혀 부위에 따라 맛에 민감한 부위와 둔감한 부위가 있다는 말은 틀리지 않지만, 쓴맛이나 단맛 같은 특정한 맛이 혀 부위에 따라 강도가 다르게 느껴진다는 맛 지도는 잘못된 해석이 만들어낸 오류입니다. 혀의 맛 지도는 1901년 독일의 과학자 헤니그가 '혀의 부위에 따라 맛의 민감도가 다르다'고 발표한 논문을 잘못 해석하면서 생겨났습니다. 헤니그의 논문은 맛의 종류에 대한 차이가 아니라 맛을 느끼는 민감도의 차이를 다룬 것이었습니다. 쓴맛이나 단맛 같은 특정한 맛이 혀 부위에 따라 다르게 느껴진다는 것은 잘못된 해석이라 하겠습니다.

음식의 다양한 맛의 실체는 무엇일까?
향기성분과 분자

•

그런데 사람들은 혀가 인지한다는 다섯 가지의 맛 외에 다양한 맛을 느낍니다. 우리가 느끼는 다양한 맛의 실체는 뭘까요? 바로 후각에서 느끼는 '향'입니다. 사과를 예로 들어 볼까요? 사과에 사과 맛은 따로 없습니다. 향만 있을 뿐입니다. 사과를 한 입(10g) 베어 물 때 그 속에 들어있는 0.01g 이하의 사과 향 성분이 사과 맛의 실체입니다. 세상에는 다양한 맛의 과일이 존재합니다. 하지만 혀가 인지하는 전체 과일의 맛은 단맛과 신맛, 쓴맛 정도입니다. 향이 바로 다양한 맛의 과일을 만드는 재주꾼입니다.

그런데 사과 한 입을 베어 먹을 때 몇 개의 향기 분자가 코로 들어갈까요? 3천 개? 1만 개? 60만 개? 사과 향 0.0001g이 코로 들어갔다고 하겠습니다. 향기 분자량의 최대 크기는 300 이하입니다. 향기 분자량은 124~300 사이인데 사과 향의 평균 분자량을 200이라고 할 때 사과 향 0.0001g은 '30경 개'의 분자로 이루어졌다는 계산이 나옵니다.

큰 분자는 향기 물질이 될 수 없습니다. 분자량이 클수록 기체로 휘발하는 성질이 줄기 때문입니다. 기체로 휘발하지 않으면 코는 냄새를 감지하지 못합니다. 그래서 최소한의 크기가 있어야 하는 것입니다. 우리가 냄새를 맡으려면 cm^3당 최소 100만 개의 분자가 존재해야 합니다. 그렇지 못하면 냄새를 인지하지 못합니다. 보통은 cm^3당 몇억 개의 분자가 있어야 냄새를 확연히 맡을 수 있습니다.

그래서 맛의 현상은 모두 분자 현상이라고 말할 수 있습니다. 맛과 향은 적은 양, 작은 크기의 분자가 결정합니다. 분자를 모르고 맛을 말하는 것은 미생물을 모르고 발효를 말하는 것과 같습니다. 분자의 크기를 알아야 맛의 실체를 알 수 있습니다.

거대 분자인 '폴리머'는 맛이나 향이 없습니다. 식품이나 생명의 대부분(98%)을 차지하는 물, 탄수화물, 단백질, 지방 성분의 폴리머는 무미, 무취, 무색의 물질입니다. 따라서 고작 2%의 아주 적은 양, 작은 크기의 향기 분자에 웃고 울며 맛을 느끼는 게 우리 감각입니다. 우리는 2% 안에서 음식의 표정을 읽는 것입니다.

맛은 영양이고 향은 표정이다
●

우리 몸 세포에 존재하는 맛 수용체에 대해 알아볼까요? 맛을 느끼는 수용체는 5가지이지만, 실제로는 30가지 정도 됩니다. 단맛 1가지, 신맛 1가지, 짠맛 1가지, 감칠맛 2가지인 반면, 쓴맛은 무려 25종의 수용체를 가지고 있습니다. 그런데 우리가 쓴맛을 25가지로 느낄 수 있을까요? 불가능합니다. 왜 못 느낄까요? 원래는 한 세포가 한 종류의 센서만 100가지 이상 세팅되어 있는데 쓴맛은 한 세포에 25종의 쓴맛 수용체에 발현되어 있습니다. 그래서 아무거나 먹었을 때 가장 흔히 느끼는 맛이 쓴맛입니다. 자연은 쓴맛입니다. 아닌 것 같은가요? 산이나 들에 가서 아무 식물이나 뜯어서 씹어보십시오. 쓴맛을 피하기가 힘듭니다. 식물은 대부분 자기보호를 위해 약간의 독을 가지고 있는데, 독 성분이 바로 쓴맛입니다. 그래서 '쓰면 뱉고, 달면 삼켜라'는 말이 존재하는 것입니다. 농산물의 특정 부위를 제외하면 거의 쓴맛입니다.

　반면, 향의 수용체는 338종입니다. 약 400가지의 향 수용체를 섞어서 만들 수 있는 맛의 종류는 몇 가지일까요? 인간의 코가 구별할 수 있는 향의 종류는 몇 가지가 될까요? 3원색을 섞으면 1천만 개 이상의 색이 나온다고 합니다. 향을 적당히 혼합하여 구별할 수 있는 수는 1조 개도 넘는다고 합니다. 이렇게 볼 때, 맛과 향이 몇 개냐 구별하는 것은 아무런 의미가 없는 것이지요. 맛과 향의 종류는 무한대라고 말할 수 있습니다. 그래서 식품이 어렵습니다. 향에 따라 맛을 예측하는 것은 불가능합니다. 또한 맛에서 중요한 것은 함량보다 농도 즉, '역치^{Threshold}'입니다. 향을 이해하기 어려운 이유가 바로 역치 때문입니다. 그런데 맛^{Food pleasure}에서 맛(미각)이 중요할까요, 향(후각)이 중요할까요? 맛은 영양이고 향은 표정이라고 말할 수 있겠습니다.

맛은 다섯 가지이고 향의 역치에 따라 맛이 무한대로 달라진다고 말하지만, 우리가 만들어 먹는 음식을 기준으로 맛을 나눠보면 크게 '주식의 맛'과 '간식의 맛'으로 구분합니다. 주식(요리)의 맛은 짠맛과 감칠맛의 조화이고, 간식의 맛은 단맛과 신맛의 조화입니다. 단맛은 꿀이나 설탕, 신맛은 식초, 짠맛은 소금을 통해서 아주 오래 전에 맛의 정체가 드러났습니다. 인류가 소금을 사용한 것은 5,000년 전입니다. 꿀이나 설탕을 사용한 것은 4,000년 전이고, 식초를 사용한 것은 3,500년 전입니다. 반면, 감칠맛은 불과 100년 전 그 정체가 밝혀졌습니다. 입안에서 터져나오는 알 수 없는 맛의 비밀이 감칠맛, 글루탐산임을 알아채는 데 수천 년이 걸린 것입니다.

단맛 – 탄수화물의 맛

먼저, 우리 몸에 가장 많이 필요한 성분인 단맛에 대해 알아보겠습니다. 살아있는 생명체는 당을 크게 두 가지 용도로 사용합니다. 첫 번째는 화학에너지의 저장입니다. 세포 활동에 필요한 에너지는 당을 분해할 때 생기는 '아데노신3인산^{ATP-Adenosine Triphosphate}'에 의존합니다.

우리가 단맛 수용체를 가지고 당을 찾으면 뇌가 쾌감을 부여하는 것도 다 이 때문입니다. 단맛을 느끼는 것은 에너지원(탄수화물)을 찾는 것입니다. 단맛은 그 음식이 우리의 에너지 수요를 채우는 데 도움을 줄 수 있다는 신호입니다. 아데노신3인산은 모든 생물의 세포 내에 풍부하게 존재하는 물질이며, 생물 에너지 대사에 중요한 역할을 합니다. 두 번째는 물리적 구조물을 만드는 데 필요한 블록을 제공하는 것입니다. 식물 세포벽의 형태와 강도를 부여하는 셀룰로오스, 헤미셀룰로오스, 펙틴은 모두 당으로 된 긴 사슬입니다. 당의 물리적인 형태는 요리사에게는 매우 중요합니다 당을 이용해서 여러 질감을 창출할 수 있기 때문입니다.

생명에 가장 중요한 분자는 포도당입니다. 모든 식물은 설탕을 만듭니다. 체관에 저장할 때는 설탕을 포도당으로 바꾸어서 저장합니다. 우리가 먹고 있는 대부분의 식물도 벼과식물입니다. 그렇다면 체관에 설탕을 많이 쌓아 놓은 식물이 뭘까요? 바로 사탕수수입니다. 포도당이 코일 형태로 결합한 것이 전분이고, 직선으로 쭉 이어진 것이 셀룰로오스입니다. 세상에서 가장 많은 유기물이 포도당 결합체인데, 온갖 이름의 당류가 포도당에서 만들어집니다. 포도당→과당→만노스→갈락토스, 여기에서 2단계만 더 진행되면 비타민 C가 됩니다. 세상의 모든 유기물은 포도당에서 유래했습니다. 이 모든 당류를 혀에서 느끼는 감각은 다르지만, 뱃속에 들어가면 설탕을 먹으나 포도당을 먹으나 과당을 먹으나 다 똑같습니다. 그래서 탄수화물은 차이를 따지지 말고 적게 먹어야 합니다.

감칠맛(Umami) – 단백질의 맛(Glutamic acid)

이번에는 주식의 주요 맛인 감칠맛에 대해 알아보겠습니다. 감칠맛은 단백질 성분에서 나옵니다. 단백질은 우리 몸에서 가장 많은 기능을 하는 성분입니다. 아미노산이 수백 개 이상 결합한 형태이며, 거대분자로 존재합니다. 그래서 단백질의 맛을 느낄 수가 없습니다. 하지만 소량으로 존재하는 유리 아미노산이 거대분자 결합 상태가 아니라서 우리는 맛을 느낄 수 있습니다. 유리 아미노산은 종류에 따라 단맛, 쓴맛, 감칠맛을 냅니다. 이 중 감칠맛의 성분은 글루탐산과 아스파르트산입니다. 글루탐산은 아스파르트산보다 분자 길이가 약간 더 길며 감칠맛이 3배나 강합니다. 그 때문에 세상에서 글루탐산의 감칠맛을 대체할 물질은 없다고 말합니다.

모든 생명체에는 단백질 성분이 있습니다. 단백질은 아미노산으로 만들어지며 아미노산에서 가장 흔한 것이 글루탐산입니다. 어떤 단백질을 먹어도 우리 몸속에는 글루탐산이 만들어집니다. 보통 단백질의 10~40%가 글루탐산입니다. 밀 단백질에는 40%, 토마토 단백질에는 37%, 콩 단백질에는 19.5%의 글루탐산이 들어있습니다. 우리가 온갖 요리에 토마토를 쓰는 이유도 감칠맛이 나는 글루탐산이 많기 때문입니다. 치즈도 역시 마찬가지입니다. 간장과 된장이 맛있는 이유도 글루탐산이 콩 단백질을 분해하여 유리 글루탐산이 증가했기 때문입니다. 우리가 고기를 좋아하는 이유도 글루탐산이 분해되는 맛을 강하게 느낄 수 있기 때문입니다.

감칠맛에는 다른 맛에서는 거의 찾아볼 수 없는 재미있는 현상이 있습니다. 바로 감칠맛의 '상승작용'입니다. 요리를 할 때 감칠맛을 내는 재료 한 가지를 쓰는 것보다 다른 재료와 궁합을 맞춰 함께 사용하면 재료의 양에 비해 감칠맛이 폭발적으로 증가하는 현상을 말합니다. 이것은 아미노산계인 MSG와 핵산계인 IMP 또는 GMP가 만나서 일어납니다. 예를 들어 MSG 위주의 다시마 국물을 낼 때 IMP가 풍부한 가쓰오부시나 멸치를 함께 넣으면 맛의 상승작용을 느낄 수 있습니다. 이런 상승작용은 버섯에 풍부한 GMP와 혼합하면 더욱 강력해집니다.

감칠맛의 상승효과가 구체적으로 밝혀진 것은 1960년대지만, 요리사들은 훨씬 오래 전부터 경험으로 알고 있었습니다. 세상의 맛있는 요리는 대부분 감칠맛 국물을 우려내는 과정이 필수입니다. 일본은 다시마와 가쓰오부시를 결합하여 쓰고, 우리나라는 다시마와 멸치를 결합하여 국물을 냅니다. 중국은 채소와 닭고기 뼈를 결합하여 맛을 냅니다. 재료를 결합시키는 요리기법 외에 단백질을 분해시키는 발효와 숙성기법도 감칠맛을 증폭시킵니다. 어떤 단백질이든 발효나 숙성을 거치면 감칠맛을 얻을 수 있습니다. 예전의 종갓집 음식 맛의 비결이 대부분 까다롭게 발효시킨 장맛에서 나온 이유도 유리 아미노산의 감칠맛 덕분입니다.

짠맛 – 모든 음식 맛의 중심은 소금

소금은 감칠맛을 더 맛있게 해주는 효과가 있습니다. 음식에 소금을 빼놓고 MSG만 넣으면 맛이 없습니다. 소금은 인류 최초의 식품첨가물이자 최후의 첨가물일 겁니다(공식적으로는 첨가물이 아니지만). 세계보건기구WHO는 하루 5g의 소금 섭취를 권장합니다. 그런데 우리나라 사람들은 하루 권장량의 2.4배의 소금을 섭취합니다. 몸에 좋지 않은 소금을 우리는 왜 이렇게 많이 먹고 있을까요? 소금으로 적당히 간을 해야 음식 맛이 제대로 난다는 사실을 알기 때문입니다. 소금처럼 적은 양으로도 강력한 효과를 주는 것은 없습니다. 소금이 사실상 음식 맛 전체를 좌우한다고 말할 수 있습니다. 소금은 음식에 짠맛을 주는 것이 아니라 음식 전반의 풍미를 높여주고 쓴맛이나 이취를 줄여주며 단맛을 더 강하게 만듭니다. 단순히 '음식에 짠맛이 난다는 것'은 소금을 너무 많이 넣었다는 증거일 뿐입니다. 세계적인 요리사, '엘 불리' 식당의 페랑 아드리아는 소금을 일컬어 '요리를 변화시키는 단 하나의 물질'이라고 말한 바 있습니다.

또한 소금은 생명활동의 근원입니다. 소금이 요리에서 가장 강력한 맛 물질인 것은 생존에 절실한 물질이기 때문입니다. 우리 몸에 나트륨이 부족하면 신경전달에 필요한 전위차가 발생하지 않습니다. 그러면 사람은 몇 분 안에 사망합니다. 과도한 탈수 후에 급격히 물을 많이 마시는 행위가 치명적일 수 있는 것도 체액의 나트륨 농도가 낮아지면 신경전달을 못하게 되기 때문입니다. 소금은 몸의 대사기능, 소화기능에도 관여합니다. 소금은 우리 몸의 약 21%를 차지하고 있는 체액과 관련돼 있습니다. 짠맛을 느끼는 미각도 단순히 맛있게 만들어진 음식을 골라 먹기 위해 필요한 기능이 아니라 우리 몸의 생존을 위해 나트륨이 어디에 있는지 감지하는 센서로써 매우 중요한 역할을 하는 것입니다.

신맛 – 단맛과 어우러지는 간식의 맛, 과일의 맛

신맛 자체는 그다지 매력이 없습니다. 시큼함은 상한 음식의 징조이기도 하기 때문입니다. 신맛은 경계해야 할 맛, 조심스러운 맛입니다. 음식을 맛본 경험(학습)이 부족한 아기의 경우, 본능적으로 신 것을 싫어합니다. 신맛과 쓴맛은 자주 경험하면 점차 좋아질 수도 있지만 단맛과 감칠맛처럼 무조건 좋아하는 맛이 될 수는 없습니다.

하지만 신맛이 다른 맛(주로 단맛)과 어울리면 맛과 향을 증폭시켜 이야기가 달라집니다. 대표적인 것이 과일입니다. 과일의 맛은 단맛과 신맛이 기본입니다. 단맛이 약하면 향이 약해지는데 신맛 또한 그렇게 작용합니다. 산을 첨가하면 신맛만 증가하는 것이 아니라 향과 단맛이 증가합니다. 경우에 따라서는 구연산 같은 산미료는 감칠맛까지 높여주는 효과를 보입니다. 심지어 호박산은 산미료보다 감칠맛 원료로 분류하기도 합니다. 레몬의 경우도 과일보다는 산미료로 불리기도 합니다. 적당한 범위에서 모든 맛을 올려주고, 식품의 비효소적 갈변도 억제해주며, 음식을 상하지 않게 하고, 색을 유지하고, 향을 올려주는 산미료는 참으로 다재다능한 첨가물이라고 할 수 있습니다. 또한 새콤한 맛은 침을 고이게 하여 음식을 더 맛있게 느끼도록 할 뿐 아니라 음식이 우리 몸에 잘 흡수되도록 소화를 돕습니다.

또한 산미료는 가장 광범위하게 사용하는 보존제이기도 합니다. 우리는 보존제를 무조건 나쁘다고 생각하지만, 우리 뱃속에는 이미 100조 마리의 미생물이 살고 있으며, 이중에는 유해균보다 유익한 균이 많습니다. 특히, 젖산과 같이 보존료 기능을 하는 산미 물질의 역할이 큽니다. 장류, 김치같은 발효제품이 장기간 저장 가능한 것도 발효 과정에서 여러 가지 산미 물질이 생겨났기 때문입니다. 그리고 식품의 보존료로 허용된 소르빈산, 안식향산 같은 물질도 크게 보면 산미료입니다. 신맛을 주는 효과보다는 보존성 효과가 더 좋기 때문에 보존제라는 별칭이 추가된 것입니다.

산미 물질은 생명의 기원과 관련돼 있습니다. 원시 대기 조성을 흉내 낸 실험에서 만들어진 물질도 모두 산성입니다. 산소가 없던 초기 대기에는 이산화탄소가 많았고, 이것이 물에 녹으면 탄산이 됩니다. 즉, 탄산과 소금이 녹아 있는 바다가 모든 생명의 고향이라고 할 수 있습니다. 그래서인지 지금도 탄산은 상쾌함과 스트레스 해소 기능이 있고, 여러 가지 식품의 맛의 비밀이기도 합니다. 콜라, 사이다와 같은 탄산음료뿐 아니라 맥주, 막걸리, 샴페인에도 중요한 성분이고, 김치의 청량감도 발효 중에 발생한 탄산이 큰 역할을 합니다. 산미료는 모든 사람이 좋아하는 맛은 아니지만 훌륭한 자극제이자 보존료라고 할 수 있습니다.

쓴맛 – 새롭게 기억되는 맛

앞서 잠깐 살펴본 쓴맛에 대해서 좀 더 알아볼까요? 쓴맛은 본래 독인지 아닌지를 알아보는 지표입니다. 동물은 본능적으로 '쓴맛＝독'으로 인식하고 쓴맛이 나면 먹지 않습니다. 아이들도 마찬가지입니다. 독을 피하려는 본능 때문에 좀처럼 쓴맛은 먹지 않습니다. 대표적인 것이 나물 요리입니다. 그런데 어른이 되면서 커피를 즐기고 술을 마시고 하면서 점점 쓴맛에 둔감해지고, 오히려 쓴맛을 즐기게 됩니다. 먹다보면 몸에 나쁘지 않으니 독이 아니라고 뇌가 새롭게 기억하는 것입니다. 차나 커피에 있는 카페인과 술에 있는 알코올은 뇌에서 도파민 분비를 촉진하는 물질이라 금방 거부감이 줄어듭니다. 봄에 나는 씀바귀의 쓴맛도 봄나물의 상큼한 향과 어우러지기에 몇 번 먹어보면 부정적인 느낌이 줄어들어 맛을 즐기게 됩니다. 최근 유전자 연구에 의하면 다른 영장류에 비해 인간의 경우, 쓴맛을 느끼는 유전자가 많이 퇴화되었다고 전해집니다. 뇌의 발달에 따라 미각으로 독을 판단할 필요성이 줄어들고 있다는 반증일 것입니다.

맛의 즐거움은 어디서 오는가?

성분보다 중요한 리듬

●

앞쪽에서 5가지 맛, 향, 맛의 궁합, 우리 몸이 맛과 향을 감지하는 감각까지 살펴보았으니 맛의 비밀이 대부분 풀렸다고 생각할 수 있습니다. 하지만 사실은 전혀 그렇지 않습니다. 제가 여러분께 한 가지 질문을 드리겠습니다. 여기 정성껏 준비한 한 끼 식사가 있습니다. 이제 준비한 음식을 전부 믹서에 넣고 갈겠습니다. 이렇게 갈아서 각자에 맞는 용량을 컵에 따라서 마십니다. 혹시 저와 같이 이 음식주스를 드실 분 계신가요? 모든 맛 성분과 향기 성분, 영양 성분은 그대로 있습니다. 모든 영양이 고르게 섞여 있으니 편식 걱정도 없고 영양불균형도 걱정이 없습니다. 그냥 마시기만 하면 됩니다. 먹기도 편하고 보관도 간편합니다. 남은 음식주스는 냉장고에 보관하면 되고, 음식물 쓰레기도 발생하지 않습니다. 환경 친화적입니다. 포만감도 높습니다. 다이어트에 아주 좋습니다. 드실 분 안 계십니까? 만일 씹히는 맛이 없어 거부하신다면 제가 겔화제를 이용하여 여러분이 원하는 물성을 만들어 드리겠습니다. 콩 단백질로 가짜 고기도 만들어 먹는 시대입니다. 염려 마시고 말씀만 하세요.

　왜 여러분들은 이런 식사 제안에 흥미를 못 느끼는 걸까요? 우리는 왜 이런 식사법을 거부하는 걸까요? 무언가 놓친 것이 있기 때문입니다. 우리가 놓친 것은 바로 '맛의 리듬'입니다. 맛은 입과 코로 듣는 음악입니다. 맛에 리듬이 뭐가 그리 중요하냐고 반문하겠지만, 음악의 리듬과 비교해보면 답이 명확해집니다. 유명 맛집의 흥행 비결도 노래의 흥행 비결과 다르지 않습니다. 이유인즉, 감각의 리듬이 중

요하기 때문입니다. 음식을 믹서로 갈아버리면 맛의 리듬이 평균화되어 버립니다.

노래 한 곡을 분석했을 때 '도'는 30번 나오고, '레'는 15번 나오고, '미'는 25번 나오니 간편하게 '도'를 연달아 30번, '레'를 연달아 15번 치는 식으로 연주하면 어떨까요? 아름다운 멜로디라고 할 수 없을 겁니다.

마찬가지로 음식을 믹서로 완전히 갈아버리는 것은 노래의 음높이 전체를 평균했더니 '파'에 해당하는 음이 나왔다고 '파'를 연달아 200번 치는 것과 같은 행위입니다. 높낮이가 있는 리듬은 쾌감을 줍니다. 같은 음을 연속해서 치는 소리는 지루합니다. 음식도 믹서에 넣고 갈면 우리를 즐겁게 할 맛의 리듬, 쾌감이 사라지는 것입니다.

요리의 맛 성분이나 향기 성분은 음악의 '도레미파솔라시' 또는 악기에 해당합니다. 음악의 진정한 감동은 그것이 적절히 배열된 리듬에서 나오듯이 요리 맛의 즐거움은 리듬에 있습니다. 하지만 우리는 많은 음식을 먹고 맛에 대한 무수한 이야기를 하지만 맛의 실체를 잘 모릅니다. 맛은 성분보다 '성분의 배열'인 '리듬'이 더 중요합니다. 믹서에 간 음식은 결코 먹고 싶지 않지만 왜 그 음식이 먹기 싫은지, 우리가 놓친 맛이 무엇인지 그 누구도 속 시원하게 말해주는 사람이 드뭅니다.

저 역시 25년 이상 식품을 연구하고 만들어왔지만 단 한 번도 '맛의 성분'보다 '맛 성분의 리듬'이 중요하다는 말을 들어본 적이 없습니다. 우리 모두가 맛의 허상만 보고 있었던 것이지요. '맛의 즐거움은 맛이나 향기 성분 자체에서 온다'는 말은 맛의 실체를 완전히 설명하지 못합니다. 이런 표현은 '그림의 즐거움이 물감에서 오고, 음악의 즐거움이 악기에서 온다'고 말하는 것과 같습니다. 물감이나 악기는 단지 재료일 뿐입니다. 감동은 재료의 배열입니다. 음악의 리듬이 긴장과 이완, 기대와 늘어짐, 각성과 해소, 강함과 약함 등이 적절히 배열되어야 즐겁듯이 음식의 리듬도 마찬가지입니다. 음식도 같은 재료를 가지고도 레시피에 따라, 요리사의 조리 수준에 따라, 분위기와 관계에 따라 감동이 완전히 달라집니다. 재료를 이용하여 어떤 리듬감으로 표현하느냐에 따라 우리는 색다른 맛의 즐거움에 빠져들게 됩니다.

맛의 절반은 뇌의 환각이다

●

지금까지 혀(미각)와 코(후각), 맛의 리듬까지 살펴봤지만 이것으로 맛에 대한 설명이 끝난 것일까요? 전혀 아닙니다. 감각은 맛의 기초자료일 뿐이고 리듬이 더해져도 맛이 주는 즐거움을 100% 설명할 수는 없습니다. 왜 그럴까요?

여기 거의 똑같은 음식을 만들어 내는 음식점이 여러 집 있다고 하겠습니다. 음식 재료도 성분도 맛의 리듬도 거의 똑같아서 특별한 것이 없는데 유독 한 집에만 손님이 들끓고 바로 옆집은 텅텅 빈 경우를 목격합니다. 왜 그럴까요? 거의 비슷한데 한 집은 유명 맛집이고 옆집은 손님의 관심과 주목을 받지 못할까요? 다른 예를 들어볼까요?

식품회사에서 과자를 개발합니다. 그런데 전혀 대박을 예상하지 않았는데 의외로 그 과자가 대박이 납니다. 왜 그럴까요? 결혼의 경우도 마찬가지입니다. 한 쌍의 남녀 커플이 있습니다. 둘의 조건을 비교 평가해보면 객관적으로는 서로 좋아하거나 결혼할 조건이 아닌데도 둘은 행복감에 빠져 결혼을 합니다. 이럴 때 우리는 '콩깍지 씌었다'고 말합니다.

이 모든 것은 우리의 심리와 관계가 있고, 심리현상은 우리 뇌의 도파민 분출량과 관계있습니다. '특별히 기분이 좋게 느껴지는 날씨, 특별히 끌리는 어떤 사람, 특별히 애착 가는 물건, 늘 특별히 맛있는 음식….' 이 모든 특별함은 심리현상이 개입된 우리의 뇌와 관련한 것들입니다.

여기 종이컵이 있습니다. 병원에 가서 물을 달라고 했는데 마땅한 컵이 없어서 소변검사용 컵에다 마실 물을 담아 주었다면 어떨까요? 컵은 당연히 새것이고, 물은 방금 정수기에서 뽑아온 깨끗한 물입니다. 여러분은 이 컵에 담긴 물을 맛있게 마실 수 있습니까? 성분, 물성 그리고 리듬까지 똑같으니 다른 물과 똑같이 기분 좋게 마셔야 맞습니다. 하지만 실제로 기분 좋게 마시기는 쉽지 않습니다. 왜 그럴까요? 그 이유는 맛에는 심리적 현상이 개입하며, 맛은 감각기관이 제공한 기초자료를 뇌가 판단하는 것이기 때문입니다. 먹는 물이 담긴 소변검사용 종이컵을 받아들면 뇌가 경험 데이터

〈맛에는 심리적 현상이 개입한다〉

를 분석하여 이렇게 말하게 합니다. '야…, 이거 너무 찝찝해.'

　우리는 음식을 단순히 감각 수치로만 평가할 수 없습니다. 사람마다 그 음식을 대하는 심리적 배경이 다릅니다. 맛을 제대로 이해하기 위해서는 우리 뇌가 어떻게 작용하는지 알아야 합니다. 제가 이렇게 말하면 많은 분들이 '맛을 이해하는데 뇌까지 알아야 하느냐'고 반문합니다. 하지만 뇌의 기본 작동방식을 이해하면 심리학이나 개인차를 공부하고 이해하는 것보다 훨씬 쉽고 간단해집니다. 맛 자체는 원래 어려운 현상입니다. 그런데 사람들은 맛을 너무 쉽게 보는 경향이 있습니다. 하지만 맛을 보는 것은 전적으로 뇌의 몫이고, 뇌의 판단 결과가 다시 최초의 감각단계에 영향을 주기도 합니다. 뇌는 생각보다 엉성한 설계이지만, 각자 세포나 모듈별로 자율적으로 작동하면 효과적인 연합을 통해 설계보다 훨씬 효율적으로 작동하는 특징이 있습니다. 그래서 필요하면 적당히 짐작하여 채워 넣기를 하면서 생존에 필요한 결정을 슈퍼컴퓨터보다 빠른 속도로 결정할 수 있습니다. 우리는 그런 뇌의 지배를 받습니다. 우리가 뇌를 지배한다는 것은 완전한 착각입니다.

　우리가 먹어온 모든 음식은 뇌 속에서 '각자의 라벨'을 쓰고 있습니다. 우리는 기억과 습관에 지배받는 존재이며, 우리 몸의 감각은 어떠한 경우도 혼자 따로 작동하지 않습니다. 감각은 여러분이 살아온 과거, 현재, 미래의 합입니다. 뇌는 머릿속에 들어오는 과거, 현재, 미래의 정보를 종합하고 예측하여 맛을 '지어'냅니다. 그러므로 뇌의 본질은 기억이고 맛의 본질도 기억입니다. 따라서 맛은 미각, 후각, 내장감각 같은 감각이 중요한 것이 아니라 뇌가 기억하고 이해한 뒤 내리는 해석이 중요합니다. 지금 내 앞에 놓인 '어떤 음식'이 특별한 이유도 과거의 경험과 추억을 동반한 것이기 때문입니다. 맛에 대한 기억이 없으면 '특별하다'는 평가를 내리지 못합니다.

맛은 인간의 창작품입니다. 소위 말하는 표준이 되는 '본연의 맛' 역시 각자의 뇌 속에 존재하는 이데아의 맛입니다. 바나나의 맛도 딸기의 맛도 각자 머리 속에 꿈꾸는 이데아의 맛입니다. 맛은 아무런 가공을 하지 않은 것마저 창작한 맛이라고 할 수 있습니다. 맛은 뇌의 환각이자 착각이기에 맛을 파악하기란 참으로 변화무쌍하고 어렵습니다. 하지만 맛의 실체는 인간 진화의 역사와 함께 고스란히 우리의 뇌에 담겨 있습니다.

맛의 즐거움은 내 몸의 감각기관의 신호를 참고로 뇌가 만들어 낸 것이지 식품 자체가 가지고 있는 것이 아닙니다. 맛은 존재하는 것이 아니고 발견하는 것입니다. 뇌를 아는 것이 맛을 아는 것이고 우리를 아는 것입니다. 맛의 원리를 제대로 알면 그만큼 자신도 풍성해지고 세상도 풍성해질 수 있습니다. 여러분이 풍성한 맛의 즐거움을 느낄 수 있게 되길 바랍니다.

최낙언

식품에 대한 불량지식에 딴지를 거는
식품공학자

📢 서울 수서에 위치한 고층 건물 사무실. 이 방의 주인공은 밤이 깊은 줄도 모르고 컴퓨터 모니터에 파묻혀 작업 중이다. '몇 시간째 책상 앞에 앉아 있었을까?' 가끔 고개를 들어 멀리 창 밖 어둠을 응시할 뿐 움직임이 거의 없다. 사무실의 왼쪽 벽면에는 빼곡히 책이 꽂혀 있다. 음식, 요리, 역사, 화학, 생물학, 진화론, 인공지능, 뇌과학…. '음식과 과학, 인간'을 아우르는 폭넓은 분야의 책들이 눈에 띈다. 그가 만든 맵, 홈페이지에 글이 올라온다.

'12월부터 3월까지 600여 개의 글을 입력했다. 3월에서 10월까지는 1,000개의 글을 입력했다. 400여 개 정도만 더 입력하면 식품에 대한 불량지식의 맵 얼개를 완성할 수 있지 않을까 기대한다.'

자신이 접하는 모든 자료를 기록하고 정리하는 최낙언 대표. 그는 지금 홀로 치열하게 식품 관련 불량지식 타파를 위해 '구슬을 꿰는' 중이다. 하루에도 수십 개의 옳고 그른 자료를 분류하고 정리한다. 음식 관련 역사서를 들춰보고 국내외 유수한 식품 관련 자료를 참고하며 관련 지식을 한 눈에 꿰뚫어 볼 수 있는 인터넷 가상공간 플랫폼을 구축하는 중이다. 식품공학자인 그가 식품기업 연구실을 박차고 나와서 불량지식에 딴지를 걸기 시작한 이유는 뭘까?

향료와 맛 전문가, 언론매체의 잘못된 지식전달을 목격하다

최낙언 대표는 대학에서 식품공학을 전공했다. 서울대학교와 동 대학원을 나왔고, 1988년 12월에 과자회사인 해태제과에 들어가 식품개발을 위한 기초연구와 아이스크림 개발을 시작한다. 12년간 과자회사를 다니며 무려 5,000개의 아이스크림을 맛보았으며, 그가 직접 맛보고 그 특징을 데이터베이스화한 제품만도 2,200종이 넘는다. 이후, ㈜서울향료로 옮겨 식품소재와 향료 응용기술을 연구하고, 향료회사로 옮긴 뒤에는 아이스크림 이외에도 더 많은 종류의 가공식품을 접한다. 이런 과정에서 그는 누구보다 많은 종류의 '화학물질'을 먹어본 향료 전문가이기도 하다. 2013년부터 2년간은 식품회사인 ㈜시아스에 연구담당 이사로 몸담았다.

　그렇게 평범한 회사 생활을 하던 중, 우연히 보게 된 한 TV 프로그램에서 가공식품과 첨가물에 대한 잘못된 지식을 방송하고, 이를 본 소비자들이 오해하여 식품에 대한 불신과 불안이 점점 커지는 것을 목격한다. 식품공학자로서 자신의 전공 분야인 만큼 잘못된 오해와 편견을 바로 잡아야겠다는 생각을 하게 되었고, 그는 2009년에 개인 홈페이지(Seehint.com)를 만들어 약 4만여 개의 식품정보를 모으고 정리하기 시작한다.

　그런 과정에서 식품에서는 답을 찾기 힘들었던 것들에 대한 힌트가 주변에 이미 밝혀진 자연과학 지식에 있다는 것을 확인하고 지식 융합의 필요성을 느낀다. 이후 파편화된 자연과학 지식을 간결하게 연결하여 구조화하고 시각화하는데 관심을 가지게 된다.

"식품과 관련되어 잘못된 인식이 많고, 그것으로 인한 오해가 많은데 우리는 의문을 갖지 않으며 또한 해결책도 생각하지 않습니다."

그는 우리 사회에 팽배해 있는 '대충하는 근성'의 근본적인 문제점을 꼬집어 준다. 이런 면에서 그는 음식과 식품에 대한 편견과 싸우는 계몽주의자다. 식품업계의 잘못된 지식오염을 막기 위해 스스로 발 벗고 나선 것이다.

현재 최낙언 대표는 '식품 분야의 정보를 통합적으로 연결하는 프로그램'을 개발하고 있다. 평생 해온 직장생활을 정리하고 2016년 초, '편한식품정보'라는 개인 회사를 만들었다. 그는 식품 지식을 재료로 요리하는 '식품 분야의 지식 요리사'다. 그를 통하면 맛이 무엇인지, 몸에 좋은지 나쁜지 등 식품 전반에 대한 궁금증을 '과학적'으로 접근해 이해할 수 있다.

맛을 보는 프리즘 – 평범한 입맛의 아이, 알쏭달쏭한 맛, 과학적 탐구
"사실 사람들은 맛에 대해서 구체적으로 설명하지 못합니다. '맛있어요. 정말 맛있어요.' 아니면 '이건 정말 맛이 너무 없어요'라고 소감을 말할 뿐입니다. 맛은 인문학이나 감성의 영역이지 과학의 영역이 아니라고 생각하기 때문입니다. 그래서 맛을 과학적으로 이야기하는 경우는 거의 없고, 제대로 된 맛의 이론도 없습니다. 식품 과학과 요리의 과학을 말하지만 그것은 성분이나 가공법에 대한 내용이지 왜 그렇게 해야 맛이 있는지 그것을 왜 맛있다고 하는지에 대한 내용이 아니더군요."

음식과 맛에 대해 연구하면서 어느 순간, 그가 가지게 된 의문점이다. 하지만 어린 시절 그는 정작 음식이나 맛에는 별로 관심 없는 남자 아이였다.

최낙언 대표는 전라남도 고흥반도와 여수반도 사이에 깊숙이 들어간 땅, 순천만에서 태어났다. 순천만은 230만cm²에 이르는 거대한 갈대밭이 있는 최고의 비경을 자랑한다. 엄청난 갈대밭에 광활한 갯벌까지 드러나면 국내 어디서도 볼 수 없는 대장관을 연출한다. 한 여름에는 갯벌에서 뻘배를 타고 짱뚱어를 낚는 어부들의 모습을 볼 수 있고, 겨울이면 2백여 종의 철새가 하늘을 난다.

"제 어린 시절을 떠올려 보면 마을 옆으로는 강이 흐르고, 뒤에는 산과 밭, 앞에는 넓은 신간지가 있고, 그 너머에 순천만이 펼쳐져 있었습니다. 먹거리가 정말 풍성했지요. 요즘도 진미로 꼽히는 꼬막, 갈치, 짱뚱어, 장어, 세발낙지 같은 해산물이 흔한 식재료였습니다. 저는 그냥 어머니가 차려주는 대로 먹었습니다. 사실 지금도 아내가 차려주는 대로 먹습니다. 맛있는 것을 찾아다니고 하는 미식에는 그다지 관심이 없어요. 그냥 적당한 음식을 사랑하는 가족들과 적당히 먹을 만큼 먹으면 만족합니다."

맛을 연구하지만 최낙언 대표는 '그냥 주는 대로 먹는' 평범한 입맛이다. 음식을 탐하지도 않고, 그렇다고 먹는 것을 등한시하지도 않는다.

"식품 회사에 취직해서도 제품 개발을 할 때 가장 보편적인 소비자 입맛에 맞추는 것이 중요했지 내 입맛에 맞는 것은 전혀 중요하지 않았어요. 시제품을 만들고 소비자 평가를 했지만 성공률은 5%를 넘기 힘들었어요. 수많은 실험과 조사를 통해 개발한 제품은 시장에서 차갑게 외면당하는 반면, 급조된 개발품은 잘 팔리는 경우도 많았어요. 저에게 맛이란 '참으로 알쏭달쏭한 것'이었습니다.

향료 회사로 직장을 옮기면서 식품을 개발하는 개발자가 아닌 소비자 입장에서 맛을 바라보게 되었습니다. 한 달에 한 번 정도 음료, 유제품, 과자, 아이스크림, 가공식품 등 신제품을 죄다 구입해 놓고 동료 연구원들과 함께 시식을 하며 평가했어요. 온갖 제품을 먹어 볼 만큼 먹어보았으나 그 순간에도 저에게 맛이란 '무심한 관찰의 대상'이었지요. 저에게 맛이란 것은 '연구의 대상'이고 '분석의 대상'이었습니다.

그러다가 『Flavor, 맛이란 무엇인가』라는 책을 쓰게 되었는데, 원래는 풍미Flavor에 대한 오해를 풀기 위해 쓴 것이었습니다. 그런데 책 제목이 그렇게 정해지는 바람에 도대체 맛이란 무엇인지, 왜 사람마다 차이가 나는지, 정말로 모두를 만족시키는 맛이 있는지 등에 의문을 갖게 되었고, 저의 맛에 대한 고민은 그때부터 본격적으로 시작되었습니다. 책도 꾸준히 냈고요. 그리고 그러한 의문과 고민을 정리해서 제 나름의 맛에 대한 결론을 쓴 책이 『맛의 원리』입니다. 여러 가지 맛의 이론 중에서 제가 그동안 관찰했던 맛의 현상과 일치하는 이론을 정리했습니다."

"신제품의 흥망성쇠를 관찰하면서 의문이 없다고 생각했는데 막상 맛에 대해 공부해 보니 맛이 과학적으로 설명되는 부분이 너무나 많았어요. 저는 과학적 원리를 좋아합니다. 어린 시절, 이런 경험이 있었어요. 학교 교실에서 풍금에 맞춰 노래를 부르는데 저는 처음에 풍금 안에 사람이 들어가서 소리를 내는 것이라고 생각했어요. 그런데 나중에 풍금 속을 들여다보고 사람이 없다는 것을 알게 되었죠. 풍금 소리에 맞춰 노래 부르는 것을 즐기기보다는 풍금에서 소리가 나는 원리가 무엇일까에 꽂혔던 기억이 있습니다.

풍금은 분해를 못하지만 집에 있는 라디오라면 가능하죠. 어느 날, 라디오에서 노래 소리가 나는 게 너무도 궁금해서 라디오를 그냥 둘 수가 없었습니다. 어머니 몰래 비싼 라디오를 분해했습니다. 분해했다가 다시 잘 조립해 두면 아무 문제없겠지 생각했는데 라디오를 망가뜨리고 말았어요. 그런데 스피커에서 소리가 나오는 원리는 아무리 여러 종류의 라디오를 분해해 봐도 알 수 없었어요. 과학책에 나오는 설명으로도 이해할 수 없었습니다. 하지만 저는 뭐가 됐든 논리적으로 원리와 진위를 따져야 직성이 풀리는 성격입니다.

맛에 대해서도 '그냥 맛있다, 맛없다'라는 생각보다도 그 진위 여부를 따져 들어가면서 슬슬 재미가 나기 시작했어요. 저는 계속 '맛이 무엇일까'에 대한 질문을 이어갔고, 질문은 질문의 꼬리를 물고 점점 늘어나서 이제는 맛에 대한 의문을 넘어 '음식의 진정한 가치'를 탐색하기 시작했습니다."

"요즘 제가 맛과 관련해 가장 관심을 가지는 것은 '인간의 욕망과 쾌락, 예술의 원리'입니다. 맛은 인간의 욕구를 반영하는 것이기에 맛을 과학적으로 제대로 이해하면 인간 내면에 들어있는 욕망과 쾌락, 예술의 원리를 파악할 수 있지 않을까 생각합니다. 그래서 '맛은 인간을 볼 수 있는 가장 좋은 창문'이 아닐까 생각합니다. 물론 이 모든 것은 생물학, 진화론, 뇌과학 등 과학적인 측면에서 탐색하고자 합니다."

그가 맛을 보는 프리즘은 여느 사람과 다르다. 그는 과학적 탐구를 즐긴다. 그의 이러한 특징은 그의 재능과 기질에서 비롯된다. 수학적 지능이 높고 직관적이며 논리적 사고를 좋아해서 자신의 눈에 들어오는 모든 것을 철저히 분석하여 하나의 체계적인 시스템으로 구축하는 것을 좋아한다. 그래서 그가 맛을 보는 프리즘도 감각적이고 감성적인 '맛'에 있기보다는 인간이 맛을 느끼고 인지하는 원리에 관심을 두는 편이다.

스스로 문제를 만들고 길을 열어가는 창조적 지식 요리사

최낙언 대표는 관계 맺기를 좋아한다. 바로 옆 사람과 하염없이 수다를 떨며 금방 친해지는 그런 관계가 아니라, 과학적 원리를 통해 맛을 이해하고 인간을 이해하고 세상 속 타인들과 연결고리를 만들어 나간다. 정직하고 합리적인 지식으로 돌아가는 세상을 만들기 위한 관계망이다. 그는 그 누가 뭐라고 해도 아랑곳하지 않고 혼자만의 길을 뚜벅뚜벅 걸어가는 천재형 식품공학자다. 그는 '식품에 대한 제대로 된 이해와 공정한 평가', '불량지식 타파', '맛에 대한 정확한 이해를 위한 음식과 연결된 지식망 구축'을 위해 지식을 요리하며 계몽운동 중이다.

"세상에 좋은 자료는 너무 많은데 서로 네트워크되지 못하여 가짜가 판을 치고 있습니다. 세상에 좋은 책은 많습니다. 하지만 아이러니하게도 불량지식이 담긴 책이 더 잘 팔립니다. 식품업계는 이런 불량지식 때문에 피해를 봐도 제대로 된 대응을 못하고 헛발질만 거듭합니다. 그 와중에 소비자는 식품에 대한 불안과 불신에 휩싸이게 되고, 이러한 사회적 불신으로 인한 비용은 아마도 연간 음식물 쓰레기 총 비용보다 훨씬 크지 않을까 생각합니다.

다양한 집단이 매우 열심히, 때로는 지나친 사명감을 띠고 이런저런 음식을 가지고 비난하고 옹호하면서 싸웁니다. 과학은 어떤 음식의 어떤 성분이 어떤 질병의 위험을 몇 퍼센트 높이거나 낮춘다는 결과를 담은 연구보고서를 탄약처럼 끊임없이 제공합니다. 전체적인 양 측면은 다루지 않고 단지 시류에 편승한 선정적인 단편적 결과만 떠돌아다닙니다. 전체를 이해하는데 아무런 도움이 되지 않고 겉보기 현상일 뿐이므로 이들 정보를 합한다고 본질을 알기 힘들지요."

"저는 재미있는 일만 좋아합니다. 그동안 식품을 연구·개발하면서 아이스크림 제조 등 업무 관련 특허를 여러 개 출원했습니다. 그런데 맛에 대한 책을 쓰고 음식과 관련한 불량지식 타파 문제를 고민하면서 2011년에는 '관계형 데이터 제공 방법'에 대한 개인적인 특허를 만들었습니다. 그 시스템은 아직 구축되지 않았지만 제가 만든 블로그(최낙언의 자료보관소, http://www.seehint.com)를 보시면 왜 그런 시스템을 구축하려는지 알 수 있을 것입니다. 지식이 제대로 연결되어 세상에 도움이 되었으면 하는 바람입니다. 평범한 사실을 잘 연결하여 비범한 결과를 찾아낼 수 있기를 희망합니다. 제가 지향하는 것은 평범한 것을 비범하게 활용하는 것입니다. 앞으로 재미있는 일이 많아질 것 같습니다."

　최낙언 대표, 그는 문제를 만들기 좋아한다. 문제를 만드는 능력은 곧 창조력이다. 맛의 원리를 탐구하고 우리 사회에 팽배해 있는 음식과 관련한 편견과 불안을 타파할 지식망을 구축하며 음식의 가치를 고민한다.

최낙언이 생각하는 음식의 가치
"'가장 평범한 보통 식품'이 가장 가치 있는 음식이라고 생각합니다. 식품에 대한 영양이나 안전에 대한 걱정은 좀 떨쳐버리고 그냥 가볍게 즐겨도 요즘 세상은 먹는 것이 넘쳐나고 안전하여 이미 충분하다고 합니다. 언론매체를 통해 흘러나오는 지나치게 단편적인 식품 정보에 일희일비하지 말고 자신의 몸 감각을 훈련시키고, 자신의 몸을 믿고 그저 내 앞에 놓인 음식을 편안하고 기분 좋게 좋은 이들과 먹으면 됩니다. 제 몸에 맞게 적당히 먹고 즐겁게 먹는 것 그리고 행복하게 먹는 그 순간이 음식이 우리에게 주는 가치가 아닐까 생각합니다. 사람마다 몸이 다르고 감각이 다르기 때문에 모든 사람에게 최고의 맛은 없습니다. 자신의 감각을 제대로 훈련하여 음식에 대한 풍성한 감동을 느낄 줄 아는 것이 자신의 맛의 세계를 알게 되는 것이고 음식을 가치를 만끽하는 순간입니다. 음식을 통해 자신의 맛의 세계를 알고 나를 알아 가는 과정이지요.

　부디 음식에 대한 '과한 관심'을 줄이고 적당히 먹으면 좋겠습니다. 음식은 건강의 작은 일부이지 건강 전체를 책임지지 못합니다. 반대로 건강도 음식의 가치 중에서 일부일 뿐입니다. 음식을 먹을 때 모든 고민을 놓고 편히 먹으면 됩니다. 하지만 먹는 순간 음식을 느끼는 자기 몸에는 관심을 가지십시오. 지금 우리 밥상 위에 있는 것만으로도 충분히 만족할 수 있습니다."

02

생각하는 식탁, 음식과 약이 우리 몸에 대해 말하는 것들

『생각하는 식탁』 저자,
'J정약국'
정재훈 약사

현재와 과거는 연결되어 있다

●

여러분은 음식과 약을 어떤 시각으로 바라보시나요? 우리는 종종 '음식과 약은 서로 묘한 관계가 있는 게 아닐까?' 하는 생각을 합니다. '음식이 곧 약이다'는 말처럼 말이죠. 이것은 맞는 말일까요, 틀린 말일까요? 과연, 음식은 약이 될 수 있을까요?

혹시 영화 '백투더퓨처(Back to the Future)'를 기억하십니까? 타임머신을 타고 30년 전의 과거로 가는 내용의 영화입니다. 1985년에 나온 이 영화가 2015년에 재개봉되어 큰 인기를 이끌었습니다. 음식과 약 이야기를 하는데 왜 느닷없이 영화 이야기를 꺼내느냐고요? 저도 과거로 거슬러 올라가고자 하기 때문입니다. 영화 '백투더퓨처'처럼 과거와 현재를 왔다 갔다 하며, '음식과 약이 우리 몸에 대해 말하고자 하는 것들'을 하나씩 들려드리겠습니다. 과거와 현재는 뚝 떨어져 있지 않습니다. 과거와 현재는 많은 부분이 연결돼 있습니다. 저는 음식과 약의 관계를 현재와 과거의 연결성 속에서 살펴보고자 합니다. 그런데 여러분은 '현재의 시각'에서 약과 음식을 바라보십니까? 아니면, 멈춰버린 '과거의 시각'에서 바라보십니까? 자, 그럼 1950년대 미국으로 가보겠습니다.

〈1950년대 미국의 오렌지주스 광고 문구〉

여기 광고문구가 있습니다. 오렌지주스를 마실 때 '매일 한 잔을 가득 채워서' 마시라고 광고합니다. 왜일까요? 비타민 C 섭취 때문입니다. 당시에는 이 문구가 설득력이 있었습니다. 세계 2차 대전 이후, 전 세계적으로 비타민 섭취가 어려웠습니다. 물론 그 이전 시대로 더 거슬러 올라가도 괴혈병 환자가 많았습니다.

비타민 C가 부족하면 괴혈병에 걸립니다. 그때 당시 자료를 보면, 특히 배를 타는 선원들이 괴혈병에 많이 걸려서 이가 빠지는 것은 물론, 심하면 죽음까지 맞이하는 경우가 많았다고 전해집니다. 만약 이 당시에 비타민 C 태블릿이 개발되었다면 인기가 있었겠지요? 바야흐로 세월이 흘러 비타민 C 태블릿도 개발이 되었고, 먹거리가 넘치는 시대가 되었습니다. 지금 우리는 비타민 C가 부족할까요? 아닙니다. 과잉될 가능성이 오히려 크지 괴혈병에 걸릴 만큼 부족하지는 않습니다. 그런데도 오렌지주스를 마실 때는 어떻습니까? 한 잔 가득 채워서 단숨에 주욱 마셔야 온몸에 비타민 C가 채워진 것 같은 느낌입니다.

요즘 나오는 광고 역시 가득 채운 한 잔을 꼬마가 주욱 맛있게 들이킵니다. 어쩐지 오렌지주스는 그렇게 마셔야 할 듯한 느낌, 바로 과거의 시각에 머물러 있는 것들입니다.

'약식동원藥食同原'이라는 말이 있습니다. '음식과 약은 그 뿌리가 같다'는 뜻인데, 제가 어느 식당에서 발견한 문구입니다. '음식으로 치료할 수 없는 병은 약으로도 치료할 수 없다.' 히포크라테스가 한 말이라고 적혀있습니다. 영어로 쓰인 문장도 히포크라테스 조각상과 함께 여기저기서 찾아볼 수 있는데 과연 이 말을 정말 히포크라테스가 했을까요? 더 멀리 과거로 거슬러 올라가서 확인해 보겠습니다.

고대 그리스입니다. 히포크라테스 전집을 찾아봅니다. 그런데 어느 페이지에도 이 문장을 찾을 수 없습니다. 히포크라테스가 한 말이라고 전해 내려오지만, 기록의 근거는 불명확합니다. 다만 이렇게 추정할 수는 있습니다. 그가 살았던 시대의 사람들이 보편적으로 이런 생각을 가지고 있지 않았나 하고요. 그 당시는 먹거리가 부족해서 영양소를 채우기가 힘들었을 겁니다. 이런 현상은 하층민으로 내려갈수록 더 심각했습니다. 의사로서 좋은 의술을 펼쳤던 고대 그리스 시대의 히포크라테스 정신은 계승할 필요가 있지만, 그 시절의 의학지식이나 사고방식은 한 번쯤 의심해 봐야 합니다.

과연 음식과 약은 그 뿌리가 같을까요? 음식은 음식일 뿐입니다. 약이 아닙니다. 약은 무엇일까요? 0.5g 정도의 아주 적은 양을 한 번 섭취하는 것으로 우리 몸에 큰 효과를 내는 특징이 있습니다. 알약 하나에 들어 있는 효과는 강합니다. 그런 만큼 때로는 약을 과다 섭취하면 독이 되기도 합니다. 그에 비해 음식은 내 위장 크기만큼, 배부르게 웬만큼 섭취해도 안전합니다. 음식은 약보다 몸이 반응하는 효과도 느립니다. 특정 음식에 알레르기가 있는 경우나 식중독은 예외지만, 대부분의 경우 어떤 음식을 먹어서 몸이 그 차이를 느낄 정도로 두드러진 효과를 경험하기란 어렵습니다. 배불리 먹고 기분이 좋은 것을 음식의 약효로 오해하면 곤란합니다.

히포크라테스 시대의 의학지식에 대한 또 다른 오류를 볼까요? 히포크라테스는 의학의 아버지입니다. 만일 당시의 의학지식을 적용하여 현재의 사람을 진료한다면 아주 큰일 날 일입니다. 히포크라테스는 다음과 같은 학설을 내세우기도 했습니다. '설명할 수 없는 히스테리가 여자에게서 자주 발견되는 것은 여자의 자궁이 몸 여기저기에 옮겨다녀서 생기는 병'이라는 것입니다. 이 주장은 과학적 근거가 없음이 밝혀졌습니다. 그런데 이 주장은 1800년대까지 의심 없이 이어졌고, 1900년대 초까지 지속되었습니다. 과거 의학지식이 현재까지 유효할 수는 없습니다. 또한 음식과 약에 대한 과거 사람들의 생각을 오늘날 현대인의 삶에 똑같이 적용하면 문제가 발생합니다. 그런데도 우리는 현재로 오지 못하고 과거에 머무른 채 음식과 약을 동일하게 바라보는 오류를 범하고 있습니다. 여러분은 과거 속, 멈춰버린 시각으로 계속 살아가고자 하십니까?

잡식동물 마트에 가다

●

다시 현재로 돌아와서, 이번에는 대형마트를 가보겠습니다. 음식을 구입해 볼까요? 그런데 세상에는 좋은 음식과 나쁜 음식이 존재할까요? 내 몸이 과연 좋은 음식과 나쁜 음식을 구분할까요?

미국과 캐나다의 마트 규모는 어마어마합니다. 케첩은 수십 가지이며, 요구르트는 맛이 다 비슷하지만 종류만 해도 140종이 넘습니다. 딸기요구르트를 예로 들자면 딸기잼이 바닥에 깔려 있는 것, 딸기잼이 고루 섞여 있는 것, 회오리 형태로 담겨 있는 것, 유기농인 것 등 다양합니다. 잡식동물인 인간의 슈퍼마켓은 이런 모습입니다. 미국의 전형적인 슈퍼마켓에는 보통 3만에서 4만 개 정도의 품목을 진열합니다. 생산했으나 진열대에 오르지 못한 식품까지 포함하면 가공식품 개수는 32만 개가 넘습니다. 여기에 매년 새로 출시되는 10,000종 이상의 신제품이 진열대에 오르기 위해 경쟁을 합니다. 슈퍼마켓은 사람이 잡식동물이라는 사실을 우리에게 확실히 일깨워주는 장소입니다. 요리를 위한 음식 재료를 선택하는 일에서부터 딜레마에 빠집니다. 사람의 경우는 이렇게 복잡합니다.

〈캐나다에 위치한 한 마트의 풍경〉

반면 유칼립투스 잎 한 종류만 먹는 코알라는 두개골 대비 뇌 크기가 매우 작은 동물로 알려져 있습니다. 먹거리를 고민하지 않고 평생 유칼립투스 잎만 먹습니다. 유칼립투스 잎을 모두 떼어서 바닥에 떨어뜨려 두면 코알라는 굶어 죽을 것입니다. 땅에 내려가서 먹을 생각을 못 할 정도로 뇌를 쓰지 못하기 때문입니다. 사람이 다른 동물과 달리 두뇌가 발달한 이유를 요리할 수 있다는 점에 근거를 두는 과학자가 많습니다. 사람은 여러 가지를 먹습니다. 먹는 것에는 제한이 없습니다. 그런데 마트에 가면 고민이 시작됩니다. '어떤 음식이 좋은 음식일까, 그리고 나쁜 음식일까…'

사람은 자신이 생각했을 때 좋은 음식을 먹으면 자기 자신에 대해 자랑스럽게 생각하고, 나쁜 음식을 먹으면 창피하게 여긴다고 합니다. 이처럼 먹는 데는 가치의 문제가 개입합니다. 사람은 음식에 대한 가치를 지니고 있습니다. 좋은 음식과 나쁜 음식에 대한 의견을 펼칠 때 세 부류가 있습니다. 1) 좋은 음식과 나쁜 음식은 존재한다, 2) 좋은 음식과 나쁜 음식은 존재하지 않는다, 3) 좋은 음식과 나쁜 음식에 대해서 알고 싶지 않다. 그런데 사실, 좋은 음식과 나쁜 음식을 알아 봤자 무의미한 일입니다.

착한 음식의 거짓말

•

1984년 3월 26일자 「타임」 지의 표지에는 접시 위에 달걀과 베이컨으로 만든 울상 짓는 사람 얼굴이 크게 실렸습니다. 사람들에게 콜레스테롤의 유해성을 알린다는 취지로 기획된 이 기사는 보기에도 상당히 공격적이었습니다. '달걀과 버터는 빼라'를 헤드라인으로 한 커버스토리는 '콜레스테롤은 치사적임이 입증되었으며, 우리의 식생활은 이전과 같을 수 없으리라'는 과감한 예언을 했습니다. 하지만 32년이 지난 지금은 콜레스테롤이 꼭 필요한 성분이며, 그 자체가 해로울 수는 없다는 뉴스가 연이어 헤드라인을 장식합니다.

한때 미국에는 '치즈는 악마의 음식이다'라는 말이 떠돌았습니다. 그런데 「가디언스」 지에 이런 기사가 실립니다. '영국 왕세자비 케이트 미들턴이 치즈를 즐겨 먹는데, 다이어트에 도움이 된다.' 이 기사가 나간 이후 치즈 판매량이 급증하게 됩니다. 한편으로는 같은 매체에서 '북한 김정은이 치즈를 즐겨 먹어서 건강에 이상이 생겼다'는 기사를 실었습니다. 무엇이 맞는 내용일까요? 우리가 무엇을 놓친 것일까요? 음식이 거짓말을 하는 것일까요?

음식은 복잡하다
●

다른 음식의 예를 살펴보며 우리가 편견에 싸여 음식에 대해서 제대로 판단하지 못하는 게 무엇인지 살펴보겠습니다. 블루베리, 토마토, 현미 등은 정말 최고의 슈퍼푸드일까요? 우리는 슈퍼푸드를 무조건 건강에 좋은 음식이라고 생각합니다. 하지만 음식은 복잡합니다. 1960~70년대에 일본인 사쿠라자와 유키카스가 '젠 매크로바이오틱 다이어트'를 창시했습니다. 미국에서는 '조지 오사와'라는 이름으로 알려진 이 민간요법사는 『당신들은 모두 삼백 이다』라는 저서로도 유명합니다. 그가 주장하는 식이요법은 정제하지 않은 통곡

물과 약간의 채소, 해조류를 주로 먹고, 육류와 유제품은 배제하는 고탄수화물 저단백 식단이었습니다. 사쿠라자와가 내놓은 식단은 제한 규정이 매우 엄격했습니다. 과일과 정제당은 탄수화물이기는 하지만 음성이 지나쳐서 먹으면 안 되고, 물의 섭취도 최대한 자제해야 한다는 식이었습니다. 사쿠라자와는 음양의 비율을 5대1로 맞춘 자신의 장수 식사법을 따르면, 모든 질병을 고칠 수 있다고 단언했습니다. 그는 가공하지 않은 현미를 가장 완벽한 음식으로 보았습니다. 현미 자체가 5대1의 비율을 가진, 음양의 균형이 잡힌 식품이라고 생각했기 때문입니다.

하지만 그의 다이어트법은 정반대로 무서운 결과를 가져왔습니다. 미국 뉴저지에 살던 베스 사이먼이라는 26세의 여자는 사쿠라자와의 섭생법을 따라 현미식을 시작했습니다. 그녀가 먹은 것이라곤 주로 현미에 깨소금과 약간의 채소가 전부였습니다. 그렇게 현미 다이어트를 시작한 지 9개월 만에 이 젊은 여자는 그만 죽고 말았습니다. 현미에는 비타민 B군이 비교적 많이 들어 있지만, 비타민 A나 C는 전혀 들어 있지 않고, 철분과 칼슘처럼 우리 몸에 필수적인 미네랄 함유량도 하루 필요량에 비해 턱없이 낮았기 때문입니다. 이렇게 사람이 죽을 정도로 심각한 사건이 있었지만, '젠 매크로 바이오틱 다이어트'는 이름만 교묘하게 바뀌면서, 아직도 잔재가 남아 있습니다.

최근 국내에서 '식이섬유가 몸에 좋다'고 강조해서 초등학생들에게 문제가 생긴 적이 있습니다. 식이섬유 과잉 증상이 나타난 것입니다. 연합뉴스에 따르면, 식이섬유 과잉 증상은 북한과 중국의 영양이 결핍된 가난한 농민들이 겪는 문제입니다. 성장기 어린이가 현미처럼 섬유소가 많은 음식을 먹으면 양질의 영양소가 흡수되는 데 방해가 됩니다. 특히 두뇌 발달과 성장에 관련된 콜레스테롤 흡수를 방해합니다. 과연, 현미가 최고의 슈퍼푸드란 말은 옳을까요?

항산화제는 몸에 좋다? 나쁘다?
●

항산화제를 살펴보겠습니다. 노화와 암 예방에 큰 효과가 있다는 항산화제는 최고의 명약이고, 산화제는 노화를 앞당기고 암을 촉진하기 때문에 나쁜 것으로 생각하는 사람이 있습니다. 그런데 과연 이 또한 진실일까요?

핀란드에서 항산화제에 대한 놀라운 연구 결과가 발표된 적이 있습니다. 이 자료는 항산화제와 플라시보 그룹에 대한 연구결과입니다. 1960년대 핀란드는 담배 피우는 인구가 많고, 식생활이 건강하지 못했습니다. 담배를 많이 피우는 사람은 호흡기 부분에 암 발생률이 높습니다. 이런 호흡기 암 생성을 막는 성분으로 기대한 것은 항산화제의 대표적 성분인 '베타카로틴'과 '토코페롤(비타민 E)'입니다. 연구진은 이들 항산화제가 점막을 튼튼하게 하여 폐암 발생률을 낮춰줄 것으로 기대했습니다. 그런데 실제 실험을 해보니 베타카로틴 그룹의 암이 더 많이 발생했습니다.

유전자 조작이 쉽고, 수명이 짧은 '예쁜꼬마선충'을 가지고도 항산화 물질에 대한 실험을 진행했습니다. 유전자 조작을 통해 꼬마 선충의 항산화 물질 생산을 줄였는데, 꼬마 선충이 단명할 것이라는 예상과 달리 수명이 2배 가까이 늘었습니다. 반대로 항산화제를 계속 투입했더니 정상적인 수명으로 돌아오거나 수명이 약간 늘어났을 때

〈예쁜꼬마선충〉

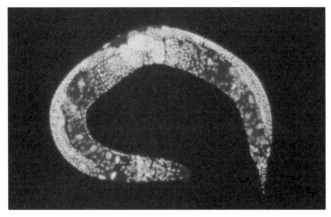

도 있었습니다. 또한 산화제를 계속 투여했더니 치명적인 손상은 나
타나지 않고, 더 오래 살았습니다. 여기서 중요한 것은 항산화제는 우
리가 예측했던 방향대로 나아가지 않는다는 것입니다.

항산화제는 흔히 '녹 쓰는 것을 방지하는 물질'에 비유합니다. 하
지만 우리 몸은 녹 쓰는 쇳덩어리와 다릅니다. 생명체입니다. 우리 몸
에는 '자유라디칼free radical'이 존재합니다. 음식을 소화하고 에너지를
만들어내는 과정에서 발생하는데, 반응성이 매우 높고 불안정해서 우
리 몸의 여러 부분에 산화적 손상을 일으킵니다. 암이 그 대표적인 예
로 DNA 분자가 자유라디칼에 의해 손상되면 암세포가 생성됩니다.
이렇게 치명적인 자유라디칼을 무력화하기 위해 우리 몸은 스스로 항
산화 물질을 만들어냅니다. 산화적 스트레스에 맞서 싸우는 것입니
다. 싸우고 난 항산화 물질은 원래의 힘을 잃어버리므로 재생이 되어
야 하는데, 이때 식물의 항산화제가 도움이 될 수 있습니다. 자유라디
칼은 반응성이 좋아서 우리 몸의 세포를 손상시킬 수 있는 반면, 면역

계에서는 이러한 자유라디칼의 성질을 암세포와 세균을 죽이는 데도 이용합니다. 자유라디칼의 양면성을 보여주는 것입니다.

복잡하고 섬세한 우리 몸에서 가장 중요한 것은 균형입니다. 주방의 화학자, 요리의 과학자로 불리는 『음식과 요리』의 저자 해럴드 맥기Harold McGee 는 '단일 유형의 항산화 물질이 지나치게 축적되면 실제로 균형을 무너뜨릴 수 있으며, 되레 손상을 유발할 수도 있다'고 지적합니다. 항산화제 역시 지나치게 섭취할 경우 예상을 벗어난 결과를 초래할 수 있습니다.

섭식의 역설, 음식은 양날의 검이다

•

음식을 먹는 것은 생존에 반드시 필요한 일이지만, 동시에 위험한 도전이기도 합니다. 음식에서 섭취하는 영양분이 신체 내부의 정교한 균형을 깨뜨릴 수 있기 때문입니다. 어떤 사람에게 반드시 필요한 식품이 어떤 사람에게는 독이 됩니다. 뭐든 적합한 정도가 있습니다. 이렇게 본다면 좋은 음식, 나쁜 음식이 있을 수 없습니다. 미국 신시내티대학의 심리학자 스티븐 우즈Stephen Woods 는 이 같은 역설적인 상황을 '섭식의 역설paradox of eating'이라고 불렀습니다. 적색 육류는 섭식의 역설을 보여주는 좋은 예입니다.

적색 고기가 붉은색을 띠는 것은 철분 때문입니다. 적색 고기의 붉은색 근섬유에는 미오글로빈과 시토크롬이라는 짙은 색의 단백질이 많습니다. 미오글로빈, 시토크롬, 헤모글로빈은 모두 철분을 지니고 있는 색소라는 공통점이 있습니다. 고기를 익히면 이들 성분이 변성되므로 색깔이 회갈색으로 바뀝니다. 또 적색 육류에 들어있는 철분은 단백질과 결합한 햄철 형태이기 때문에 흡수가 잘 됩니다. 빈혈 환자에게 적색 고기를 권하는 것도 그런 이유에서입니다. 채소와 곡물에도 철분이 들어있긴 하지만, 흡수율은 고기보다 떨어집니다. 피트산과 같은 식물화합물이 철분과 결합하여 체내로 흡수되는 것을 방해하기 때문입니다. 그런 이유로 채식만 하는 사람의 철분 권장량은 보통 사람의 1.8배입니다.

철분은 우리 몸에 꼭 필요한 성분입니다. 혈액이 산소를 운반하고, 근육이 에너지를 사용하려면 철분이 반드시 필요합니다. 그런데 쇠가 녹스는 것처럼, 철분도 산소와 만나 화학적 반응을 일으킵니다. 이러한 화학 반응은 신체에 유익하지만은 않습니다. 철 분자가 산화되었다가 다시 환원되는 과정에서 자유라디칼이 많이 생겨나며, 이 같은 반응을 적절히 제어하지 못하면 신체에 큰 위험이 따릅니다. 철분 섭취는 꼭 필요한 일이지만, 역설적으로 해가 될 수 있습니다.

이처럼 '섭식의 역설'이라는 관점으로 보면, 음식만으로 완벽한 건강을 추구하는 것은 불가능에 가깝습니다. 어떤 음식을 먹든 양날의 검이 되어 우리 몸의 균형을 깨뜨릴 수 있기 때문입니다. 동물의 고기든 식물의 잎이든 과일이든 곡식이든 간에 그 자체로 완벽한 음식은 없습니다. 그럼에도 불구하고 무엇이든 골고루 적당히 먹으면 건강은 유지됩니다. 이는 우리 눈에 보이지 않는 곳에서 신체의 장기와 조직이 열심히 일하고 있기 때문입니다.

인간의 기대와는 달리 자연에서 완벽함을 찾기란 어려운 일입니다. 불완전한 환경 속에서 차선을 선택한 사례가 훨씬 많습니다. 우리 몸이 음식의 영양분을 받아들이는 방식을 봐도 그렇습니다. 몸은 철분에 해로운 면이 있다고 해서 사용을 거부하지 않습니다. 과다한 지방이 혈관을 막을 수 있다 해도 일단 지방세포에 저장하고 봅니다. 인체는 '완벽함은 선함의 적'이라는 사실을 몸소 보여줍니다. 우리 몸은 완벽한 해결책을 기다리기보다는 현실에 맞는 차선책을 찾아내는 데 더 익숙합니다. 위험 제로, 유익 100%의 완벽함을 추구하다가는 개체의 생존 자체가 힘들기 때문입니다.

음식과 약이 우리 몸에 말하는 것들

●

앞에서도 말했지만, 약은 적은 양으로도 큰 효과를 냅니다. 알약 하나에 들어있는 실제 약 성분의 양은 보통 0.5g을 넘지 않으며, 대부분의 알약은 삼키기 쉬운 작은 사이즈입니다. 그러나 약은 효과가 강한 만큼 때로는 독이 되기도 합니다. 과거 가장 안전한 약이라고 생각했던 아세트아미노펜(타이레놀)조차도 최근에는 논란거리가 되고 있습니다. 하루 복용 가능한 양을 4g으로 하느냐, 3g으로 하느냐를 놓고 FDA 자문위원회에서 격론이 벌어졌습니다. 이처럼 약의 부작용에 대해서는 세심한 주의를 기울이는 게 맞습니다. 한 톨만큼 먹어야 할 약을 두 톨 먹었다가는 부작용을 겪을 수 있기 때문입니다. 그런 약물이 여럿 있습니다. 과학자들은 효과는 강력하고 부작용은 적은 약을 만들려고 노력하지만 실제로는 효과가 좋으면 부작용도 강하고, 효과가 약하면 부작용도 적은 경우가 많습니다. 약은 우리 몸에 양날의 검입니다.

그에 비하면 음식은 대체로 안전합니다. 쌀을 한 톨 먹느냐, 두 톨 먹느냐 하는 고민을 하지 않습니다. 음식은 웬만큼 많이 먹지 않고서는 큰 해가 없습니다. 우리가 약에 비해서 음식에 부담을 안 느끼는 것은 음식에 들어있는 성분에 대해서는 우리 몸이 오래 전부터 대비하고 있기 때문입니다. 하지만 앞서 말한 것처럼 음식 역시 양날의 검입니다.

당뇨병을 살펴볼까요? 포도당은 누구에게나 많이 들어옵니다. 정상적인 사람의 경우에는 음식 섭취 후 시간이 지나면 점점 포도당이 떨어집니다. 하지만 그렇지 않은 사람이 있으니, 바로 당뇨병 환자입니다. 당뇨병에 걸린 사람에게는 특별한 처방전이 없습니다. 운동을 하고 여러 가지를 먹되, 칼로리를 줄이라고 의사는 말합니다. 이는 탄수화물이나 단백질, 지방 등 특별한 영양분에 한한 것이 아니라 총 칼로리를 줄이라는 것입니다. 탄수화물이나 단백질, 지방 등 구분하지 않고 음식을 즐기고 전체적인 식단의 칼로리만 줄이면 됩니다.

사람에게 꼭 필요한 산소도 양날의 검입니다. 병원에서 산소호흡기를 안 하면 죽습니다. 산소호흡기는 마취과 의사가 처음 발견했습니다. 소아마비에 걸린 아이는 그대로 놔두면 호흡 곤란이 와서 죽습니다. 이런 아이의 호흡을 돕기 위해서 산소호흡기가 발명되었고, 처음에는 자동기계가 없어서 수동으로 20분씩 의료진이 직접 산소를 투여했다고 합니다.

응급 시에는 산소호흡기가 중요하지만 반대로 산소호흡기를 너무 오래 사용하면 환자 몸에 해롭습니다. 고압의 산소는 폐 세포를 손상시킬 수 있습니다. 물도 마찬가지입니다. 미국 라디오 방송에서 물마시기 시합을 중계한 적이 있는데, 한 참가자가 물을 너무 많이 마셔서 죽은 일도 있습니다. 물도 너무 많이 마시면 죽습니다. 한 번에 10

리터 이상 마시면 사람 몸의 염분 농도가 유지되지 않으면서 뇌가 부어서 죽습니다.

우리 몸에 먹는 것이 들어가면 모두 간을 통과합니다. 어떤 음식이든 해독을 해야 되기 때문입니다. 먹는 약은 성분에 따라 간의 해독작용(초회통과효과)으로 인해 약효가 크게 떨어질 수 있습니다. 먹는 약을 만들 때는 간의 해독작용을 피해서 약효를 높이기 위해 노력합니다. 영화를 보면 약의 성분을 몸에 빨리 흡수하기 위해 혀 밑으로 약을 넣고 녹여서 먹는 경우가 있습니다. 혀 밑에 약을 넣으면 녹으면서 간으로 통과하지 않고 전신으로 흡수되어 약 효과가 온몸으로 퍼지게 됩니다. 코로 흡입하는 약이나 좌약도 간의 해독작용을 피해갑니다.

우리 몸은 어떠한 음식물을 삼키든 해독을 하려고 하고 독이 있으면 걸러내고 영양의 균형을 유지하려고 노력합니다. 음식이든 약이든 과하면 우리 몸에 해가 되고 적당하면 몸에 무리가 가지 않습니다. 우리 몸의 이런 노력을 돕기 위해 무엇을 해야 할까요? 영양의 균형을 골고루 갖춘 다양한 음식을 먹되 소식하는 것이 최선책입니다. 그런데 잡식 동물의 본성상 음식을 보면 양 조절을 못하고 뭐가 좋은지 나쁜지에 정신 팔려있어서 얼마나 먹으면 되는지에 관심이 없습니다.

47:77
●

이 수치는 뭘까요? 캐나다에서 1900년에 태어난 사람들의 기대수명과 2000년에 태어난 사람들의 기대수명을 대비해서 써 놓은 것입니다. 그만큼 옛날과 지금을 비교해 볼 때 기대수명이 엄청나게 증가했

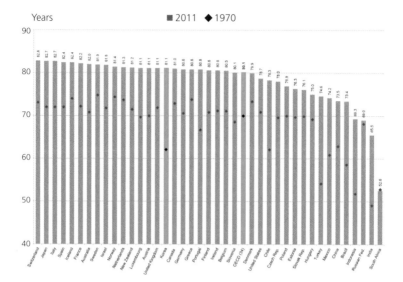

음을 알 수 있습니다. 전 세계적으로 그렇습니다.

전 세계적으로 1970년과 2011년의 기대수명을 비교하면 위의 도표와 같이 전 세계 모든 사람들이 오래 살고 있습니다. 더군다나 까만 마름모와 막대가 현격히 차이가 나는 나라가 있습니다. 어느 나라일까요? 바로 대한민국입니다. 1970년 당시 우리나라는 한국전쟁을 겪은 직후라서 가난하고 어려움이 컸습니다. 우리나라를 포함하여 2011년은 전 세계가 장수를 누리고 있습니다. 그래서 장수에 대한 노하우는 1970년대 과거의 사람들이 2000년대 현재의 사람들에게 배워야 합니다.

1996년에 조사한 인간 수명에 대한 또 다른 자료 중에 66:75라는 수치가 있습니다. 같은 흑인인데도 서인도 제도에 사는 흑인은 75세까지 살고 미국에 사는 흑인은 66세까지 산다고 합니다. 소득은 미국에 사는 흑인이 4배가 더 높습니다. 그런데도 서인도 제도에 사는 흑인보다 수명이 짧은 이유가 뭘까요? 추측컨대 1996년 당시 미국에 사는 흑인은 불평등한 상황에 살고 있었을 것입니다. 힘이 없는 하층의 삶을 살고 있는 거죠. 반면에 서인도 제도의 흑인은 소득 자체는 미국 흑인보다 적으나 인종차별을 받지 않고 비교적 평등하게 살기 때문이 아닐까 생각합니다. 건강에 있어서, 인간으로서의 사회적 가치와 평등도 인간 수명을 위해 중요하다고 볼 수 있습니다.

장수의 비결, 특별한 방법은 없다

•

100세 이상 고령자의 장수 비결에 낙천적인 성격과 규칙적인 생활도 들어있지만, 절제된 식습관이 무엇보다도 중요합니다. 제 생각은 이렇습니다. 나를 즐겁게 하는 일이 있으면 낙천적인 마음을 가질 수 있어 식습관도 절제되고, 또 일을 해야 하니까 생활도 규칙적이 되지 않을까요? 건강과 장수에는 특별한 비법이 없습니다. 소식하고 음식의 맛을 즐기며 두 끼든 세 끼든 규칙적으로 골고루 먹는 것이 장수의 비결입니다.

　타임머신을 타고 또 과거로 거슬러 올라가 볼까요? 이번에 갈 곳은 유럽의 13세기 중세와 르네상스 시대입니다. 자연에 가까운, 식품 첨가물이 없었던 시대에 과연 모든 사람이 건강했을까요? 13세기 수도사들은 하루에 6,000kcal를 먹고, 단식기에도 4,500kcal를 먹었습니다. 식사하는 시간도 2시간이나 걸렸다고 합니다. 유골을 분석해보니 그들은 관절염, 성인병 등에 시달렸습니다.

〈알비제 코르나로〉

　르네상스 시대에도 마찬가지였습니다. 알비제 코르나로 Alvise Cornaro 라는 이탈리아 사람이 있었습니다. 그는 폭식가였습니다. 35살에 당뇨병과 비슷한 병에 걸렸습니다. '비슷한'이라는 표현을 쓴 것은 당시에는 당뇨병이라는 판정을 내리지 못했기 때문입니다. 남아 있는 기록을 분석해 추측할 때 당뇨병이 아니었나 파악합니다. 그는 부유한 상인으로서 이제 인생을 즐길 날만 남겨두고 있었지만, 그만 병에 걸려 비참한 생활을 했습니다. 그래서 그는 음식을 절제하기 시작했습니다. 고기와 채소를 넣고 끓인 수프를 1접시(330g), 그리고 와인을 하루에 총 400mL를 마셨습니다. 얼추 칼로리를 계산해보면 하루에 1,500~1,600kcal를 먹은 것입니다. 그러자 점점 살이 빠지면서 병이 낫고 건강한 생활을 하게 되었습니다.

　얼마나 건강해졌는지 81세의 나이에 자신의 섭식 경험이 담긴 책, 『절제하는 삶에 대하여』 초판을 씁니다. 그 뒤로 3권의 책을 더 내고, 98세에 사망합니다. '절식이 곧 장수의 비결'이라는 내용입니다. 이 책은 장수하는 방법에 관한 현존하는 최초의 책이자 현재까지도 손에 꼽히는 베스트셀러입니다. 물론 한 사람이 오래 살았다고 해서 적게 먹는 것이 장수의 비결이라고 단언할 수는 없지만, 그렇다고 아니라고 말할 수도 없습니다.

우리는 건강을 생각할 때 운동 부족에는 둔감하면서 음식에만 민감하게 주의를 기울입니다. 먹는 것은 그만큼 쉽고, 긴 시간을 필요로 하지 않기 때문입니다. 하지만 먼 옛날 사냥과 채집의 시대에 고기는 엄청난 활동을 한 뒤에야 먹을 수 있는 음식이었습니다. 건강한 신체는 음식의 화학과 운동의 물리학을 모두 필요로 합니다. 그러니 항상 하는 말이지만 음식을 고루 먹고, 소식하며, 신체의 활동을 적절히 늘리는 것이 중요합니다.

절식만이 방법입니다. 지금보다 30%는 적게 먹어야 합니다. 현대인이 음식을 먹는 것에 대해 인지해야 하는 중요한 사실은 '배고파도 괜찮다'는 것입니다. 현대인은 한 끼를 굶으면 큰일 날 것처럼 살고 있습니다. 하지만 끼니의 역사를 살펴봤을 때 반드시 하루 세 끼가 정답인 것은 아닙니다. 오늘 자신에게 이렇게 한번 말해보는 건 어떨까요?

"조금 배고파도 괜찮아."

"조금 몸이 고생스러워도 괜찮아."

정재훈

약 조제와 복약지도를 넘어서
'착한 음식(?)이 하는 거짓말'을 읽어주는 약사

📢 경기도 성남시 분당구에 위치한 정재훈 약사의 약국을 찾았다. 문을 열고 들어서는 순간, 환한 조명 아래 먼지 한 톨 없이 깔끔하다는 인상을 받았다. 매대 진열도 남다르다. 약국 좌우 벽면 외에 중앙에도 진열대가 놓여있고, 매대 위에는 각종 약들이 반듯이 각 잡고 앉아 있다. 약 종류별로 성인과 아이들의 눈높이에 맞춰 그 연령대에 적합한 상품이 진열돼 있어서 약사가 뒤쪽 매대에서 대부분의 약을 꺼내주는 기존의 형태와는 사뭇 달랐다. 슈퍼마켓 매대처럼 손님을 위한 적극적인 셀프 셀렉션self selection을 강조한 약국 인테리어에서 남다름이 느껴진다.

손님을 맞이한다. 눈동자가 안 보일 정도로 온 얼굴의 미소 근육을 이용하여 환하게 웃는 정재훈 약사. 그는 그저 평범한(?) 동네 약사는 아니다. 하얀 약사 가운을 단정히 갖춰 입고 손님의 궁금증에 상세한 설명을 들려주며 응대를 한다.

약사는 어떤 사람일까? 아주 오랜 옛날로 거슬러 올라가 보자. 과거, 약사는 화학자와 의사 사이 어디쯤 애매하게 위치해 있었다. 실제로 의술을 행할 때 약은 필히 써야 하지만, 아이러니하게도 그 약을 다루는 사람으로서의 약사라는 직업은 명확히 존재하지 않았다. 고대부터 시행되어온 연금술이 몇 세기 거치면서 점점 '약화학'이라는 전문 분야로 변했고, 현대로 오면서 약학이 입지를 다졌다. 약사라는 직업은 현대에 들어오면서 전문성을 띤 고유한 영역이 되었고, 현대의 약사들은 매우 특별한 능력을 발휘한다.

약사는 단지 약을 판매하는 것에 그치지 않는다. 현대의 약사는 최고의 발명가 집단이다. 신약을 개발하여 최고의 고부가 가치를 창출함은 물론이고, 약 이외에도 인류 최고의 인기 상품을 만들어낸다. 약사들이 만들어낸 발명품은 뭐가 있을까? 세계적 브랜드 가치, 부동의 1위인 '코카콜라'가 약사의 작품이다. 미국 조지아주 애틀랜타의 약사, 존 스미스 펨버턴 덕분에 코카콜라가 탄생했다. 1886년, 펨버턴은 코카의 잎, 콜라나무의 열매, 카페인 등을 주재료로 '숙취에 시달리는 사람들을 위한 음료'를 제조하다가 우연히 코카콜라를 만든다. 더 재미있는 것은 비슷한 시기에 코카콜라의 영원한 경쟁음료인 펩시콜라도 탄생하는데, 이 역시 약사의 손에 의해 만들어졌다. 펩시콜라는 '소화불량을 치료하는 약'을 만드는 과정에서 생겨났다. 두 음료 모두 100년 넘게 사람들의 사랑을 받는 음료다. 또한 최초로 탄생한 분유인 '네슬레'도 약사의 손에서 개발되었고, 자연주의 화장품으로 유명한 '키엘'도 1851년 미국 뉴욕의 한 약국에서 탄생한다.

가만히 들여다보면, 약을 만들고 화장품을 만들고 음식에 관심 갖고 식품을 개발하는 것은 그리 다른 영역의 일이 아니다. 약사와 요리사는 재료의 성질을 변화시키고 농축해내어 만들어 낸 화학 결과물을 다룬다는 공통점이 있다. 한 접시의 요리는 식재료의 화학작용이다. 약도 식품도 화학작용을 기반으로 만들어진다. 약도 음식도 우리 입으로 들어가면 몸과 관련한 어떤 작용을 일으킨다. 정재훈 약사는 이러한 상관관계를 살피며 음식과 약, 건강을 꿰뚫어 통찰한다. 이른바, '푸드과학'이 우리 식탁을 어떻게 지배했는지 역사적 맥락을 짚어주며, 건강 상식과 건강 마케팅의 숨은 비밀을 알려준다. 그는 약 조제와 복약지도를 넘어서 '착한 음식(?)이 하는 거짓말'을 읽어주는 약사다. 그의 모습 안에는 한층 진화한 집단지성으로서의 약사계가 꿈꾸는 '미래의 약사 모습'이 꿈틀거리고 있다.

약사계의 새로운 지평을 여는 멘토 약사이자 음식탐구가

"처음에는 공과대학을 가려고 했다가 약학대학을 가게 되었습니다. 1997년에 약대를 졸업하고 약사가 되었습니다. 1999년에 캐나다로 건너가서 토론토에서 10년간 약사 일을 했습니다. 약학이 전공이지만 여러 분야를 두루 섭렵하여 탐구하기를 좋아합니다."

정재훈 약사는 우리나라 약사 업계의 멘토 약사다. 사회에 첫 발을 내딛으며 약사 일을 시작하는 새내기 약사들 사이에 이름나 있는 선배 약사이자, 직능으로서의 약사라는 직업적 전문성을 세상에 알리는 약사 업계의 자랑스러운 얼굴이다. 그는 한국, 미국 미시건주, 캐나다 온타리오주 세 곳의 약사 면허를 취득했고, 각 나라별 현장 경험을 통해 건강과 관련한 나라별 조제, 투약, 약국시스템에 관한 지식이 풍부하다. 그는 현재, 캐나다 약사 전문 교육기관인 '팜스터디'의 대표이자 약국 체인 '휴베이스'의 대외협력본부장을 역임하고 있다.

매일 아침, 정재훈 약사는 10평 남짓한 자신의 일터, 'J정약국'으로 출근한다. 하지만 우리는 TV 프로그램 '여유만만', '아침마당' 등에서 그를 만나고, 시내의 대형서점 진열대에 놓여있는 책 표지에서도 환하게 웃고 있는 그를 만난다. 정재훈 약사는 음식담론과 관련한 두 권의 책(『생각하는 식탁』, 『식탐』)을 집필했다. 그는 친근한 동네약국 약사를 넘어서 음식 이야기가 있는 곳이면 어디든 찾아가 자신의 자리를 만들고 명쾌한 담론을 들려주는 음식탐구가다. 그의 음식에 대한 지적 탐구는 어린 시절, 두 손에 쥐어진 한 권의 흑백 요리책에서 시작한다.

엄마의 요리책, 아버지가 열어준 요리세상

"초등학교 1학년 즈음이었을 겁니다. 천식도 있고 해서 밖에 나가 놀지 못했습니다. 또래 아이들처럼 운동을 할 수 없었죠. 그래서인지 방안에 앉아 책 읽기에 몰두했습니다. 독서를 무척 좋아해서 집에 있는 만화책과 동화책, 제 수준에 맞는 책이란 책은 모조리 다 읽었습니다. 그랬더니 더 이상 읽을 책이 없더군요. (웃음) 그때 책 한 권이 눈에 띄었습니다. 엄마의 오븐요리책이었습니다. 요리책은 처음이었어요. 음식 사진이 모두 흑백이었지만, 책장을 넘기는 순간 호기심을 자극하는 경이로운 요리세계가 펼쳐졌습니다. 아이스크림 만드는 레시피가 눈에 들어왔고, 바닐라 향 이야기를 읽은 기억이 납니다."

"5살 때 모친이 돌아가셨어요. 어머니는 요리에 관심이 크셨을 거라 생각해요. 아버지는 요리에 큰 관심은 없으셨지만 잘하는 편이었습니다. 저는 2남 1녀 중 장남입니다. 초등학교 시절에는 아버지와 할머니, 동생들과 함께 서울 반포에 살았는데 주말에는 주로 아버지가 요리를 했습니다. 아버지가 요리하는 날은 '집에서 뷔페 먹는 날'이었습니다. 아버지는 라면을 냄비에 하나 가득 끓여서 '너희가 떠먹어라…'라고 말씀하셨죠. '뷔페'입니다. (웃음) 아버지는 날계란과 간장을 넣고 밥을 비벼주십니다. 나와 동생들이 '맛없어요!' 하면 바로 조치에 들어갑니다. 비빈 밥을 가스 불에 가져가서 프라이팬에 볶아옵니다. 비빔밥 같은 것도 비비다가 좀 아니다 싶으면 바로 냄비에 넣고 볶아서 볶음밥으로 바꿔놓습니다. 아버지의 요리는 냉장고에 있는 재료를 해결하는 요리법이었습니다. 자취를 오래 하셔서 그런지, 있는 재료를 가지고 뚝딱 쉽게 만들어서 내놓습니다. 저는 아버지가 만든 음식을 먹으면서, '요리란 이런 거구나.' 하는 생각이 들었습니다. 잘하지는 못했지만 활짝 웃으며 즐겁게 하셨습니다. 그런 모습을 보면서, '나도 그렇게 요리할 수 있겠다'라고 생각했고, 지금은 저도 여동생도 요리를 좋아합니다. 여동생은 현재 푸드 스타일리스트 일을 합니다.

하지만 입맛은 저와 여동생, 아버지가 판이하게 다릅니다. 아버지는 짜게 드시고 저는 덜 짜게 먹습니다. 반면, 아버지는 기름진 것을 싫어하십니다. 기름에 부친 전을 싫어하셨어요. 저는 느끼한 것을 좋아합니다. 아버지는 채소와 과일을 선호하십니다. 육류는 '밖에 나가서 먹는 거'라고 생각하셨습니다. 담백하고 균형된 건강식을 즐기는 편이세요. 동생은 아예 고기를 싫어하는데, 정말 안 먹습니다. 아버지도 고기를 안 즐기시지요. 제 생각에 아버지와 동생은 입맛이 까다롭습니다. 제 동생은 특히 더 까다롭습니다. 그럼 저는 어떨까요? 저는 일단 뭐든지 먹어봅니다. 식탁에 앉으면 아버지가 말씀하십니다. '밥상에 채소가 있으면 먹어야 한다.' 그 말을 듣고 제가 먹습니다. 그러면 또 한마디 덧붙이십니다. '많이 먹다 보면 좋아진다.' 저는 고기를 좋아하고, 지금은 채소와 과일도 좋아합니다. (웃음)"

"여동생과 식성은 달랐지만 요리에 관한 상상은 우리 남매의 재미난 놀이 같았습니다. 같이 여성지에 있는 요리 사진을 모조리 오려서 서랍 한 가득 채워 놓고 그림을 그리곤 했습니다. 초등 고학년 즈음, 제빵 요리 강습에 따라간 적이 있습니다. 갓 구워낸 빵을 처음 먹었을 때의 충격이란 지금도 잊을 수가 없습니다. 이 시절이 제 요리 상상력의 황금기입니다. 학교 친구들과도 함께 모여 실험적인 요리를 하곤 했습니다. 5가지 잡탕, 13가지 잡탕 라면을 만들어 먹으며 그 맛을 느껴보는 것이죠.

또 비교 시식도 자주 했습니다. 특히 가공식품 맛보기를 좋아했는데, 아버지가 해태제과를 다니시다가 아이스크림 대리점을 하셔서 집에 과자종합세트 선물이 많이 들어왔습니다. 과자종합세트에는 맛있는 과자가 몇 개 없습니다. 맛난 것들부터 꺼내 먹다 보면 어느 날 먹을 게 없습니다. 하지만 저는 맛있거나 맛없거나 가리지 않고 일단 시도를 했습니다. 맛없다고 생각했던 과자도 꺼내어 먹어보면 또 다른 맛을 경험할 수 있습니다. 이 시절, 음식에 대해 제가 깨달은 사실 '한 번 먹어봐서는 모른다. 다시 또 먹어봐야 한다'는 것이었습니다. 저는 음식을 먹을 때의 마음가짐이 중요하다고 생각합니다. 뭐든지 어떤 의식을 치르듯 감각을 집중해서 먹으면 또 다른 맛의 세계를 경험할 수 있습니다."

어린 시절, '뭐든 먹어본다. 여러 번 먹어본다'는 사실을 자각한 꼬마 정재훈은 이미 그 시절에 음식 탐구가로서의 열린 입맛과 기본 소양을 갖추었다. 또한 글을 쓰는 '푸드라이터'로서의 자질도 스스로 수련하는데, 그는 의문이 생기는 것들을 놓치지 않았고 친구들과 함께 작당모의하며 글과 그림을 끄적거렸다.

"학교 점심시간이 되면, 점심을 먹고 난 뒤 친구와 신문을 만들었습니다. '현규'라고 미국으로 이민 간 친구가 있는데 그 친구와 함께 이 책 저 책 짜깁기해서 신문을 만들었죠. 그리고 정기구독자를 모집합니다. 신문을 100원 받고 팔았어요. 20페이지 소설도 써서 발간했는데 반 아이들이 돌려가며 읽었습니다. 제법 인기가 있었습니다. (웃음)"

"제 성격이요? 저는 깔끔한 것을 좋아합니다. 아버지는 순창, 어머니는 정읍이 고향이신데, 저는 서울에서 나고 자랐습니다. 아버지 말씀으로는 어머니가 도시적이고 깔끔한 분이었다고 해요. 저 역시 어머니처럼 도시적이고 깔끔한 성격입니다. 겁도 많습니다. (웃음) 깔끔하고 겁 많은 손주 때문에 시골 외갓집 화장실을 집안에 따로 하나 더 만들었다는 이야기가 있습니다. 제가 서울에서 나고 자라서 시골 환경이 낯설기도 했지만, 성격 탓이 컸습니다.

저는 모험을 좋아하지만 모든 모험을 다 좋아하지는 않습니다. 운동은 잘 못하고요. 스키 같은 것은 안 탑니다. 위험하거든요. 위험한 것은 늘 조심합니다. 초등학교 시절, 한 번은 친구의 자전거를 망가뜨린 적이 있습니다. 속도 조절을 못해서 부딪쳤는데 핸들이 휘어졌어요. 여행을 좋아하지만 원시적인 자연, 광야는 왠지 불안합니다. 모든 시설이 갖추어진 도시 여행을 좋아합니다."

"보통, 사람들이 스트레스 받으면 기분 전환하러 가는 곳이 있죠. 저는 서점과 대형마트에 갑니다. 고등학교 때 공부하다가 스트레스 받으면 서점과 마트를 갔습니다. 깔끔하게 진열된 책과 제품들을 보면 행복해집니다. 과자 신상품이 나오면 꼭 사서 먹어봅니다. 과일주스에 꽂히면 종류별로 다 사서 먹어봅니다. 프렌치파이를 무척 좋아했고요. 고2 때 하루에 초콜릿을 6개나 먹기도 했습니다."

정재훈 약사에게 대형마트는 즐거운 놀이터이자 지적 모험을 떠나는 여행의 시작점이다. 그는 식재료와 가공식품들을 카트에 실으면서 식품과 라벨 속에 숨어있는 어떤 궁금증을 발견한다. 그리고 도심의 대형서점에 빼곡히 꽂혀있는 음식과 역사, 약학과 과학 분야의 책을 한 손 가득 뽑아 와서 과거와 현재를 동시에 탐색하여 지식을 연결시키고 논증 자료를 찾아낸다. 카트에 실린 식품과 깊은 독서는 따끈한 칼럼이 되고, 음식담론을 전하는 책이 되어 독자에 다가간다. 보통 사람들이 미처 '인지하지 못하는' 의문을 풀어가는 정재훈 약사. 그는 조심스럽지만 실험적이고 겁이 많지만 도전적이다. 어떤 문제든 열린 자세로 끝까지 풀어내는 끈질긴 근성이 있다.

약사는 건강 해결사, 약사가 바로잡아주는 음식 이야기

미래의 약사는 어떤 사람일까? 사람들은 문턱 높은 병원보다는 들어가면 언제나 바로 친절한 응대와 상담을 받을 수 있는 약국을 선호한다. 약사는 더 이상 약을 조제하고 복약지도만 하는 소극적인 약 전문가가 아니다. 현대의 약국은 점점 진화하고 있다. 이제 약사는 '건강 해결사Health Communicator'다. 환자가 해오는 어떠한 질문에도 풍부하고 정확한 답변을 해주는 건강 해결사로 전문성을 넓혀간다.

"약사는 많은 이야기를 해야 합니다. 제가 방송에 출연하는 것 또한 건강 해결사로서 약사의 전문성을 표현하는 일이기도 합니다. 꼭 약사가 아니더라도 다양한 분야의 약에 대해 언급을 많이 했으면 좋겠습니다. 음식에 대해서도 마찬가지입니다. 음식 이야기를 셰프만 한다면 아마도 단조롭고 지루할 겁니다. 수많은 사람이 다양한 각도와 시선에서 말을 했을 때 그 주제가 수면 위로 올라오고, 흥미로운 이야기가 더욱 풍부하게 만들어집니다. 건강과 음식, 약은 관련성이 많습니다. 사람의 몸과 약의 작용 그리고 음식 이야기를 할 때, 그 과정에서 문제점이 나타나면 약사가 나서서 잡아주는 것이 맞습니다. 그러려면 약사들이 더 적극적으로 공부하고 참여하고 많은 노력을 기울여야 합니다."

역사를 살펴보면 약사는 연금술사이며 화학자며 최고의 발명가 집단이다. 변화하는 시대는 어쩌면 약사에게 건강 해결사로서의 집단지성을 요구하는지도 모른다. 정재훈 약사는 조리와 가공 원리를 위한 과학, 유래를 알기 위한 역사, 예술적 가치를 위한 미학 등 음식탐구를 위한 다양한 학문적 공부가 필요하다고 주장한다. 약이 몸에 미치는 영향만큼이나 '음식에 대한 잘못된 인식'이 우리 몸에 미치는 영향이 크기 때문이다. 착한(?) 음식이 거짓말을 하는 시대다. 그는 깊은 지성과 전문적인 혜안을 가진 약사이며, 동시에 음식 전문가다.

정재훈이 생각하는 음식의 가치

"약사는 다른 사람을 돕는 직업 중 하나입니다. 다른 사람을 돕기 위해서는 좋은 약사 이전에 좋은 사람이 되는 것이 우선입니다 사람이 정말 가치 있고 좋은 사람이 될 때는 '내가 남을 구하겠다'는 생각을 했을 때인 것 같습니다. 현대에는 음식에 대해 왜곡된 정보가 많습니다. 왜곡된 정보로부터 사람들을 구하고 싶습니다.

음식의 가치는 무엇일까요? '먹었을 때 즐거운 것'입니다. 사람을 살려주고 즐거움을 주는 것이 음식입니다. 음식을 두고 어떤 것은 폄하하고 또 어떤 것은 최고로 좋다고 말하는 것은 문제입니다. 음식은 그 자체로 소중하고 가치 있게 평가해야 합니다. 음식을 좋아하고 관심이 많은 약사로서 이 점을 꼭 말씀드리고 싶습니다."

03
맛있음의 과학,
식품 소비자 관능

'센소메트릭스'
조완일 대표

제 첫 직장은 '오리온'입니다. 혹시 오리온에서 나온 '바나나 초코파이' 먹어보셨습니까? 맛이 어떻습니까? 저는 아직 안 먹어봤습니다. 사실 저는 과자회사 오리온에 다녔지만 누구나 다 좋아하는 초코파이 먹는 것을 힘들어 합니다. 중학교 때 집이 인천이었는데, 멀리 서울 서대문에 있는 이모 집에 놀러 가는 길에 너무 배가 고파서 가게에서 초코파이 하나를 사먹었습니다. 그런데 급히 먹다가 체해서 무척 고생했던 기억이 있습니다. 군대에서는 초코파이가 최고의 간식입니다. 저는 현역으로 군대 갔을 때도 초코파이를 거의 안 먹었습니다. 초코파이를 입에 넣으면 맛은 있지만 체해서 고생한 기억 때문에 입까지 가져가기가 힘듭니다. 거의 안 사는 과자가 바로 초코파이입니다.

오뎅은 좋아하시나요? 저는 올해로 결혼 21년이 됩니다. 제 아내가 좋아하는 음식이 오뎅입니다. 어느 날 같이 길을 가다가 오뎅 파는 가게가 나오자 아내가 말을 꺼냈습니다. "오뎅 하나 먹고 갈까?" 그러나 저는 "아니, 안 먹어"라고 답하고 그냥 갔습니다. 3년 전까지만 해도 그랬습니다. 그런데 저의 이런 반응에 드디어 아내가 뒤집어졌습니다. 아내가 364일은 온순하다가 하루 뒤집어질 때가 있는데 바로 오뎅 가게 앞에서입니다. "왜 오뎅 하나 마음대로 못 먹게 하는 거예요!"

그 이유는 이러합니다. 저는 4남매 중 막내입니다. 우리 남매들은 대학교 학번으로 따지자면 83학번에서 88학번 사이에 모두 4명이 조르르 입학하여 대학을 다녔습니다. 대학생이 4명이나 되기 때문에 부모님은 먹는 것 안 먹고 절약하셨고, 우리 남매들 역시 절약이 습관화되어 있었으며, 돈이 생기면 뭔가를 사먹기보다 아껴서 책을 사는 분위기였습니다.

저는 초등학교 때부터 어머니가 시장에 장보러 가시면 졸래졸래 따라다녔습니다. 하루는 오뎅 가게 앞을 지나다가 어머니께서 "막내야, 오뎅 먹을래?"라고 하셨습니다. "아니요, 됐어요. 안 먹어도 돼요." 저는 이렇게 대답했지만 진짜 오뎅을 먹기 싫어서였을까요? 아닙니다. 저는 형님과 누나에 대한 의리 때문에 혼자서는 어머니가 사주는 오뎅을 먹은 적이 없습니다. 그때의 마음 때문인지 길을 가다가 아내가 "오뎅 먹을래?" 하면 자동적으로 "안 먹어"라는 답이 튀어나왔습니다. 하지만 3년 전 아내가 저에게 섭섭함을 토로하고부터는 아내와 함께 길에서 오뎅을 먹습니다. 그런데 여전히, 저 혼자 다닐 때는 안 사먹게 되는 것 중 하나가 오뎅입니다.

저는 여러분께 '맛있음의 과학'에 대해서 이야기하고자 하지만, 맛있음은 '주관적 경험'이기 때문이 '맛있음이 무엇이냐'를 말하기는 참 어렵습니다. 누군가가 저에게 "너는 초코파이가 맛있다면서 왜 안 사먹니?"라고 물으면 매번 나의 아픈 경험과 이유를 말로 설명할 수 없는 게 현실입니다. 이런 '주관적인 관점의 맛있음을 과연 우리가 어떻게 활용할 수 있을까?' 하는 고민에는 상당한 어려움이 있습니다.

　저는 사업을 시작한 지 10년이 넘었습니다. 첫 직장을 나온 지는 18년이 되었습니다. 식품 관능검사 연구소를 갖추기 위해 여러 방면으로 자료수집과 아이디어를 구상했던 사업 초기, 농심에 근무하는 제가 아는 연구원과 함께 맛을 감별하는 도구인 '전자 혀' 검토를 위해 일본에 갔던 적이 있습니다. '오이시사おいしさ 과학관'이라는 '맛 연구소'였는데, 이 과학관은 처음에는 식품 첨가물을 만드는 연구소였다가 영역을 확장하여 '맛있음'을 연구하고 있었습니다. 사람들이 '맛있다'고 하는 것을 특수기기로 스캐닝하여 맛을 연구하죠. 우동 면의 단면을 잘라 스캐닝하여 탄소와 산소의 이중 결합 등을 탐색함으로써 단백질, 지방, 물이 어디에 어떻게 분포하고 있는지를 알아보기도 하고, 커스터드 크림빵의 단면을 잘라 스캐닝하여 크림빵의 맛의 비밀을 과학적으로 증명해 내기도 합니다.

　자료에서 보듯이 노랑은 지방이고 빨강은 단백질 성분입니다. 아

〈크림빵〉

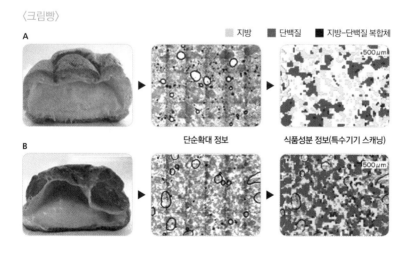

지방　■ 단백질　■ 지방-단백질 복합체

단순확대 정보　　식품성분 정보(특수기기 스캐닝)

래쪽에 있는 크림빵은 지방과 단백질이 골고루 분포한 '균질화된' 크림이 들어간 빵입니다. 위쪽에 있는 크림빵은 지방과 단백질이 불규칙적으로 분포한 빵입니다. 그림으로 볼 때 어느 것이 더 맛있을까요? 지방과 단백질이 균질하게 분포하는 빵일까요? 소비자는 지방과 단백질이 불균질하게 분포한 위쪽 크림빵이 더 맛있는 빵이라고 평가했습니다. 아래의 크림빵은 입에 들어갈 때 혀에 닿는 단백질과 지방이 닿는 빈도가 비슷한 반면, 위쪽의 크림빵은 지방과 단백질이 번갈아가며 한꺼번에 닿아 혀에 리듬감 있는 자극을 줍니다. 이러한 분석을 기반으로 더 맛있는 크림빵의 이유를 과학적으로 판정해냅니다.

앞쪽에서 저는 초코파이와 오뎅에 얽힌 제 경험을 언급하면서 맛있음은 '주관적 영역'이기 때문에 파악하기 쉽지 않다고 말했습니다. 하지만 일본의 크림빵 맛 연구자료가 증명하듯이 맛있음은 대단히 '객관적인 실체'이기도 합니다. 그래서 저는 '맛있음의 과학'을 여러분께 이야기하고 싶습니다. '식품 소비자 관능실험'이 왜 필요할까요? 초코파이는 소비자가 먹습니다. 소비자가 느끼는 관능을 알아야만 맛있음의 과학을 제대로 해석할 수 있습니다. 분석과 해석은 다릅니다. 식품의 맛을 평가하고 분석하는데 '해석'은 굉장히 중요합니다. 많은 것을 알고 느끼고 이해할 줄 알아야 소비자가 느끼는 관능과 맛을 제대로 해석할 수 있습니다.

2,500여 년 전의 불교 문헌인 능엄경에는 맛에 관련한 의미로운 문장이 전해져 내려옵니다. 맛을 연구하다가 도인이 된 사람인 약상, 약왕보살의 이야기입니다.

약상, 약왕보살이 붓다에게 말하길⋯.

저희들은 시작을 알 수 없는 겁으로부터 의사가 되어 이 사바세계의 음식을 맛본 종류가 십만 팔천 가지인데. 그 맛이 쓰고. 시고. 짜고. 담백하고, 달고, 매운 것을 모두 알았습니다. 그리고 이들 맛이 어떻게 어울리고 생겨나며 변화하는지도 알았습니다. 또한 이들을 냉각하고 가열할 때 어떻게 변하며, 독성이 있는지 없는지도 알게 되었습니다. (중략)

그리고 그 맛이 몸과 마음 속에 있는 것도 아니요. 몸과 마음을 떠나서 있는 것도 아님을 알았습니다. 저는 맛의 뿌리를 파고 들어가다 보니 내 본래의 마음을 깨닫게 되었습니다. (중략)

우리들은 이 음식의 맛으로 인해서 깨닫고 보살의 경지에 이르게 되었습니다.

— 음식이 사람을 만든다. 전재근

약왕보살은 맛을 연구하다 도인이 되었습니다. 결국은 맛은 '마음의 문제'라는 깨달음입니다. 우리가 마음을 모른다면 식품, 광고 등의 제품을 다루는 분야에서 브랜드 매니저를 할 경우, 소비자와의 커뮤니케이션에 오류를 범할 수 있습니다. 그래서 '식품 소비자 관능'이라는 관점에서 소비자와 제품의 관계를 해석하는 것을 잊지 않았으면 하는 바람입니다. 그러면 지금부터 맛있음의 과학, 식품 소비자 관능을 '개인의 주관적 경험을 객관적으로 활용한 사례', '관능검사의 정의와 방법', '마음에 대한 이해' 이렇게 세 가지로 나누어서 이야기를 풀어가겠습니다.

주관적 경험과 객관적 활용

●

주관적 경험 1 – 감각자극 인식의 차이

개인의 주관적 경험은 인식의 차이, 인지의 차이, 의미의 차이, 식생활의 차이에 따라 달라집니다. 먼저, 감각자극 인식의 차이를 살펴보겠습니다. 사람들은 어떤가요? 똑같은 귤을 먹고도 신맛의 수용도가 넓으면 맛이 보통이라고 말합니다. 하지만 신맛의 수용도가 낮은 사람은 똑같은 귤을 먹고도 상당히 시다고 말할 것입니다. 이처럼 감각자극을 인식하는데 누구는 시다고 하고 누구는 보통이라고 하는 '인식의 차이'는 분명히 존재합니다. 이것은 배움의 차이일까요? 아닙니다. 개개인마다 생물학적 차이가 있습니다. 만일 이렇게 다르게 느끼는 것이 문제라고 한다면 그것은 부모의 잘못일 가능성이 높습니다. 사람들은 태어날 때, 제각각으로 다른 감각의 차이를 가지고 태어났기 때문입니다.

또 단맛이 강한 것, 중간 것, 약한 것. 이렇게 세 가지를 두고 단맛의 순위를 매겨보라고 하면 맛 실험에 참가한 사람들의 90% 정도가 '이것이 당연히 달지요, 이것이 당연히 덜 달지요'라고 말하면서 같은 방향성을 보일 가능성 높습니다. 그런데 고소한 맛의 순위를 매겨달라고 하면, 60% 정도만 같은 방향성을 보이고 40%는 다른 이야기를 합니다.

지금은 초코파이가 많이 달라졌지만 제가 오리온에 있었던 때만 해도 오리온 초코파이는 빵 부분이 부드럽고 롯데 초코파이는 빵 부분이 건조하다는 느낌이었습니다. 만일 식품 쪽을 공부하며 관능과학 Sensory Science을 배운 분이라면 부드러움이라는 질감은 물과 지방에 의해 사람이 느끼는 속성이라는 것을 단번에 알 수 있을 겁니다. 수분함량과 지방함량도 당연히 오리온 초코파이가 높다고 할 수 있습니다. 그런데 소비자의 반응은 달랐습니다. 초코파이 개발자들은 당연히 오리온이 부드럽다고 하는데 소비자인 아이들의 40%는 롯데 초코파이가 부드럽다고 말합니다. 왜 그럴까요?

롯데 초코파이가 부드럽다고 말한 40%의 아이들은 롯데 초코파이를 주로 먹는 아이들입니다. 이 아이들은 자기가 먹는 것이 부드럽다고 말합니다. 사람들은 '자기가 좋아하는 것'의 맛을 표현할 때 보다 좋은 말을 가져다 붙입니다. 다른 것과 비교해 보지 않고 자기가 좋아하는 것을 '부드럽다거나 상당히 고급스럽다'고 말하기도 합니다. 식품의 질감을 과학적으로 분석한 자료와는 무관하게 식품 소비자 관능 실험에서는 과학적 분석과는 차이를 보이는 소비자의 다른 해석이 나옵니다. 고소한 맛도 누구는 참깨를 생각하고 누구는 들깨를 생각하고 누구는 아몬드를 생각합니다. 사람마다 생각하는 인식의

〈냄새 선호 검사 결과〉

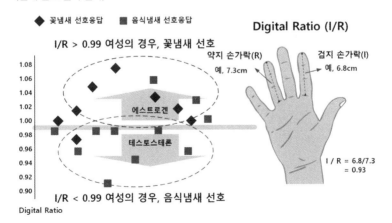

기준이 다릅니다. 이런 속성 때문에 하나로 합의되기가 힘든 면이 있고, 이러한 맛은 소비자의 마음을 통해 드러난 맛이라고 볼 수 있습니다.

손가락을 가지고 성격이나 선호를 알아보는 각종 검사가 있습니다. 앞의 실험 결과는 냄새 선호에 대한 검사입니다. 표에서와 같이, 두 번째 손가락인 검지가 네 번째 손가락인 약지에 비해 짧은 여성의 경우에 꽃향기보다 음식물의 냄새가 더 좋다고 말합니다. 검지가 약지보다 길거나 비슷한 사람은 음식물 냄새보다 꽃향기가 좋다고 이야기합니다. 물론 우리 집이 꽃가게를 한다거나 음식점을 해서 늘 꽃향기, 음식 냄새를 맡는 경우에는 매일 맡는 냄새의 영향을 받아서 정확한 측정을 할 수 없겠지요.

남자친구가 여자친구에게 생일선물로 꽃다발을 가져와서 불쑥 안겨줬다고 해봅시다. 이때 여자친구가 "너 이거 얼마 주고 샀니, 홍대 앞에 새로 생긴 맛있는 맛집 몰라? 내 마음도 모르고… 인간이 왜 그래? 실망이야!"라고 말한다면 즉시 여자친구의 검지가 약지보다 짧은지 확인해 보시기 바랍니다. 반면에 검지가 약지보다 길거나 약지와 길이가 비슷한 여자친구라면 꽃다발을 좋아할지도 모릅니다.

이런 차이는 본능적으로 생겨난 것입니다. 왜 이런 차이가 생기는지 이유를 찾아보면, 엄마가 나를 뱃속에 가지고 있을 때 여성호르몬과 남성호르몬 둘 중 어느 것을 나에게 많이 주었나 하는 비중 차이에 따라 생겨납니다. 이러한 선호는 나의 잘못도 성격이 이상해서도 아니라는 것입니다. 이런 차이를 두고 '쟤는 왜 그래?'라고 말하면서 그러한 선호가 마치 그 친구의 '주관적인 입장 표명'이라고 오해를 하는 경우가 많습니다. 그런데 이러한 선호의 대부분이 선천적·생물학적 차이에서 옵니다.

주관적 경험 2 – 감각자극 인지의 차이

감각자극 인지의 차이는 후각, 미각, 촉각, 시각, 청각 등에서 나타납니다. 먼저 미각을 살펴볼까요? 사람의 혀에는 맛을 감지하는 '미뢰'가 있습니다. 어떤 사람은 동일한 동그라미 안에 15개가 있지만 한 동그라미 안에 미뢰가 30개 있는 사람도 있습니다. 우리 회사 직원 중에는 소주를 안 먹는 사람이 있습니다. 왜 안 마시냐고 물어보니, 소주를 먹으면 혀가 아프다고 말합니다. 이런 경우는 미뢰가 많은 예민한 혀를 가지고 있을 가능성이 높다고 보면 됩니다. 소주를 굳이 혀와 목구멍의 아픔을 느끼면서까지 먹기는 쉽지 않습니다. 미뢰가 보통의 개수인 사람의 경우에는 어떤 날은 소주가 쓰고, 또 어떤 날은 소주가 달게 느껴집니다. 그런데 드물게 소주를 '항상 달달하게' 느끼는 경우가 있습니다. 혀의 감각이 상대적으로 둔감한 사람들입니다. 혀가 둔감한 사람이 모두 알코올 중독이 되는 것은 아니지만, 상대적으로 미뢰의 수가 적고 둔감한 혀를 가진 사람이 알코올 중독이 될 가능성이 높습니다.

고깃집에 가서 채소를 안 먹는 사람이 있습니다. 채소의 쓴맛이 자극적으로 느껴져서 불쾌하기 때문에 안 먹는다고 말합니다. 이런 경우 역시 예민한 혀를 가지고 있을 가능성이 있습니다. 후각, 냄새도 마찬가지입니다. 예민한 코를 가진 사람은 꽃가게에 갔을 때 꽃향기가 나면 기분이 좋은 게 아니라 자극적 느껴져서 싫어합니다. 보통의 후각을 가진 사람들은 빵 굽는 냄새나 커피 볶는 향을 좋아합니다. 그런데 둔감한 후각을 가진 사람은 코를 자극하는 화학약품 냄새에도 둔감한 경우가 있습니다. 이렇게 인지 능력은 사람에 따라, 태어날 때부터 차이가 있습니다.

촉각을 살펴봐도 뜨거운 것을 잘 먹는 사람이 있습니다. 삼계탕을 먹으러 갑니다. 그런데 한 직원이 얼른 먹지 않고 팔팔 끓는 것이 멈출 때까지 가만히 기다리고 있습니다. 제가 말합니다. "얼른 안 먹고 왜 그래요?" "너무 뜨거워서 식혀야 돼요." 저는 뜨거운 것을 잘 먹습니다. 특히 팔팔 끓을 때 먹어야 제 맛입니다. 상대적으로 제 촉각이 둔감하다고 볼 수 있겠지요. 이런 경우, 저는 삼계탕을 다 먹었는데 저희 직원은 3분의 1밖에 못 먹고 있습니다. 이런 경우는 개인별 열감지의 지각 능력 차이 때문입니다. 입안에 음식이 들어갔을 때 같은 면적당 센서 수가 10개인 사람과 1개 있는 사람의 차이가 다르겠지요. '나는 뜨거운 걸 좋아해'라고 말하는 것은 나의 선호 경향이 다양한 자극을 즐기는 데 괴롭지 않기 때문입니다.

시각의 경우를 살펴볼까요? 우리 눈에는 빛 인지 센서가 있습니다. 이것 역시 후천적인 영향도 당연히 받지만 만일 내가 보라색, 파란색이 편하다고 느낀다면 빛 인지 센서가 촘촘할 가능성이 높습니다. 노란색, 검은색을 선호한다면 빛 인지 센서가 덜 촘촘할 수 있습니다. 그래서 식탁 앞에 빵이나 김치를 보면서 옆사람의 의견과 달리 "나는 이 빵이 더 맛나 보여", "난 이 김치가 더 맛나 보이는데…" 하는 것은 후천적이기보다 본능적인 선호라고 말할 수 있습니다.

청각, 소리도 역시 그렇습니다. 기타, 색소폰, 바이올린, 첼로 소리를 다 들어봅니다. "나는 역시 기타나 색소폰 소리가 제일 좋아…"라고 말한다면 소리를 자극하는 귓속의 섬모가 덜 촘촘할 가능성이 높습니다. 첼로 소리가 좋다고 한다면 섬모가 촘촘할 수 있습니다. 섬모가 많이 발달한 사람은 자동차, 청소기 등 주변에서 나는 소리에 민감합니다. 섬모 발달이 보통인 사람은 배경 소음이 있으면 대화에 약간 어려움이 있습니다. 섬모 발달이 둔감한 사람은 어떠한 상황에도 바로 앞사람이 하는 소리를 잘 듣습니다. 다른 소리가 별 신경이 안 쓰입니다.

저는 인천 소래포구에 삽니다. 가끔 소래포구에 가서 회를 사서 먹는 것을 좋아하는데 아내와는 소래포구를 못 갑니다. 아내의 경우는 음식이 아무리 맛있어도 그 장소가 시끄러우면 먹지를 못합니다. 시끄러우면 맛을 느낄 수 없을 만큼 청각이 괴로운 것이지요. 반면 저의 경우에는 대화가 안 될 정도로 시끄러워도 맛이 있습니다. 노량진 수산시장은 소래포구보다 훨씬 더 대화가 힘들 정도로 시끄럽습니다. 그래도 저는 잘 먹습니다. 이렇게 소음이 있는 환경에서 누군가는 먹을 수 있지만 또 누군가는 먹지 못합니다. 또한 사과를 베어 물 때 나는 소리, 시리얼을 먹을 때 나는 소리 등도 사람마다 선호에 따라 다르게 느낍니다. 생물학적으로 가지고 태어난 감각 지각의 능력 차이에 따라 주관적인 경험이 달라질 수 있는 것입니다.

주관적 경험 3 – 의미(식품/음식)의 차이

세 번째로 식품과 음식이 주는 의미의 차이를 낳는 주관적 경험을 살펴보겠습니다. 누구나 부모에게서 태어나 부모로부터 보호를 받으며 부모가 전달하는 음식에 대한 어떤 의미를 경험하게 되고, 또 청소년기에 친구를 사귀고 성인이 되어서 직장에 들어가면 그들과의 소통을 통해 음식이 주는 어떤 의미에 영향을 받습니다. 가령, "시금치 먹으면 힘이 세지고 키도 커져"라는 말을 들으면서 자란 아이는 '음식은 좋은 것'이라는 긍정적인 의미로 음식을 받아들일 겁니다. 사실 시금치 먹는다고 키가 클까요? 꼭 그렇지 않더라도 이 아이는 시금치 먹는 순간, 스스로의 몸이 강해진다고 느낄 수가 있을 겁니다. 반면, 어떤 부모는 아이가 조금만 음식을 남기면 차분한 목소리로 매일 식사할 때마다 지속적으로 이렇게 말합니다. "아프리카에는 음식을 못 먹어서 굶어 죽는 아이도 있단다. 음식을 남기면 안 돼…." 밥상머리에서 늘 이런 말을 들은 아이는 어떨까요? 이 아이는 음식 남길 때마다 아프리카 아이들이 떠올라서 음식 먹는 게 싫어질 수도 있습니다.

또 이런 경험도 있습니다. 엄마가 "이거 얼마나 맛있는지 아니?"라고 말하며 천사 미소를 지으면서 아이가 싫어하는 무언가를 먹이려고 합니다. 그러면 아이는 사랑하는 엄마가 하는 말이니 처음에는 정말 맛있나 싶어서 얼른 받아먹습니다. 그런데 그것은 아이가 싫어하는 음식입니다. 아이는 자신이 싫어하는 음식을 준 엄마가 밉습니다. 그런데 여기서 끝나지 않습니다. 엄마는 매번 식탁에서 '이거 진짜 맛있다'면서 아이가 싫어하는 무엇을 내어놓습니다. 아이는 의심을 하면서도 또 그 음식을 먹습니다. 이렇게 몇 번 하면 아이는 속았다고 인식하게 되는데, 이처럼 믿는 사람에게 배신당하는 경험을 우리 아이들은 음식을 통해 엄마에게서 먼저 깨닫기도 합니다. 그런데 심리학자들이 말하기를 아이의 이런 경험은 아주 중요하다고 합니다. 이런 경험을 어릴 때 한 아이는 '믿었던 사람이 배신하기도 한다'는 것을 알게 되죠. 이런 이치를 잘 알아야 나중에 정말 믿는 사람에게 배신을 당해도 견딜 수 있습니다. 이러한 내용은 『음식의 심리학 The psychology of food』에 잘 소개되어 있습니다.

제가 한 식품회사 연구원에게 이 이야기를 했더니 본인도 콩을 안 먹는다고 합니다. 두부는 먹는데 밥에 얹은 콩은 절대 안 먹는다는 것입니다. 이유인즉, 어린 시절에 엄마한테 속았던 기억이 생생하여 나이 들어서도 콩은 질색이고 아예 먹어 볼 시도조차 안 한다고 합니다. 아이들은 콩의 딱딱한 질감이 싫어서 어린 시절에는 안 먹기도 합니다. 어른이 되어서는 다시 시도해볼 수도 있는데 어린 시절, 밥상 앞에서 콩을 가지고 엄마와 옥신각신한 상처가 워낙 크다고 볼 수 있습니다.

또 다른 예로, 엄마들은 '햄버거를 먹으면 뚱뚱해진다'고 말합니다. 이렇게 말한 이유는 아마도 '편식 하지 말라'는 취지였을 텐데, 엄마도 햄버거만 먹지 말고 골고루 먹으라는 말을 약간의 협박(?)을 담아 쉽게 말하다 보니 그렇게 말을 합니다. 우리 아이들도 워낙 똑똑해서 햄버거 먹는다고 꼭 뚱뚱해지는 것은 아니라는 사실을 알면서도 늘 햄버거 먹을 때마다 뚱뚱한 사람이 떠오릅니다. 이처럼 부모로부터 들은 음식에 대한 의미가 본인의 주관적인 경험이 되는 겁니다. 그래서 아이들에게 음식에 대한 말을 할 때는 신중해야 합니다.

성인기가 되어서도 우리는 음식이 '어떤 의미'로 다가오는 경험을 하게 됩니다. 어떤 광고에 비키니 입은 아주 날씬한 여성의 사진과 함께 이런 문구가 보입니다. '당신은 비키니 입을 몸매를 준비했나요?' 이런 광고를 보는 순간 여자들은 먹는 것 자체를 죄악스럽게 느끼기도 합니다. 어떤 남자분이 와인을 먹으며 식사를 하려고 친구랑 근사한 레스토랑에 갔다고 해봅시다. 메뉴판을 집어 들었을 때 레드 와인 목록이 두 장을 넘길 정도로 많으면 어떨까요? "야, 와인은 다음에 먹자." 이런 경우는 와인을 잘못 골랐다가 무식한 사람이 될지 모른다는 두려움이 있기 때문입니다. 몰라서 창피 당하는 것이 죽기보다 싫다는 느낌을 받는 사람들이 있습니다.

주관적 경험 4 – 영향(식생활)의 차이

'식생활이 어떠했느냐'에 따라 개인의 성격에 영향을 주기도 합니다. 엄마가 아이에게 우유를 먹이는데 번잡스런 환경에서 대충 먹인다든지, 물건을 떨어뜨려서 소리가 난다든지 하면 아이의 성격에 영향을 끼칠 수 있습니다. 식생활은 성격에 영향을 미치지만 사실 본인이 바꾸고자 하면 바꿀 수도 있습니다. 어떤 사람은 식사할 때 앞 접시에 음식을 쌓아놓고 먹습니다. 많이 비축해 두는 것이지요. 이런 경우는 어린 시절에 식사할 때, 불안한 상황을 많이 접한 경험 때문에 음식을 비축하려는 기작이 작동한 경우일 수 있습니다.

아이가 우유를 먹었는데 엄마로부터 '잘 먹었다'는 칭찬을 받으면 우유 먹을 때마다 잘 먹고자 하는 목표의식이 생깁니다. 그런 아이는 자라서도 어떤 일을 처리할 때 목표의식이 강한 아이가 될 수 있습니다. 또한 이유식을 늦게 하면 아이가 수동적이고 의존적인 성격이 될 확률이 높습니다. 이유식을 먹고 음식을 씹어야 할 시기에 계속 우유를 먹이면 아이는 손톱을 물어 뜯는다든지 비평적이고 공격적인 성향을 띨 수 있습니다. 간혹 아이와 실랑이를 벌이다가 기분이 나쁘다고 "너 오늘 밥 먹지 마!" 하면서 경우에 따라서는 아이 밥을 버리는 엄마도 있습니다. 이런 상황을 경험한 아이의 경우에는 '나 배고픈데 어떡하지? 먹어야 되지 않나? 아니 안 먹어야 엄마에게 복수하는 거야!' 등등의 내면 갈등이 시작됩니다. 아이는 이런 과정에서 먹는 것과 관련해 의존성 또는 협상력이 나타납니다.

성격 이야기를 하고자 하는 것이 아닙니다. 어떤 사람과 비즈니스 관련해서 함께 밥을 먹으며 이야기 나눌 때도 '이 음식은 그렇게 먹으면 안 돼요, 물에 말아 먹어야 해요.' 등 음식을 이렇게 먹어야 한다 저렇게 먹어야 한다고 단호하게 주장하며 협상(?) 자체가 안 되는 경우의 대부분이 그 사람의 식생활과 관련한 경험에서 나온다고 할 수 있습니다. 또 어릴 때부터 조를 때마다 단 것을 받은 사람들은 어른이 되었을 때 케이크나 초콜릿 같은 단 음식을 심리적 위안물로 삼기도 합니다. 음식 위안물은 가진 사람도 있고 안 가진 사람도 있습니다. 한 사람이 그 음식을 먹는 양의 차이를 보면 그것이 위안물인지 아닌지를 눈치챌 수 있습니다. 저의 경우는 담배를 끊고 생긴 버릇이 있는데요. 아이스크림 한 통을 순식간에 먹을 수 있습니다. 혼자서 말이죠. 저는 속으로 담배를 끊었으니 '한 통 다 먹을 자격이 있다'고 말합니다. 하지만 아내한테 걸리면 반만 먹고 그 자격을 포기해야 합니다. 이런 경우 역시 식생활과 관련해 형성된 개인의 특징이라고 하겠습니다.

주관적 경험은 객관적 증거로 활용이 어렵다?

●

지금까지의 내용은 개인별로 차이를 보이는 '주관적 경험'에 관한 내용입니다. 그런데 주관적 경험의 자료를 객관적 증거 자료로 활용할 수 있을까요? 네, 가능합니다. 주관적 경험에 기반한 자료는 개인차가 큽니다. 그래서 객관적 증거 자료로 활용할 수 없다고 생각하지만, 주관적 경험 자료 역시 '사회적 합의'만 되면 객관적 근거로 쓸 수 있습니다.

격투기 선수 추성훈 씨가 광고한 2012년에 롯데에서 나온 '아이디 에버라스트'라는 껌이 있습니다. 이 껌의 광고 문구를 보면 '껌맛이 40분간 지속된다'고 나옵니다. 이 문구는 실제로 저희 센소메트릭스가 롯데에 의뢰 받아서 20~30대 성인 200명을 대상으로 맛 지속시간을 측정한 결과입니다. 이 자료는 껌 출시를 알리는 신문기사에 쓰이기도 했습니다. 똑같은 껌을 씹어도 어떤 사람은 껌을 씹으면 껌맛이 금방 사라진다고 말하고, 또 어떤 사람은 2시간 넘게 씹으면서도 맛이 계속 지속된다고 말합니다. 이처럼 사람마다 느끼는 정도가 다른데 껌맛이 40분간 지속된다는 것을 어떻게 객관적 자료로 활용할 수 있을까요? 관능검사라는 영역에서는 몇 가지 근거를 활용해서 40분 지속 가능 껌맛에 대한 자료를 얻어냅니다. 그런데 사실, 우리나라에서는 이러한 관능검사를 통한 사회적 합의를 객관적 자료로 인정하지 않고 껌맛이 40분간 지속된다는 '특허기술'을 제시해야 그 사실을 인정해 줍니다. 우리나라는 아직 주관적 맛에 대한 객관적 사회 합의 도출이 활발하지 않습니다.

그러나 미국의 경우는 다릅니다. 제품의 표준화와 연구업무 추진을 목적으로 하여 1902년에 발족한 '미국재료시험협회'나 광고회사의 연구부서에서 주관적 맛을 객관적으로 증명해 내는 사회적 합의가 활발합니다. a가 b보다 맛있다는 결과가 나오면 광고에서 'a가 b보다 맛있다'는 이야기를 할 수 있습니다. 굳이 특허를 가져오지 않더라도 관능검사를 통한 결과를 객관적인 자료로 인정하는 사회적 합의가 존재합니다.

객관적 증거를 활용하기 위해서는 통계를 써야 합니다. 저는 커피에 대해서 공부를 한 적이 없습니다. 제가 커피를 갈아서 핸드드립으로 한 잔 내리고, 10년 정도의 경력이 있는 바리스타가 한 잔의 커피를 내린다면 둘 중 어느 것이 더 맛있을까요? 제가 내린 커피가 맛이 없을 가능성이 높겠지요. 많은 사람도 필요 없습니다. 한 5명만 앉혀놓고 먹어보게 하면 선호 차이는 명백히 드러납니다.

하지만 제주 삼다수 생수와 농심 백산수 생수의 브랜드를 가리고 맛 비교 실험을 했을 때는 맛 차이가 확연히 날까요? 이런 경우 적은 수의 인원으로 조사해서는 결론을 내리기 힘들 수 있습니다. 물은 기호도의 편차가 좁을 가능성이 큰 제품입니다. 어떤 척도를 쓰느냐, 비교하고자 하는 두 제품이 사실 얼마나 차이가 있을 것 같으냐, 한 가지 제품에 사람들이 반응하는 편차가 얼마나 클 것이냐에 따라 5명을 조사할지, 20명을 조사할지, 100명을 조사할지가 결정됩니다. 기호도 편차가 좁을 가능성이 있는 물 같은 제품은 기본적으로 200명 이상은 있어야 의미 있는 통계자료를 얻을 수 있습니다. 하지만 생수 광고에 우리 물 맛이 다른 브랜드보다 맛있다는 비교 광고를 내리려고 한다면 200명의 소비자 표본만으로는 안 됩니다. 여러 지역을 선정하고 훨씬 많은 소비자 표본 조사를 해야 합니다. 만일 '부산 오뎅이 울산 오뎅보다 맛있다'라고 광고하려면 그것을 보증하고 책임질 수 있는 통계자료의 근거가 탄탄해야 합니다. 소비자 기호도 조사는 제품 특성, 사용 척도, 예상 기호 차이라는 조사 규모 결정 인자를 고려하여 디자인해야 합니다.

또한 검사의 예민도도 살펴봐야 하는데, 통계에서는 알파와 베타 영역을 표시하여 검사의 예민도 즉, 통계 오류를 살핍니다. 내가 무엇인가를 주장하는데 내 말을 강하게 증명하려면 관능검사의 조사 인원은 계속 늘어나야 합니다. 소비자 반응 차이가 적은 생수의 경우에는 95% 신뢰수준에서 9점 척도를 사용하고, 80%의 검증력으로 검사하자고 한다면 약 120명 , 90%의 검증력에서는 약 160명, 그 이상은

200명 정도의 규모로 검사해야 합니다. 즉, 주관적 경험을 객관적 경험으로 사용하지 못하는 것이 아니라 우리나라는 이런 검사를 하는데 충분한 비용을 지불하지 않기 때문에 주관적 경험을 객관적 경험 자료로 활용하지 못하고 있습니다.

영국의 경우는 샴푸 두 종류의 품질 비교 실험을 위해 100명의 소비자를 모으고 각자 집에서 샴푸 A와 B를 1주일 간격으로 사용하게 한 뒤 그 결과를 가지고 제품을 평가하여 광고합니다. 하지만 한국에서는 그런 실험을 의뢰하는 샴푸 회사의 오너가 있을지 의문입니다. 그리고 이런 제품 실험은 한 번으로 끝나지 않습니다. 그런 만큼 관능조사 실험 비용이 들어갈 수밖에 없습니다. 우리나라는 불행히도 아직까지 그런 비용을 지불할 만한 회사를 한 곳도 찾아볼 수 없습니다. 주관적 경험을 객관적 자료로 쓰는 방법이 없는 것이 아니라 이러한 자료를 쓰는 것이 필요하다는 '사회적 합의'가 있어야 주관적 경험을 활용하는 관능검사에 비용을 투자하지 않을까 생각합니다.

주관적 경험을 고려한 제품은 어떤 것들이 있을까?

●

에너지 음료인 레드불Red Bull을 드셔보신 분 계신가요? 이 음료를 일반 사람들에게 먹어보게 한다면 '맛있다'고 말하기는 힘들 가능성이 높습니다. 맛이 강하기 때문입니다. 하지만 격한 스포츠를 즐기는 사람은 이 음료를 먹을 때 '맛있다'고 말할 가능성이 높습니다. 왜냐하면 일반인은 무서워서 못하는 격한 스포츠를 선호하는 사람은 감각이 둔감할 가능성이 있기 때문입니다.

앞쪽에서 시각, 미각 등 감각을 이야기했는데 자동차 주차의 경우도 시각이 예민한 사람은 천천히 주차합니다. 불안해서 혹시 부딪칠까 봐 천천히 합니다. 반면에 시각이 둔감한 사람은 팍팍 들어가면서 빨리 합니다. 레드불의 경우도 일반 소비자를 대상으로 조사하면 아직 시장에 나갈 때가 아니라는 결과가 나오지만, 강하고 격한 스포츠를 즐기는 사람들을 대상으로 조사를 하면 긍정적인 결과가 나오기도 합니다. 그래서 이 음료를 광고할 때 일반적인 맛의 음료가 아니라 격한 운동을 했을 때 마시는 음료라고 소개했습니다. 그랬더니 나중에 출시된 뒤 원래 이 맛에 익숙하지 않은 사람도 이 음료를 먹게 되었습니다. 격한 스포츠를 즐기는 사람이 좋아하니까 보통 사람들도 운동을 하거나 체력 소모가 심할 때 이 음료를 받아들이게 된 것입니다. 보통 사람도 이 음료를 먹어야 할 이유가 생기고 스스로가 먹어야 할 이유가 납득이 되면 이 음료가 강한 자극이 있어도 우리 감각기관에서는 강한 자극에 불편함이 없다고 인식합니다.

관능검사의 정의와 방법
관능검사(Sensory Evaluation)란?

•

미국 관능검사 분과위원회는 관능검사를 '식품과 물질의 특성이 시각, 후각, 미각, 촉각, 청각으로 감지되는 반응을 측정하여 분석하고 해석하는 과학의 한 분야'라고 정의합니다. 또 다른 정의를 살펴보면 '사람이 측정기구가 되어 식품이나 물질의 특성을 평가하는 일'이라고 말합니다. 우리는 기기를 사용하여 식품에 들어있는 여러 가지 물질들의 함량을 측정할 수 있으나, 그 식품의 향미는 사람이 감지한 이들 물질들의 향미를 종합할 때만 가능한 경우가 많기 때문에 결국, 관능검사는 사람이 측정 기구가 되는 검사입니다. 이 밖에도 관능검사를 말할 때, '식품과 물질의 특성을 측정하고 이들 특성이 소비자 기호도에 미치는 영향을 결정하는 일'이라고 정의합니다. 이는 소비자가 원하는 제품을 개발하기 위해서 실시하는 검사라는 것을 알 수 있습니다.

이와 같은 여러 정의가 있지만, 저는 관능검사에 대해 '준비하고, 평가하고, 분석하고, 해석하기'라고 간단하게 이야기합니다. 준비하기는 '어떻게 시료를 제시할까, 어떤 사람들에게 맛보게 할까, 제품 정보를 어디까지 공개할까, 어디서 평가할까?' 하는 범위에 대한 고민 속에 이루어집니다. 평가하기는 예를 들어, 우유의 함량이 높을수록 부드러움이 높아지는지를 알아보기 위해서 '무엇을 물어볼까?' 하는 질문에 대한 고민입니다. 분석하기는 통계적으로 2%와 5% 제품의 차이는 인지하지 못하면서 2%와 7%의 차이는 뚜렷하게 인지한다는 등의 실험 결과에 대한 분석입니다. 해석하기는 우유를 2%를 넣으면 원하는 수준의 부드러움 강도 구현은 가능하나, 이 제품을 접하는 청소년들이 5%는 들어 있어야 우유를 넣었다고 인식한다면 차이가 없어도 5%를 넣는 것이 좋다고 판단하는 것이 소비자의 마음을 고려한 해석입니다.

그럼 먼저, 준비하기를 살펴볼까요? 우리가 관능실험을 위해 커피를 맛보는데 인스턴트 믹스커피라고 한다면 어떤 온도에서 맛을 봐야 좋을까요? 보통은 85℃가 유지가 되는 상태에서 평가하는 것이 적당하다고 말합니다. 그러면 아이스크림은 어떨까요? 아이스크림은 냉동실 온도를 몇 ℃로 맞춰야 적당할까요? -10℃? -20℃? 또 5일 동안 넣어둬야 할까요? 10일을 넣어둬야 할까요? 처음에는 단순히 아이스크림 두 개 정도를 실험에 참가한 소비자 패널에게 먹여보자 했던 것이 점점 일이 복잡해집니다. 그러면 아이스크림을 큰 것을 줄까, 작은 것을 줄까? 작은 것을 주면 한 숟가락 떠먹고 조금 있으면 바로 녹을텐데… 등 하나의 실험을 준비하는 과정은 만만하지 않습니다. 준비과정 자체가 과학입니다. 그냥 쉽게 하는 것이 아닙니다. 아이스크림 먹고 나면 뭘 물어볼까? 맛만 물어볼까? 부드러움을 물어볼까? 어떤 식품에서는 그 식품의 맛이라는 것이 그 제품을 좋아하느냐 싫어하느냐, 구매하느냐 구매하지 않느냐를 결정하는데 중요 부분을 차지하지만 이외의 다른 부분도 큰 영향을 끼칩니다.

평가를 할 때, 가격이나 브랜드가 아닌 맛으로 결정된다 하더라도 어떤 항목을 물어볼 것인지는 참으로 중요합니다. 질문을 신맛, 단맛, 짠맛, 쓴맛에 대해서만 물어보았다고 하겠습니다. 그러면 평가한 제품을 좋아하고 싫어하는데 네 가지 맛만 물어보고 '역시 단맛이 핵심이었어'라고 잘못 판단할 수도 있습니다. 이와 같이 '무엇을 평가할까', '무엇을 물어볼까.' 하는 준비하기는 간단하지 않습니다.

실험을 통한 분석 결과가 나왔다면 분석 결과를 여러 가지 조건을 고려해서 잘 해석해야 합니다. 통계적 분석으로는 2% 함량과 5% 함량이 맛 차이가 없으나 소비자의 사회적 인식을 고려해서 5% 함량으로 가야 한다고 해석을 내리기도 합니다. 그래서 분석과 해석은 또 다른 영역인 것입니다. 관능검사는 준비하고 평가하고 분석하고 해석하는데 있어서 통계학, 심리학, 식품영양학, 마케팅 등 여러 가지 학문의 영역이 활용되는 종합적인 학문의 영역입니다.

관능검사의 사용 용도를 살펴보면 기업에서도 마케팅, 연구개발, 생산 영역에서 마케팅 연구, 포장과 디자인, 제품 개발, 제품의 위생과 안정, 기술 및 공정개발, 품질 관리에 관능검사가 사용이 됩니다. 관능검사 절차를 분류하면 '분석적 검사'와 '정서적 검사'로 나눌 수 있습니다. 분석적 검사는 다시 차이 식별 검사와 묘사 분석 검사로 나뉩니다. 정서적 검사는 기호 및 선호 검사입니다. 그리고 조사 목적에 따라서 소비자 반응조사를 위해서는 좋고 싫음을 물어보는 정서적 검사인 '소비자 기호 및 선호 검사'를 활용하고 관능특성조사를 위한 객관적인 차이, 다름, 인지 여부를 분석하기 위해서는 '차이식별 검사'와 '묘사분석 검사'를 활용합니다.

관능검사에는 패널이 참 중요합니다. 패널은 일반 소비자 패널 외에 훈련된 패널과 전문가 패널로 나눕니다. 우리가 장어구이를 먹으러 장어집에 갔다고 하겠습니다. 이 집은 구이에 사용하는 팬을 세제를 안 쓰고 그냥 닦습니다. 이럴 때 약간의 기름이 남아있을 경우 '산패취'가 뭔지 아는 사람은 쩐내가 난다고 말할 것이고, 반면에 소비자 중에는 이런 쩐내가 날수록 맛있다고 말하는 사람도 있을 것입니다. 그래서 어떤 장어구이 집에서는 기름을 완벽하게 긁어내지는 않는다고 합니다. 이런 것이 일반 소비자 반응입니다.

관능검사는 소비자 선호/기호 검사 영역에는 일반 소비자 패널을 대상으로 검사를 하지만, 차이식별과 묘사분석을 위한 관능특성 조사에는 훈련된 패널을 투입합니다. 훈련된 패널은 어떤 사람일까요? 표준화된 언어를 사용하고 검사에 최적화하여 훈련이 된 사람들입니다. 5라는 농도, 4라는 농도, 3이라는 농도를 섞어서 주더라도 각각의 농도를 잘 구별해 낼 줄 아는 사람들입니다. 선발 단계에서부터 감각이 예민한 사람들을 뽑아서 훈련을 시키고 그들의 수행능력을 모니터링합니다. 그래서 훈련된 패널에게는 일반 소비자에게 하는 기호/선호도에 대한 평가를 내리게 하지 않습니다. 훈련된 패널과 달리 전문가는 식품에 대한 전문지식과 경험 등을 기반으로 쾌락과 품질의 혼용이라는 것을 이뤄낼 수 있는 사람입니다. 이들은 주관적 언어표현을 사용합니다. 경험에 의해 선정을 하고 이들의 수행 능력을 모니터링하지 않습니다.

관능검사의 절차를 보면 평가 가능 최대 샘플 수, 샘플 간의 최소 휴식시간 등을 나누어 전문 평가를 진행합니다. 관능검사에서 커피의 맛을 평가할 경우, 패널은 1시간 안에 커피를 과연 몇 개까지 마시도록 검사를 설계해야 할까요? 관능검사의 설계 사례들이 쌓여 어떤 기준이 나왔는데요. 통상적으로 약 4시간 동안 평가한다면 커피의 경우는 최대 12개까지 맛 보고 중간에 10분씩 쉬어가도록 하고 있습니다. '하나를 먹고 다음 것을 먹을 때까지 10분을 기다려라.' 이런 관능검사 절차를 만드는 것은 굉장히 과학적인 작업이라고 하겠습니다.

관능검사는 정확한 데이터 추출을 위해 검사를 위한 시설 역시 매우 중요합니다. 관능검사 시설과 배치를 살펴볼까요? 제가 대표로 있는 관능검사 연구소 '센소메트릭스'는 서울시 영등포구 당산동에 위치해 있습니다. 전체 면적 150평, 실면적 75평 크기의 ISO8589 규격의 관능검사 시설을 갖춘 관능검사 전문 연구소입니다. 3개의 평가실이 있고 총 38좌석의 부스를 보유하고 있습니다. 평가실 1, 2는 소비자 관능검사 운영에 적합한 부스가 각각 11개씩 총 22좌석이 갖춰져 있습니다. 평가실 3은 묘사분석 등 전문 패널 관능검사에 적합한 15좌석의 부스가 설치되어 있습니다. 개별부스에는 온라인 관능검사

<관능검사센터>

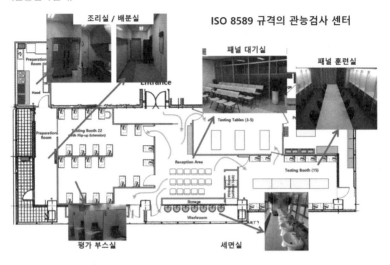

ISO 8589 규격의 관능검사 센터

조리실 / 배분실

패널 대기실

패널 훈련실

평가 부스실

세면실

시스템에 접속할 수 있는 노트북, 운영자 호출 벨 그리고 개인 수저함(숟가락, 젓가락, 미용티슈)이 장착되어 있고, 또한 모든 평가실은 형광 및 유색 조명시설, 환기 시스템, 냉난방 가습 시설을 갖추고 있습니다. 이 밖에도 패널 대기실, 시료 배분실, 시료 조리실, 세면실 등의 시설이 있습니다.

이러한 시설을 꾸밀 때도 의자 하나, 부스의 배치, 책상 디자인까지 검사를 효율적이고 정확하게 할 수 있도록 검사의 용도에 따른 세심한 설계를 해야 합니다. 우리 회사는 훈련된 패널, 전문가 검사보다 주로 기업에서 의뢰하는 소비자 조사를 위한 선호/기호 검사를 많이 합니다. 그래서 아이들이 엄마와 함께 와서 조사에 임하는 경우도 있습니다. 어린이나 노인 대상 검사는 꼭 보조자가 있어야 합니다. 그래서 검사자와 보조자가 기차 의자처럼 나란히 서로 옆을 볼 수 있도록 책상을 설계했습니다. 관능검사 시설 설계를 위한 이론서에는 이러한 부분까지는 나오지 않습니다. 그래서 연구소를 처음 시작할 때는 이론서에 나온 그대로 1인이 앉을 수 있는 부스 책상을 설계했다가 여러 가지 시행착오를 겪으면서 제가 부스 책상을 직접 설계하여 전체적으로 시설을 다시 바꾸었습니다.

평가실 조명의 경우에도 검사에 따라서 조명의 빛깔을 다르게 해야 합니다. 만일 내가 실험할 검사가 '오렌지주스의 단맛에 관한 것'이라고 한다면 실험 준비를 할 때 평가실의 조명을 무슨 색으로 할지 결정해야 합니다. 오렌지주스는 상온에서 시간이 지나면 노란색이 거무칙칙해집니다. 그런데 사람들은 주스의 노란색이 진할수록 더 맛나다고 느끼는 경향이 있습니다. 그래서 평가실을 빨간 불빛으로 바꾸면 주스 색은 시간이 지나도 진한 노랑으로 인식됩니다. 현미밥 실험을 할 때도 같은 원리입니다. 녹색이나 파란색 불빛이 갈색 현미밥의 색깔을 유지해 주는데 효과가 있습니다. 이처럼 관능검사 설계는 검

〈관능검사센터 평가실〉

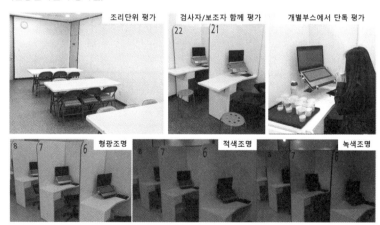

사 목적에 따라서 과학적인 시설과 환경을 가져야만 정확한 분석이 가능합니다.

제가 오리온을 나와서 관능검사 연구소를 세우기 이전에는 국내에 제대로 된 관능평가기관이 없었습니다. 우리나라의 소비자 데이터 분석은 여론조사 기관이나 마케팅 조사 기관에서 여론조사와 마케팅 조사 기법으로 맛 선호를 조사했습니다. 한계가 많았습니다. 저희 연구소는 SensMine(온라인 관능검사 운영 시스템)과 SENSOTOOL(관능 데이터 전문 통계분석 프로그램)을 개발하는 등, 보다 전문적인 데이터 추출을 위해 노력하고 있습니다. 외국의 경우에는 이미 1980년대부터 이런 소프트웨어를 개발하여 활용했습니다. 맛있음은 주관적인 경험이지만 그것을 평가하기 위해서는 굉장히 과학적인 접근으로 평가할 수 있겠습니다.

마음에 대한 이해

•

아무리 좋은 시설을 갖추고 정확한 통계자료를 만들어 내어도 마음에 대한 이해도가 떨어지면 굉장히 노력해서 만든 분석이 잘못된 해석을 낳아 관능검사가 수포로 돌아가는 경우가 발생할 수 있습니다. 그래서 마음에 대한 이해는 좀 집착할 정도로 공부하고 넘어가야 할 부분입니다.

맛있음은 사람과 음식이 상호작용하는 과정입니다. 섭취할 것이냐 거부할 것이냐는 '음식이 주는 맛 자극들'보다는 '자극에 대한 느낌'에 의해 결정됩니다. 만일 내가 음식과 상호작용할 준비가 안 되어 있으면 맛을 느낄 수 없습니다. 맛있음은 나의 오감과 의식(마음)이 관여를 합니다. 나의 의식 저 속에는 어린 시절부터 형성되어 온 식습관, 식문화, 심신의 유형이 자리잡고 있는데, 지금 무언가를 먹는 이 순간의 심신 상태나 식사환경이 나의 오감과 의식과 관계하며 맛을 느낍니다.

맛있음의 의식 구성

의식의 역치에 대해서 살펴볼까요? 떠먹는 요거트 좋아하시나요? 제가 요거트 하나를 가져와서 한 친구에게 먹어보라고 합니다. 그런데 그 친구는 한번 떠먹고는 안 먹습니다. 그래서 제가 물어봅니다. "안 먹어? 맛이 이상해?" "아니요, 안 이상해요." "그런데 왜 안 먹어?" "으흠…. 좀 이상해요. 아니… 이상한데 안 이상해요…"라고 의견을 정확히 판단할 수 없는 대화가 오고 갑니다.

이런 아리송함은 왜 생길까요? 어쩌면 이랬을지도 모릅니다. 이 친구의 어머니는 마트에 가서 떠먹는 요거트를 사올 때마다 냉장고 저 안쪽 깊숙이 있는 유통기한이 오래 남은 요거트만 골라서 사 왔을지도 모릅니다. 맛이 가장 신선한 상태의 요거트일 겁니다. 그런데 오늘 내가 그 친구에게 준 요거트는 본인이 평소에 먹던 요거트와 달리 약간 시큼한 것이 살짝 뜨는 맛이 있는, 유통기간 범위 이내의 제품이지만 엄마가 사온 것보다는 신선한 상태가 아닌 요거트일 가능성이 있습니다. 많이 이상하지는 않은데 그래도 무언가는 좀 이상한 상태. 이 친구의 경우에는 경험해 보지 못한 요거트 맛일 수도 있습니다.

그런데 또 다른 어떤 친구한테 같은 요거트를 주니까 "진짜 이상하다니깐요…"라고 말하면서도 계속 먹더니 결국 싹싹 긁어서 다 먹어 버립니다. 이 친구의 경우는 식구가 6명이나 되기 때문에 엄마가 마트 가서 요거트를 살 때는 가격이 2+1 같이 유통기한이 얼마 남지 않은 것을 묶어 놓은 가장 싼 제품으로 삽니다. 묶음으로 판매하는 요거트는 냉장고 깊숙이 들어있는 날짜가 많이 남은 신선한 요거트보다 맛이 더 시큼 오묘하게 떠 있는 제품일 확률이 높습니다.

첫 번째 친구와 두 번째 친구는 어떤 차이가 있을까요? 의식의 역치를 알면 이 차이를 알 수 있습니다. 의식의 역치는 기대치와 실제 식사의 불일치 상태에 대한 내 감각이 느끼는 평가를 말합니다. 내 의식의 역치가 좁다면 첫 번째 친구처럼 늘 상태 좋은 요거트를 먹었을 가능성이 높습니다. 두 번째 친구는 의식의 역치가 넓은 즉, 기대 불일치를 첫 번째 친구보다 훨씬 넓게 경험했을 확률이 높습니다. 기대 불일치는 과거행동, 믿음, 태도, 환경에 기반한 인지요소와 경험, 동료, 광고, 판매자에 기반한 제품요소에 따라서 개인별로 차이가 발생합니다. 개인별로 차이가 있는 의식의 역치를 모르고 단순히 식품 자체나 시장, 검사 상황에만 초점을 맞추면 제대로 된 검사 결과를 얻을 수 없다는 말입니다.

동양적 시각의 마음과 서양적 시각의 마음

이런 점에서 동양적 시각의 마음과 서양적 시각을 비교하여 살펴보면 마음 이해에 도움이 됩니다. 동양적 시각의 마음은 오감이라는 부분이 있고 거기에 의식이 있지만 의식은 자의식이 있고 또 나도 어찌지 못하는 심층의식이라는 부분이 있습니다. 의식은 잘 안 바뀝니다. 하지만 오감에 속하는 감각 중에 후각과 미각은 아주 간사합니다. 의식이 바뀌면 오감은 빠르게 바뀝니다. 관능검사는 이러한 사람의 마음, 의식과 오감 관련 관계를 잘 활용해야 좋은 해석을 제시할 수 있습니다.

심층의식이 다른 사람들이 있습니다. 이들 두 부류가 좋아하고 싫어하는 것의 차이가 크다고 한다면 이것은 단순히 오감으로 평가하는 맛의 차이를 가지고 평가하는 것은 곤란할 수 있겠다는 추론이 가능합니다. 좋아하는 것과 싫어하는 것의 차이가 확실한 부류는 그들의 심층의식 저 속에 무언가 이 음식에 대한 오랜 경험이 있을 겁니다. 아마도 먹기 힘들었던 기억이 담긴 음식일지도 모릅니다. 반면에 그 차이가 적은 부류는 그 음식에 대한 기억이 그리 나쁘지 않았을 지도 모릅니다. 이럴 경우에 깊은 의식과 낮은 의식이 어떤 이유로 다른지, 또 어떻게 평가할 수 있는지를 질문해서 두 그룹의 차이를 조사해보면 보다 정확한 해석을 얻을 수 있습니다.

제품 중에서도 커피는 심층의식의 영향이 크고, 스포츠 드링크는 오감의 영향이 큽니다. 늘 즐겨 마시는 커피에서 또 다른 것으로 바꾸게 하는 것은 생각보다 어려움이 있습니다. 하지만 소비자의 심층의식을 파악하면 제품 개발에 어떤 변화를 만들어 낼 수도 있겠지요.

서양적 시각의 마음은 심리학자 칼 융의 '마음 구조 이론'으로 살펴볼 수 있습니다. 서양에서의 마음은 의식과 무의식으로 구성되고 무의식은 개인 무의식과 집단 무의식으로 나눠집니다. 마음은 심리적 복합체인 콤플렉스로 이루어져 있고, 이중에 집단 무의식을 구성하는 콤플렉스를 원형이라고 합니다. 의식은 사고, 감정, 감각, 직관이라는 4가지 정신 기능을 통해서 성장하며 의식의 방향은 외향성과 내향성을 갖습니다. 의식의 중심에는 자아가 있는데 자아는 의식의 중심에서 외부 세계와 내면 세계가 관계를 맺는 창구입니다. 그림자는 의식에 있는 나의 어두운 면을 보여주는 무의식에 있는 나의 분신입니다.

인격은 외적 인격인 페르조나와 내적 인격인 아니마/아니무스가 존재합니다. 페르조나는 자아가 외부 세계와 관계를 맺도록 하는 매개체이며 아니마/아니무스는 자아가 내면 세계와 관계를 맺도록 하는 중요한 다리 역할을 합니다. 그리고 자기가 있는데 자기란 전체 정신, 의식과 무의식이 하나로 통합된 전체 정신입니다. 이런 이론을 기반으로 사람의 16가지 성격유형을 알아보는 'MBTI'라는 심리 검사가 있습니다.

관능검사에서 밀크초콜릿에 대한 사람들의 기호도 검사를 했다고 하겠습니다. 100명에게 했더니 6.51의 기호도가 나왔다면 MBTI 성격유형 검사를 초콜릿 기호 검사에 참여한 사람들에게 실시하여 타깃으로 하는 그룹의 MBTI 성격 분포를 반영한 가상 시뮬레이션으로 기호도를 예측해보면 어떨까요? 성격유형 검사가 어떤 예측력이 있다는 것이 아니라 제품의 기호와 관련한 사람의 마음을 해석하기 위해 이러한 시도도 해볼 만하다고 봅니다.

오늘 이야기의 결론을 정리하기 전에 지금은 고인이 된 가수 신해철 씨가 했던 인터뷰를 들려드리겠습니다. 그는 '음악이라는 것이 그릇이라면 그 그릇에 무엇을 담고 싶은가'라는 질문에 이렇게 답을 했다고 합니다. "너무 앞서가는 것도 아니고 현재 나와 있는 것도 아닌 반 발짝씩 앞서 가는 것을 하고 싶은데, 그런 것들을 하다 보니까 아무리 내가 열심히 해도, 내용을 담아도 그릇이 안 되었어요. 그래서 그릇 만드는 기술을 배우러 떠난 적이 있습니다. 그런데 정작 지금 나는 '그 안에 무엇을 담아야 한다'는 개념이 없어져 버렸어요…."

만일 여러분이 '맛있음'이라는 것을 그릇이라고 한다면 그 그릇에 무엇을 담고 싶으신가요? 저는 맛있음이라는 것은 무엇과 무엇을 잘 맞추는 것 등등으로 당연히 만들어질 것이라고 단정 지어왔습니다. 그런데 이제는 맛있음이라는 것을 단정 짓고 섣불리 판단하지 않는 쪽으로 생각이 바뀌었습니다. 신해철 씨의 이야기처럼 꼭 어떠해야 한다는 개념이 없어져 버린 것과 비슷합니다.

제가 말하고 싶은 것은 맛있음에 영향을 주는 것을 얘기하지 말자거나 맛있음이 형체가 없다는 이야기가 아닙니다. 제가 말하고 싶은 맛있음의 과학, 식품 소비자 관능의 결론은 '맛있음은 마음이 느끼는 경험의 실체다'라는 것입니다. 이제 여러분들은 제 강의를 통해 '실체라는 것'을 알게 되었습니다. 그 속에는 경험이 들어있고 그 경험을 여러분의 마음이 느낀다는 것입니다. 그 마음에 맛있음이 있다는 이야기를 여러분들께 하고 싶습니다.

조완일

관능검사 불모지인 우리나라에
전문 관능검사 연구소를 설립한 첫 개척자

📢 술 향기가 그윽하다. 조선 팔도의 내로라하는 술이 한자리에 모였다. '2018년 대한민국 주류대상', 역대 최대 규모의 행사다. 우리 전통주, 소주, 맥주, 위스키, 스피릿, 와인, 사케 등 모두 431여 개의 브랜드, 200여 종의 술이 모였다. 경기도의 '감홍로', 충남 계룡 '백일주', 전북 전주 '이강주', 전남 진도의 '홍주', 조선의 어느 종가댁 술단지에서 농익었던 맛과 향일까? 전통비법을 발전시켜 달콤한 자연 탄산의 청량감이 좋은 배혜정 도가의 '호랑이 생막걸리', 사과 증류주를 선뵈며 새 바람을 몰고 온 문경 오미나라의 '문경바람', 와인 불모지인 한국 땅에 한국 와인의 정체성을 심어가는 충북 영동의 '여포의 꿈', 여기에 뒤질세라 홉의 쓴맛과 시큼달큼한 과일 향을 품은 이른바 '크래프트 맥주'를 선보인 수제맥주 양조가도 홍보에 여념이 없다.

좋은 술 발굴과 건전한 주류문화를 지원하기 위한 주류 품평회도 올해로 5회째 맞이한다. 전국의 이름난 개인 양조장과 양조가가 자존심을 내걸고 일제히 술을 들고 참여했고, 우리나라 기존 주류업체의 각종 술과 새롭게 개발한 신상품들이 첫 선을 보인다. 수입산 와인, 위스키, 맥주 업체도 발 빠르게 움직이고 있다.

입이 모였다. 까다로운 입들이다. 각종 술이 술술술 잘도 들어간다. 350여 명이 생수로 연거푸 입안을 헹궈가며 술잔을 기울인다. 호텔, 레스토랑 소믈리에, 편의점 바이어 등 주류 요식업계의 큰손들이 고객에 판매할 제품을 물색 중이다. 식당과 가게를 찾는 손님을 감동시킬 최선의 술은 과연 어떤 제품들일까?

최종평가는 식품 전문가 50여 명의 엄격하고 공정한 심사를 거쳐 모두 160여 개의 브랜드를 '대상'으로 선정한다. 이 행사에 선정된 주류는 '한국인의 입맛에 가장 잘 맞는 특색을 가진 제품'이다. 헌데, 각기 다른 주관적인 입맛은 어떤 과정을 거쳐서 '모두가 좋아하는 객관적인 맛'으로 선정되는 걸까? 이 평가의 중심에 그가 서 있다. 지금 모두가 그의 입에 주목한다. 드디어 모든 입들의 주관적인 맛을 종합하여 객관적인 맛 결론을 내리는 조완일 대표!

"종합해서 말씀드리겠습니다. 우리 술 중 약주·청주는 청하처럼 깔끔하면서도 부드럽거나 한산소곡주처럼 무게감이 있고 묵직한 향이 있는 술일수록 좋은 평가를 받았습니다.

우리 술 중 탁주는 아이싱 자몽처럼 청량감, 탄산감, 경쾌감이 있는 것이 좋은 평가를 받았고, 시큼한 맛이나 향이 있거나 조화롭지 못한 맛을 냈을 경우는 나쁜 평가를 받았습니다.

크래프트비어는 맥과 홉의 조화가 중요했습니다. 외관, 쓴맛, 아로마, 탄산, 후미 등은 모두 다 부수적이고, 밸런스가 거의 모든 것을 이야기한다고 볼 수 있습니다…."

매년 대한민국 주류대상에 참가하는 관능검사 연구소 '센소메트릭스'의 조완일 대표. 주류의 특성을 고려한 객관적이고 공정한 제품 심사가 진행될 수 있도록 평가항목과 평가환경을 제공한다. 관능검사란 식품이나 물질의 특성을 평가하는 하나의 방법이다. 그는 식품 관능검사의 불모지인 우리나라에 전문 관능검사 연구소를 설립한 첫 개척자다. 어떤 계기와 인연이 그를 관능검사라는 미개척 분야로 이끌었을까?

오리온을 박차고 나와 혈혈단신 관능검사 연구소를 차리다

"대학에서 식품공학을 전공했습니다. 학부 수업 때 처음 '관능검사'란 용어를 접했어요. 대학원에 진학하여 관능검사 과목을 수강하게 되었고 통계분석, 시설설비 관련 수업을 들으면서 점차 이 분야에 관심을 갖게 되었습니다. 석사를 졸업한 뒤, ㈜오리온 기술연구소에 입사했는데 거기서 관능검사 분야에 대한 호기심이 더욱 깊어졌습니다. 당시 우리나라에는 제대로 된 관능검사 기관이 없었거든요."

"전자코라고, 냄새를 구분하고 화학적 성분을 분석해 내는 전자 장치가 있습니다. 이 제품이 처음으로 국내에 소개되자, 제가 몸 담고 있던 ㈜오리온 기술연구소는 발 빠르게 전자코를 구입해 실험에 들어갔습니다. 제품 평가를 할 때 사람의 판단과 전자코가 내놓는 결과를 합치니 각각 단독으로 결론을 냈을 때보다 훨씬 유의미한 결과가 도출됐습니다. 전자코를 다뤄보면서 제가 '화학에 기초한 식품공학적 연구'보다 '실험을 설계하고 결과를 과학적으로 분석하는 일'에 관심과 소질이 더 크다는 사실을 깨달았습니다. 이후, 오리온 기술연구소를 퇴사하고, 오리온에서 근무하면서 인연을 맺게 된 한 소프트웨어 회사에 입사합니다. 그곳에서 관능검사와 관련된 소프트웨어 제작 업무를 맡게 되었고요. 그때부터 본격적으로 관능검사에 대해 공부하며 관련 일을 시작합니다."

조완일 대표는 1997년부터 3년간 ㈜오리온의 기술개발연구소에서 식품 분석과 실험실 정보관리 시스템 구축을 담당하고 이후 3년간, ㈜켐아이넷에 이사로 재직하며 관능검사 소프트웨어인 SensMine(version 1.0)을 개발한다. 2003년에는 ㈜코리아로얄컴퍼니에의 사업부장을 역임하며 관능검사 의뢰서비스를 본격적으로 시작한다. 2005년 12월에 드디어 우리나라 최초의 전문 관능검사 연구소인 ㈜센소메트릭스를 설립하여 전문검사기관으로서의 입지를 굳히며 독보적 전문성을 개척 중이다.

"똑같은 음식을 먹고도 나이 든 엄마는 '싱겁다', 어린 딸은 '짜다'라고 말합니다. 한 음식을 두고 기계는 짜고 맵고 달고 신맛을 똑같은 수치로 나타내지만 사람의 경우는 다릅니다. 인간은 오감을 활용해 주관적인 기준에서 평가하기 때문이지요. 기계가 도출하는 결과와 인간의 판단을 융합하면 일반적으로 대중이 생각하는 평균치에 더 가까이 접근할 수 있습니다. 이렇게 특정 대상에 대한 평가와 통계 분석을 통해 보편적이고 객관적인 결과를 도출하는 것을 '관능검사'라 합니다. 식품에서부터 화장품·자동차·생활용품 등 대부분의 제품을 관능검사를 이용해 객관적으로 평가할 수 있습니다."

자신의 관심과 소질을 새롭게 발견하더라도 잘 다니던 회사를 박차고 나와서 혈혈단신 창업의 길에 뛰어드는 것은 결코 쉬운 선택이 아니다. 그의 어떤 기질과 재능이 15년 넘도록 한 분야의 우물을 파게 한 동기가 되었을까?

정교한 손, 강인한 체력, 자기성찰력과 남을 돕는 배려심

"저는 4남매 중 막내입니다. 형과 누나들은 경영학, 중어중문학, 독어독문학을 전공했는데 저만 이공계쪽 학문인 식품공학을 전공했어요. 아버지는 대한통운에 다니다 퇴직하셨는데, 자식들이 아직 고등학생이고 대학생이라 살림만 하시던 어머니가 일을 시작했습니다. 자식이 4명이나 되니까 학비부터 만만치 않았습니다. 조금이라도 보탬이 되고자 어머니가 일을 시작하신 거지요. 그래서 어머니가 바쁘셨어요. 집안 살림하랴 일하시랴…. 그래서 막내인 제가 늘 어머니를 도와드렸습니다.

저는 4남매 중 음식에 대한 관심도가 제일 높고 손이 정확하고 빨랐습니다. 형이나 누이들은 요리를 싫어했어요. 어머니는 장 볼 때도 막내인 저를 데려가셨고, 집에서 고추장을 담글 때도 제가 도와드렸죠. 무언가를 만들면 늘 칭찬 받았던 기억이 납니다. 칼질도 잘했습니다. 달걀프라이도 노른자 안 깨뜨리고 뒤집었고, 주방기구가 되었든 뭐가 되든 간에 도구를 정교하게 다루는 소질이 있습니다. 도구사용을 잘 하니까 요리도 그만큼 친숙했습니다. 고등학교 때, 충남 서천 사시던 할머니가 저희 집으로 오셔서 살게 됐어요. 어머니가 일 나가시면 제가 밥을 해서 할머니께 차려 드렸습니다. 고등학교 시절부터 대학시절까지…."

"어머니는 남이 평가내릴 때, 요리를 아주 잘하는 분이라고는 할 수는 없습니다. 색다른 요리는 안 하셨어요. 평범한 음식을 만드시죠. 하지만 칼질, 다듬기 등등 솜씨가 정교하세요. 우리 집은 아구와 홍어 등 생선을 많이 먹는 편인데 연세 많으신 지금도 명절 음식을 직접 하십니다. 사람들 불러서 만들어 먹이는 타입은 아니고, 딱 집안 가족 먹는 요리만 하세요. 외식도 거의 안 하고 늘 직접 요리하시는 분입니다. 제가 고등학교 시절, 새벽 4시 독서실에 가기 전에도 항상 따뜻한 밥을 해주셨어요."

"초등학교 때 종이공작대회에 나갔습니다. '우리 집 만들기'가 주제였어요. 반 아이들은 이층집을 만들고, 기와집을 만드는데 저만 달랐습니다. 저는 집 내부를 만들었습니다. 서랍을 만들고 의자를 만들고 방을 만들고…, 골 때리는 애였던 거죠. 그래서 상을 받았습니다. 침대를 만들어 넣었습니다. 책상도 만들었고요. 사실 집에는 제 책상도 침대도 없었습니다. 그래서 '우리 집'을 만들며 내 책상과 침대를 넣었어요.

저는 정교한 손놀림도 잘하지만 몸을 부지런히 움직이는 신체활동을 선호하는 편입니다. 요리도 움직이는 것이죠. 누군가에게 뭔가를 만들어 주는 것을 좋아합니다. 통나무 하나를 주고 지금 당장 자동차를 만들라고 하면 바로 손을 움직여서 만들 수 있습니다. (웃음) 결혼하고 지금까지도 직접 장 보고 요리를 합니다. 특별한 음식을 만들지는 않습니다. 아이들이 어릴 때, 아내가 교사인데 학교 일과 교육에 열정이 넘치는 타입이라 늦게까지 일하고 몸이 좀 안 좋아졌어요. 그래서 제가 일 마치면 장을 보고 집에 들어가서 아이들 밥을 챙겨주기 시작했어요. 초밥도 만들어주고 오므라이스도 만들어주고 김밥도 싸주었죠."

"아버지에게 체력을 물려받았습니다. 건강 체질입니다. 체력 회복이 빠른 편이지요. 남이 볼 때 힘들어 보이는 일도 저는 그다지 힘들지 않습니다. 스케줄만 잘 잡으면 세 사람 할 일도 혼자서 칼같이 움직여서 잘 해냅니다. 내가 해야 할 일과 시간을 잘 계산하는 편이죠. 1달 안에 끝내야 할 일을 10일 안에 끝내고, 더 좋은 것, 내가 해야 할 다른 일을 찾는 방식으로 일을 합니다. 지금은 이렇게는 안 되지만, 40대 초반까지는 하루 20시간 일하고 조금 자다 정신 차리고 다음날 또 일을 하기도 했습니다. 중학교 때도 정신을 유지하며 3, 4일을 밤새워서 공부하고 과업을 완수한 뒤 잠에 들었습니다. 제가 좀 괴물적인 데가 있어요. (웃음)

　뭐 이것도 체력이 되니까 가능한 일입니다. 인간은 능력 차이가 있습니다. 흔히 말할 때, 능력 있는 사람과 모자라는 사람으로 나눕니다. 능력 있는 사람이 2년에 할 일을 능력 모자라는 사람은 30년 걸려도 못해냅니다. 왜 그럴까 궁금했습니다. 물론 능력의 차이도 있지만 '스스로 못났다고 생각하며 미리 포기해 버리는 것'은 아닐까요? 인간 본연의 힘은 어디까지일까요? 삶의 변혁과 혁명은 어디까지 이뤄낼 수 있을까요?"

한계 짓지 않고 무한히 펼쳐가는 진정한 능력자, 10년 안에 '맛 지도'를 만드는 꿈

조완일 대표는 치밀하다. 계획적이다. 그는 특유의 정교함으로 사업을 계획하고 괴물(?) 같은 몰입력과 강인한 체력으로 과제를 하나씩 수행해 나간다. 결과보다 과정을 즐기는 정신적 초연함은 그가 독보적인 관능검사 연구소를 만들어가는 데 최적의 조건이 되었다.

　"처음 회사 문을 열었을 때만 해도 제대로 된 패널 모집 시스템이 없었습니다. 제대로 관능검사를 진행하기엔 너무 열악한 환경이었습니다. 평가를 의뢰하는 기업이 제시하는 검사비용도 액수가 크지 않았습니다. 마땅한 공간도 피실험자 섭외도 힘들었지요. 초창기에는 주로 대형마트에서 설문 등의 방법으로 관능검사를 진행했습니다. 장을 보러 온 소비자가 대상이었죠. 검사가 끝나면 마트에서 상품을 구매하여 검사 참여자에게 사례품으로 나눠줬습니다."

첫술에 배부르랴. 꾸준히 노력을 한 결과, 관능검사에 대한 기업들의 생각이 하나둘 바뀌기 시작했다. 기업들은 좋은 결과를 얻기 위해 이전보다 많은 비용을 지불했다. 조완일 대표는 시설투자를 결심했고, 목적에 맞는 실험자를 모집·선별하고 제대로 된 실험을 할 수 있는 공간과 시스템을 갖추어 나갔다. 당연히 결과도 더 정확했다. 평가에 변수로 작용하는 것을 배제하는 등 나름의 실험 설계가 가능해졌기 때문이다. 현재 센소메트릭스는 30여 개의 주요 식품회사와 화장품 업체·주방 가전 업체를 주요 고객으로 삼고 있다. 세계적인 기업의 관능검사 파트너이기도 하다.

"처음에는 제가 만들어 가는 것이 무엇이 될지 형체가 그려지지 않았습니다. 하지만 지금은 전문연구소로써의 틀과 조건을 갖추었습니다. 저는 늘 지금 내가 가지고 있는 것이 무엇인지를 살피고, 그 상황에서 최선을 다 하려고 노력할 뿐입니다. 어떤 일을 하고 난 뒤 '열심히 했다는 자부심을 갖는 것'을 중요히 여기고 일의 결과에 대해서는 손을 놓아야죠. 연연해하지 않습니다. 그리고 20년 전 결의했거나, 30년 전 결의했던 것을 끝까지 이행하며 지켜나가고자 합니다. 포기하지 않고 인내하며 끝까지 무언가를 만들어 나가는 것이지요."

"아직 관능검사란 말 자체가 일반인들에게는 생소합니다. 국내에서 이를 전문적으로 수행하는 연구소도 드물고요. 큰 기업은 자체적으로 검사를 진행하지만, 기업이 자체적으로 진행하는 실험으로는 객관성을 확보하기 어렵다는 한계가 있습니다. 외부 관능검사 업체의 도움이 반드시 필요합니다. 관능검사가 이용될 수 있는 분야는 무궁무진합니다. 그래서 이 분야는 앞으로 성장 가능성이 큰 '일종의 블루오션'이지요.

그리고 이 사업은 특별히 영업이 필요치 않습니다. 누군가를 만나서 술 먹고 밥 먹고 일을 따내고 할 필요가 별로 없습니다. 그래서 일을 마치면 주로 땀나는 운동을 합니다. 요즘은 탁구를 합니다. 축구도 좋지만 체력 소비가 많아서 탁구 정도가 적절합니다. 주말이면 싸이클 타고 강변을 달립니다."

조완일 대표. 그는 자신의 능력 최상으로 끌어올리는 사람이다. 자기 영역에서 본인이 가장 잘할 수 있는 것을 발견하고 끄집어내어 한계짓지 않고 무한히 펼쳐가는 능력자다. 그는 10년 안에 맛 지도를 만들고픈 꿈을 밝힌다. 다양한 식품에 대한 객관적 정보를 바탕으로 '맛 지도'를 만드는 것이다. 빅데이터를 이용해 지도 위에 맛집 위치를 찍어 알려주는 개개인 취향에 따르는 맛 지도가 아니라 맛·향·모양·질감 등 맛에 영향을 줄 수 있는 다양한 조건을 수치화한 맛 지도를 만들 계획이다.

조완일이 생각하는 음식의 가치

"제가 생각하는 음식의 가치란 '인간관계'라고 생각합니다. 인간의 소중함이죠. 배려하는 마음? 가끔 소래포구에 가서 회를 삽니다. 10년 된 단골집이 있습니다. 생선회가 잘 안 팔리는 비 오는 날이나 한여름 날에 그곳에 가면 회 10만 원어치를 뜹니다. 그 집 사장님이 특별히 도움 받을 그런 분은 아니지만 저의 작은 배려입니다. 저는 누군가를 배려하는 마음에 식품의 가치를 느낍니다. 따뜻한 인간관계 속에서 식품이 가치로워질 수 있는 것이지요."

Epilogue

10인의 음식 전문가 강연을
한 권의 책으로 묶으며 떠오른 생각들

•

•

•

2016년, 서울대 푸드비즈니스 랩으로부터 음식 관련 강연을 책으로 써달라는 의뢰를 받았다. 강연 내용은 본교 학생과 외부 일반인을 대상으로 한 '음식 전문가 특별강연'이었다. 먼저 책으로 가능한지 내용을 살피기 위해 강연을 듣기 시작했다. 강연은 총 1년 반에 걸쳐 진행되었는데 강연 시간과 장소, 강연자의 강의 스타일에 따라 콘텐츠 형태와 분량의 편차가 심했다. 10명의 강연자를 한 권의 책에 동일한 분량과 형식으로 묶어내기에는 아주 난감했다. 긴 설명보다 간단한 PPT로 내용을 쉽게 이해시키는 콘텐츠 방식의 강연자가 있는가 하면, PPT 활용은 최소화하고 자기 일과 경험을 일상적인 대화를 나누듯 감성적 방식으로 전달하는 강연자도 있었다. 나는 강연을 들으며 이런 차이를 어떻게 조율하여 책으로 엮을까 고민했다.

　　본디 '책은 이야기'다. 누군가가 대중 앞에서 강연하면 그 내용이 입에서 입으로 전해지던 오래전 어느 날, 말하는 사람이 같은 내용을 계속 반복해서 들려주다 보니 무척 목이 아파 누군가의 아이디어를 참고삼아 강연을 글로 옮겨 쓰기 시작했다. 그렇게 쓴 글을 모았더니 제법 두툼한 책이 만들어졌다. 예수의 말도, 그리스의 철학자 소크라테스의 연설도, 중국 공자의 가르침도 이렇게 책이 되었다. 강연이 책으로 만들어질 때는 새롭게 재탄생하는 변신의 과정을 겪는다. 공자의 제자들에 의해 만들어진 책은 공자의 가르침을 여러 각도로 접근하고 해석의 묘미를 더하며 세상 사람들에게 전해진다.

서울대 푸드비즈니스 랩은 음식의 가치를 공론화하여 우리 음식 문화의 저변 확대를 지향하는 연구소다. 나는 서울대 푸드비즈니스 랩의 가치 전달 의지를 담아내고 전문가 10인의 강연을 잘 정리하여 전하는 동시에 이 책에 어떤 재료와 양념을 더 하면 10인의 강연이 더욱 맛깔스러운 책으로 재탄생할지를 고심했다.

먼저, 각 전문가의 면모를 살펴보았다. 이들은 음식 먹거리 분야에서 적게는 5년, 많게는 20년 넘게 잔뼈가 굵어 온 전문가들이다. 나는 그들의 강연을 들으며 '남다른 전문성'을 발견했다. 세상에 공식 명함을 가진 전문가는 많다. 하지만 어떤 분야에 진정한 전문성을 가진 전문가를 찾아보기란 쉽지 않다. 전문성이란 뭘까? 그 분야에서 부딪히는 문제를 해결하는 능력이다. 그럼 전문성을 지닌 사람은 무엇을 말할 수 있어야 할까? 첫째, 무엇이 그 분야의 핵심 문제인지 분명히 말할 수 있어야 한다. 둘째, 그 문제를 해결할 방법을 제시할 수 있어야 한다. 셋째, 그것을 해결해 나가는 행동을 보여주어야 한다.

전문성이란 그 분야에 존재하는 문제를 하나씩 해결하고 보다 발전된 방향으로 변화시켜 나가는 행동력이다. 모든 혁신과 발전은 행동력을 동반한 실천에서 나온다. 음식 가치 창출을 위해 각자의 직업에서 행동하는 전문성은 음식 문화를 변화시키는 힘이다. 나는 10인의 강연과 더불어 그들이 각자의 일에서 나름의 전문성을 응집시켜가는 과정을 책 속에 녹여내기로 했다.

'인간 개개인은 세상과 소통하는 각기 다른 빛깔의 창이다.' 나는 이런 관점을 가지고 전문가 10인을 심층 취재하는 개별 인터뷰에 들어갔다. 그들이 자기 일과 자기 자신을 비벼내는 삶의 발자취를 전문성 중심으로 따라가 보았다. 10인의 인터뷰는 다음과 같이 한편의 인터뷰 에세이 글로 정리하였다. 먼저 각 인물에 대한 명쾌한 정의를 내린다. 본인의 직업과 그간의 이력, 사회적 위치와 명성을 살펴본다. 그리고 각 인물의 재능, 성격과 기질, 자라온 환경을 둘러보며 각자가 가지고 있는 어린 시절 음식에 대한 인식과 기억들을 따라가 본다. '음식 관련 일에 발현된 본인만의 특징'은 무엇이 있을까 고민하면서 각 인물이 일궈온 음식 관련 전문성을 분석하였다. 그리고 각 인터뷰 에세이 글의 마지막 부분에는 그들이 생각하는 '음식의 가치'를 기술하였다.

'호모 요리쿠스'라는 말이 있다. 인류 문명사는 요리의 역사와 떼어놓고 말할 수 없다는 이야기다. 한 개인의 역사인 개인사도 마찬가지다. 어린 시절에 경험한 요리와 음식의 영향이 클 수밖에 없다. 우리가 음식을 먹으면, 음식 맛 정보가 감각기관을 자극하는 치밀한 전달과정을 거치면서 우리 뇌에 장착한다. 뇌에 장착한 맛은 익숙한 맛으로써 평생의 입맛을 좌우한다. 어린 시절 어떤 맛에 노출되느냐 하는 음식 경험이 중요한 이유가 바로 우리 몸 안에 있는 미각 정보처리

시스템의 특성 때문이라고 할 수 있다. 그래서 어린 시절 각자의 방식으로 이들이 접한 음식과 요리 경험이 흥미롭다.

조미료를 많이 친다고 맛있는 요리가 되지 않는다. 그 재료 고유의 맛과 양념이 적절한 조화를 이룰 때 맛난 요리가 탄생한다. 제대로 된 요리가 분명한 정체성을 지니듯이 일의 전문성도 마찬가지다. 그 일을 한 기간이 오래되고 그 일을 반복해서 했다고 전문성이 생기는 것은 아니다. 전문성은 그 일을 한 '짬밥'이 아니다. 남과 다른 자기만의 독보적인 내용을 지녀야 전문성이라 할 수 있다. 본인의 직업적 성과와 특징이 뚜렷이 정의내려질 때 비로소 전문성을 지닌 전문가라 할 수 있다. 나는 각 인물이 재능과 성향, 기질, 자라온 환경이 그들의 일과 어떤 방식으로 상생하며 발현되는지 살펴보았다.

김성윤은 타고난 모태 음식 전문가라 할 수 있다. 그는 그 누구보다 요리 DNA가 가득한 집안에서 세계인의 식탁을 경험하며 자라났다. 황교익은 음식의 이면을 뒤집어보며 우리 밥상의 문제점을 콕 짚어내는 음식 평론가다. 밥 한 그릇에 담겨있는 생각과 관점의 차이를 날카롭게 들추어낸다. 문정훈은 오감으로 느끼고 이론을 정리하는 현장형 학자다. 세계 곳곳 시골의 생산지와 먹거리 현장에는 늘 그가 있다. 끊임없는 도전을 꿈꾸는 송훈은 멘토와의 관계를 소중히 여기며 공간과 사람, 음식을 연결하는 셰프 경영인이다. 박종숙은 어린 시절 밥상 그대로를 자신의 전문성과 결합해 한식 밥상의 의미를 살려낸 한식 요리연구가다. 이도헌은 농축산 분야에 오래 몸담지 않았지만, 자기만의 독특한 경계인의 시각에서 양돈업을 재발견하여 농촌 마을에 새로운 패러다임을 그려내는 농업 전문가다. 이여영은 어느 방향으로 튈지 아무도 모르지만, 장사에 있어서 뚜렷한 명분을 발견하면 두려움 없이 판을 키우는 배짱 두둑한 외식 사업가다. 그녀가 가는 곳에는 늘 손님이 몰려든다. 최낙언은 식품 정보와 관련 과학적 지식을 하나의 거대한 연결망으로 구축하며 식품에 대한 불량지식 타파에 나선 식품업계의 계몽주의자다. 정재훈은 약리학적 관점에서 착한 음식(?)이 하는 거짓말을 조목조목 가려내어 친절히 설명해 주는 식품업계에 없어서는 안 될 음식 탐구가이자 약학계의 전문가다. 조완일은 식품 관능검사의 불모지인 우리나라에 식품 관능연구소를 창조한 최초의 개척자다. 그는 끊임없이 실험과 연구를 거치면서 관능검사의 새로운 지평을 만들어나가고 있다.

그런데 이들 10인의 전문가에게는 어떤 공통점이 있을까? 이들은 스스로가 어떤 특징을 지닌 사람이고 본인이 원하는 욕망이 무엇인지를 분명히 안다. 한마디로 말해 '자기성찰력'이 뛰어나다. 또한 이들은 어떤 일에 관해 판단이 분명히 설 때는 과감히 그것을 선택하고 집중 몰입한다. 이들은 자기만의 빛깔을 뿜어내며 일의 전문성을 숙성시켜 나간다. 요리는 하나의 창조물이다. 전문가의 전문성도 그가 버무려 내는 직업적 창조물이다. 음식과 요리 관련한 전문 지식 외에 자신에 맞는 일을 발견하고 전문성을 쌓아가는 방법이 궁금한 독자가 있다면 분명히 이 책이 도움이 될 것이다. 또한 이 책이 음식 관련 교양을 높이는 대중서로써 많은 이들에게 술술 읽혔으면 하는 바람이다.

지난 2년간 책상 앞에 궁둥이 붙이고 앉아서 공기 중에 떠 있는 말을 한 자 한 자 컴퓨터 화면에 안착시키면서 매일같이 음식의 가치와 10인의 전문가를 생각했다. 전문가의 강연과 이들의 전문성을 분석하여 책에 녹여내고자 하는 바람 때문에 책의 분량이 애초보다 더욱 두툼해졌다. 홀로 작업하는 지난한 여정이었다. 책을 엮는 과정을 옆에서 지켜보며 용기 북돋아 준 나의 딸 김라빈과 더딘 원고 작업을 한결같이 기다려준 예문당 임용훈 대표에 감사를 전한다. 그리고 이 책은 합천이 고향인 사업가, '고 이진두 선생'의 뜨거운 교육열에 힘입어 탄생할 수 있었음을 밝힌다. 1987년에 그가 설립한 재단법인 '청원장학회'가 이 책의 제작을 후원했다.

2018년 10월의 첫날,
서은경

THE VALUE OF FOOD